関東大震災 100年

追悼式で当時の証言を朗読する鄭優希さん
［「百年」（ペンニョン）のメンバー。9月2日。本文140頁参照］

撮影・取材 裵 昭

山本すみ子さん
［神奈川の追悼する会主催のフィールドワーク参加者向けの勉強会で。6月17日］

在日本朝鮮人総聯合会主催の追悼式
［墨田区横網町公園内「朝鮮人犠牲者追悼碑」の前で。9月1日］

埼玉県見沼区・常泉寺
[姜大興の墓前で。ハングルと日本語による朝鮮人虐殺の解説版が設置された。9月4日]

供謹爲忽関
以受然東
香華失大
伸燈精命震
供燭霊難災

平成十三年十二月吉日
当山第三十世大英元公

千葉県八千代市・中台墓地
[慰霊碑・供養塔巡拝参加者。「無縁供養塔」前で。9月9日]

埼玉県寄居町・正樹院
[アメ売り・具学永の墓。改修工事をめざす。
9月6日]

在日総合誌
抗路
2023.12 第11号

在日総合誌『抗路』が第10号を経て第11号を出すことになった。10号といえば雑誌ではひとつの区切りであろうが、10号を出したあと、今年五月末に『抗路』10号刊行記念シンポジウムを東京の法政大学で開いた。六人の発表のあと、会場を含めて少なからぬ議論をした。かなりの盛況であったが、この11号はそれを受けて特集「「在日」のメディアを考える」／「在日メディアの将来を語る」を企画した。座談会をはじめ、その主たる要点は「在日」のメディア史、雑誌史を振り返りつつ、「在日」を論じることは今後も可能なのか、可能であるなら、その内容はどんなものか、を考えることである。

戦後日本の歩みはもちろん、南北朝鮮も、それに世界全体がいま大きな曲がり角を迎えている。戦争やテロ、ひいては核戦争や気候変動のリスクが蔓延し、人口知能などによる弊害もいまや否定しえないものとなっている。人類の生存そのものに危険信号が灯り始めたと言っても過言ではない。そのなかで韓国保守政権によって韓日関係の「正常化」が政治課題とされ、韓日関係は急速に冷戦思考的な方向、権威主義的そして対米追随の方向に向かい、いまや韓国の「対日屈辱外交」が露骨になりはじめている。そうしたなかでの「在日」であるが、世代の交代、時代意識の変化その他で「在日」とは誰なのか、定義することすら困難な情況の中にある。

ウクライナやパレスチナの問題を含めて、あれやこれやと考えるなかで、生きていく上で歴史意識のありようが重要な位置を占めることを改めて思う。おりしも今年は、関東大震災から１００周年である。震災の被害が悲惨を極めるなか、朝鮮人が「放火している」「爆弾をもって襲ってくる」「井戸に毒を入れた」などのデマが拡がり、警察官や軍隊、自警団によって多数の朝鮮人が殺害された事件である。まさに日本の官民一体の蛮行であったが、メディアを見ると、以前に比べて減ってきたとはいえ、それでもまともな報道がなされたのではないかと思われる。今やネットの時代、瞬時にしてデマが大量に拡がる状況からするとき、かつての惨禍はけっして過去の出来事とは思えないことに留意したい。

本誌編集委員会

韓国で在日メディアはいかに読まれてきたのか

趙 秀一

1 韓国における在日／在日メディア研究の始まり

韓国の学界で行われてきた在日／在日メディアに関する研究は、二一世紀に入って湧き起こる。

二〇〇一年一二月一三日～一四日に開かれた韓国国際交流財団創立一〇周年記念国際学術会議〈韓国と世界の出会い〉で、韓国の東岩文化研究所（East Rock Institute）全恵星《チョン・ヘソン》（一九二九～）理事長は、「グローバル化を理解するためにはディアスポラ（Diaspora、離散）に対する研究は必須」であり、「在外同胞に対する研究を通じて、韓国学は狭い一国に対する研究であるという先入観をなくし、より多くの人々に影響を与えられるだろう」と発言している[＊1]。そして、二〇〇四年四月二九日～三〇日、全南大学校社会科学研究院の世界韓商・文化研究団は〈世界化時代　韓民族ディアスポラとネットワーク構築〉というテーマで国際学術大会を開き、在外同胞をディアスポラとして位置づけながら、彼らの経済動向や法的地位、人権、女性の地位とアイデンティティ、コミュニティの現況と特性、集落地域の社会・文化・メディア、民族教育とアイデンティティなどについて議論を行なっている[＊2]。また、二〇〇四年一〇月三〇日、外交安保研究院で開かれた翰林大学校日本学研究所（所長・孔魯明《コン・ロミョン》、初代所長は池明観《チ・ミョングァン》）開所一〇周年記念シンポジウム（在外同胞財団共催）〈在日同胞一世学者に聞く〉では、姜在彦（「なぜ韓国の近代思想史を研究するようになったか」）・李進熙（「私の研究遍歴――廣開土大王陵碑の研究と社会活動」）・安宇植（日本社会における在日韓国人文学の位相）・徐龍達（「在日韓国人の参政権問題について」）といった在日知識人が発表と質疑応答を行ない、日韓の歴史認識や在日の歴史的経験に対する理解を深める場となった［＊3］。

このように二〇〇〇年代に入り、韓国の学界でディアスポラが学術用語として注目され始め、二〇〇四年には尹麟鎮《ユン・インジン》『コリアンディアスポラ――在外韓人の移住、適応、アイデンティティ』（高麗大学校出版部、韓国語）が学界にディアスポラの概念に対する議論を促した。そして二〇〇五年に日本で刊行され二〇〇六年に韓国語に翻訳された徐京植《ソ・キョンシク》『ディアスポラ紀行――追放された者のまなざし』（岩波新書、韓国語訳はトルベゲ）が脚光を浴びてロングセラーとしての地位を確立し、読書界でディアスポラという用語が市民権を得たのである［＊4］。そして、在日朝鮮人文学の研究においては、金煥基《キム・ファンギ》が編著『在日ディアスポラ文学』（セミ、二〇〇六年、韓国語）を通して、在日朝鮮人を「在日コリアン」と規定し、彼らの文学を「在日ディアスポラ文学」、韓民族の文学を「コリアンディアスポラ文学」と命名して以来、これは現在韓国の学界で文学を読む一つの範疇として位置づけられている［＊5］。

このような動向に加えて注目に値するのは、韓国研究財団の存在であろう。日本学術振興会に当たる韓国研究財団は、およそ七兆六千億ウォンの予算を運用しており、人文社会分野の学術研究事業に約二千五百億ウォンを支援している。とりわけ、集団共同研究プロジェクトへの影響とその成果が大きかった。大学の研究所は、「大学中点研究所支援事業（現在の人文社会研究所支援事業）」や「人文韓国(Human Korea, HK) 支援事業（現在の人文韓国プラス支援事業）」を韓国研究財団から受注し、年間三億ウォンから一〇億ウォン規模のプロジェクトを長期間（六〜九年）遂行することができたのである。そういった研究プロジェクトを通して、在日／在日メディアが研究の対象となり、数多くの研究成果が世に出た。たとえば、翰林大学校日本学研究所は『季刊三千里解題集』（全八巻、二〇一八〜二〇二一年）や『内破する国民国家、架橋する東アジア――『季刊三千里』一九八一』（二〇二二年）を、東国大学校日本学研究所は『在日ディアスポラ文学選集』（全五巻、二〇一八年）を、東義大学校東アジア研究所は『在日朝鮮人メディアと戦後文化言説』（二〇一八年）、『戦後在日朝鮮人マイノリティメディア解題及び記事名索引』（全三巻、二〇一八〜二〇二〇年）を、青巖大学校在日コリアン研究所は『写真から見る在日コリアンの生と記憶』（二〇一八年）、『在日コリアン辞典』（訳書、二〇一二年）などの研究成果を出している。重要なのは、共同研究の学術成果にとどまらず、在日／在日メディアを研究する風土づくりの土台を固め、さらには在日に関する学際的な研究を専門とする研究者が増えたことである。

2 韓国メディアに召喚される在日知識人

ところで、韓国における在日メディアに対する関心や本格的な研究は二一世紀に入って盛んになったが、在日知識人や彼らの学知はそれ以前から韓国の学界に多大な影響を及ぼしていたことも記憶すべきである。

たとえば、古代史と日朝関係史を専門とする李進熙（一九二九〜二〇一二）の研究、とりわけ『広開土王陵碑の研究』（吉川弘文館、一九七二年）、『好太王碑の謎――日本古代史を書きかえる』（講談社、一九七四年）に代表される、日本帝国による広開土王陵碑文改竄説の提起は日本のみならず、韓国の歴史学界に衝撃を与え、論争になった。そして、朝鮮近代史や思想史を専門とする姜在彦（一九二六〜二〇一七）の著作は、『韓国近代史研究』（一九八二年）、『近代韓国思想史研究』（一九八三年）、『日帝下四〇年』（一九八四年）、『韓国の近代思想』（一九八五年）、『朝鮮の西学史』（一九九〇年）のように一九八〇年代に入って次々と翻訳出版され、朝鮮後期の実学を受け継いだ開化派が形成される過程や西洋文化と宗教が朝鮮に伝わった過程などの研究で韓国の歴史学界に影響を及ぼした。また、『関東大震災』（中公新書、一九七五年）や『朝鮮独立運動の群像――啓蒙運動から三・一運動へ』（青木書店、一九八四年）などの業績を挙げていた姜徳相（一九三二〜二〇二一）は、一九八六年に三十余年をかけて集めた五万余点の独立運動と朝鮮近世史関係資料を独立記念館（一九八七年八月一五日開館）に提供した。国民の愛国的な献金に政府が補助金をプラスして開館を準備していた独立記念館側は、韓国国内の研究者が全斗煥政権の政策にはついていけないと資料提供をボイコットして困っていたらしく、姜徳相は李進熙などの説得を受けて資料提供を決めたという[*6]。姜徳相は『朝鮮日報』とのインタビューで「独立運動団体は徹底的な秘密保持を原則としたため正確な記録がないケースが多いです。しかし、日本の警察や軍が収集・報告した資料は正確性と記録性があるので良い資料となります」[*7]と述べたように、韓国ではなかなか手に入れることのできない貴重な史料であった。

一方、在日朝鮮人文学の嚆矢として、「「在日朝鮮人文学」というものの存在を、文学の領域を超えて広く日本社会に認めさせるのに決定的ともいえる役割を果たした小説家とされる」[*8]金達寿（一九二〇〜一九九七）は、古代史研究者として韓国の新聞メディアで受容されていた。とりわけ、『朝鮮日報』では一九八五年一二月六日から一九八六年二月二一日まで、「日本に生きている韓国」というタイトルで全四三回連載を行なった。この連載を終えた金達寿は、『朝鮮日報』金潤坤《キム・ユンゴン》東京特派員とのインタビューで「日韓関係史に関して日本側では興味をもっている人が多いのに比べて、韓国ではあまりにも少ないです」[＊9]と指摘しながら、次のように述べている。「故国にいる人々には民族や国家というのが空気のようなもののようです。しかし海外にいる人々は常に民族と国家を感じます。どこに行っても自分自身が区別されることを発見するからです」[＊10]と、在外同胞ならではの見方を示すことで、韓国人の固定化した民族や国家、歴史に対する認識への省察を促す存在として機能したのである。

以上のような流れや民主化運動、ソウル五輪などの影響もあり、一九八八年以降、金達寿をはじめとして、金石範（一九二五〜）、李恢成（一九三五〜）、金鶴泳（一九三八〜一九八五）、李良枝（一九五五〜一九九二）などの在日朝鮮人文学、金学鉄（一九一六〜二〇〇一）、李根全（一九二九〜一九九八）などの中国朝鮮族文学や旧ソ連圏の高麗人文学が堰を切ったように翻訳・紹介される、ある種コリアンディアスポラ文学のブームが起こっていたのである[＊11]。

3 在日メディアの読まれ方

さて、韓国で在日メディア史を論じる際、真っ先に触れられるのは、金達寿と元容徳[＊12]によって創刊された『民主朝鮮』（一九四六年四月〜一九五〇年七月、全三三号、一九四七年五月号は『文化朝鮮』と改題）である。この『民主朝鮮』は、「我等は、我等の進むべき道を世界に表明すると同時に、過去三十六年といふ永い時間を以て歪められた朝鮮の歴史、文化、傳統等に對する日本人の認識を正し、これより展開されようとする政治、經濟、社會の建設に對する我等の構想をこの小冊子によつて、朝鮮人を理解せんとする江湖の諸賢にその資料として提供しようとするものである」[＊13]という「創刊の辞」や、「ともかく、朝鮮の文化を日本人に紹介することで、朝鮮・朝鮮人に対する偏見にみちた認識を正そうという問題意識はずっともっていた」[＊14]という金達寿の回想からも窺えるように、日本の読者を想定し、正しい朝鮮の文化を紹介することで、日本人の誤った朝鮮観を正そうとした、ある意味で日本で日本人と共に生きねばならないという「在日性」が潜んでいる雑誌であったと言えよう[＊15]。

日本帝国の敗戦／朝鮮民族の解放の直後に在日によって初めて刊行された日本語の総合雑誌である『民主朝鮮』を通して、在日が語る「朝鮮の歴史、文化、伝統」のほか、在日による「政治、経済、社会の建設」の「構想」を窺うことができる。しかし、韓国の研究者はそれよりも『民主朝鮮』の色濃い文芸雑誌としての側面に光を当ててきた。在日作家の作品発表の場であり、日本の文壇に進出する架け橋として機能した『民主朝鮮』が作り上げた文学空間は日本での生活意識を擁護する方向で「在日文学」の萌芽を示していた」[*16]と評されている。

『民主朝鮮』から始まる韓国における在日メディア研究は、翰林大学校日本学研究所の共同研究の成果が示すように『季刊三千里』（一九七五・二〜一九八七・五、全五〇号）へと関心の軸が移動する。また、『季刊在日文芸 民涛』（一九八七・十一〜一九九〇・三、全一〇号）、『季刊青丘』（一九八九・八〜一九九六・二、全二五号）、『ほるもん文化』（一九九〇・九〜二〇〇〇・九、全九号）、『우리생활（ウリ生活）』（一九八七・十一〜一九九九・八、全一四号）、『在日女性文学 地に舟をこげ』（二〇〇六・十一〜二〇一二・十一、全七号）のような『季刊三千里』の終刊後に刊行された、在日が主体になって生み出された出版文化を分析対象とし、在日のコミュニティとアイデンティティ、民族教育、民衆文化運動、文学テクスト、韓国や中国、アメリカなどの同胞／日韓の知識人とのトランスナショナルな交流と連帯、在日を取り巻く日本社会の現状、在日の歴史、在日の女性などに焦点を当てて読まれてきた。

そうした在日メディアのうち、韓国で最も読み直されているのは言うまでもなく『季刊三千里』である。「創刊のことば」に示されたように、『季刊三千里』は、「在日同胞の文学者や研究者たちとの輪をひろげてゆく」こと、「日本の多くの文学者や研究者とのきずなをつよめて行く」こと、「読者の声を尊重し、それを本誌に反映させる」ことを課題とし一三年間実践してきた。それに加え、特記すべきなのは、韓国、中国、旧ソ連圏、アメリカのコリアン知識人の声を翻訳・紹介したことである。その多様な視角と方法論を受け容れる知的作業を通じて、開かれた共同作業の場を構築したと言える。特に、古代から現代にいたるまで朝鮮半島との直接的・間接的な歴史問題、日韓交流史を捉え直すと同時に、祖国の平和統一のための模索、日韓の相互理解と連帯に数値化することのできない寄与をしたのである。

4 在日総合誌『抗路』が切り開く未来としての〈抗路〉

最後に『抗路』について述べたい。『抗路』の発刊を呼びかけた尹健次は、創刊に際しての『朝日新聞』とのインタビューで、「三つの国家（日本、韓国、朝鮮民主主義人民共和国—引用者）のはざまで生きる在日には悩みがあるだけ可能性もある」ので、「国家や組織の壁にとらわれずに悩みを共有し、論じられる場をつくろうと知人らに声をかけた」という[*17]。また、雑誌名「抗路」には、「三つの国のどこかに依拠するのではなく、抗《あらが》うことで在日が歩むべき道も見えてくるのではないか」という思いを込めたと説明している[＊18]。このように『抗路』は、在日ならではの立ち位置がもつトランスナショナルな「可能性」から、日本社会で「ともに生きる」／「ともに闘う」ことを「歴史的使命」として掲げ始まったのである[＊19]。

　そのようにして、二〇一五年九月一日、創刊号を世に出した『抗路』は、二〇二二年一二月二〇日第一〇号を刊行するにいたっている。その『抗路』が第六号まで出た時点において、在日メディア史研究を専門とする李承鎮《イ・スンジン》は『抗路』について次のような中間評価を行なっている。「『抗路』が在日社会をめぐる日本社会の歴史的な排他性の問題や、経済的な両極化が生み出した階層構造の歪曲といった現況に対し、いかに同時代的な答えを出しているかは懐疑的である」し、「よく知られている在日知識人を中心とした筆者と在日社会の歴史的・政治的脈絡に集中したこれまでの内容構成からみて、雑誌は結局二〇世紀風な在日言説の繰り返しという疑いから自由ではない」という厳しい評価である[＊20]。

　しかし、実際第一〇号までの『抗路』を読み直すと、決して「二〇世紀風な在日言説の繰り返し」ではないことが分かる。『抗路』は、十分にグローバルな差別的状況や歴史問題に応答しながら、同時代の様々な問題にコミットしようと務めてきたのである。『抗路』に掲載されたものをカテゴリー化すると、環境や経済、宗教、メディア批評、読者の声などには目が向けられていない点も浮き彫りになるが、政治・社会運動、民族・地域・戦争・テロリズム、貧困・階級・ジェンダー・セクシュアリティ、エスニック・移住、日常・生活、教育・歴史・文化、健康・障害・疾病といった多様な領域で、一般に知られている知識人にとどまらない筆者が具体的に独自の声を上げ、新たな世論を紡いできたことが確認できる。とりわけ、『抗路』編集委員の企図が色濃く刻み込まれているのは、九回の対談・鼎談・座談会と一二回のインタビューである。個人的にはそれらを集めたアンソロジーを単行本化すると同時に、韓国語訳をして韓国の読者に紹介する試みも必要と思う。それというのも、韓国において実際に『抗路』そのものを手に取って読むのは一部の研究者に限られているからである。

　ところで、これまでの『抗路』の営みには、四つの特徴ないし意義があったと思われる。

　第一に、インターセクショナリティ＝交差性である。在日は日本帝国と帝国崩壊後の交錯する帝国主義的な欲望に影響されてきた歴史的な存在だけあって、在日という単数では捉えきれない部分がある。それゆえに、複数のマイノリティの時空間における力学関係を意識しなければならない。特に、『抗路』は、「少数者である自分たちの問題を振り返るためには、多様な人間の生き方を肯定していく立場をとらないとだめということ。そうならない限り、ナショナリズムの罠に陥」[*21]（辛淑玉）るということを肝に銘じているメディアとしての道を切り開いてきた。

第二に、紋切り型の「在日論」への異議申し立てをし続けた点である。第二号の座談会〈在日青年座談会〉や第六号の座談会〈『在日』の新時代〉、第九号の座談会〈新・猪飼野事情〉に見られるように、在日の歴史的経験を日本社会に生かしていくことの意味、「「在日」が何十年も培ってきたノウハウをいま存在している移民たちの生活にどう生かしていくのかが重要になってきている」[*22]（金村詩恩）といった新たな視角を示している。

第三に、多声性と感性（抵抗）の多様性である。『抗路』は、様々な論者によって語られたドイツ、カナダ、済州島、沖縄、クルド人、イラク、ミャンマー、フィリピン、ＬＧＢＴＱなどにおける下からの声に対し、「語れないものがこにあると示していくこと」／「境を超えた想像力を持つこと」[*23]（姜信子）を意識しながら、いかに向き合っていくべきかを考えさせるメディアである。

第四に、聞くということ、聞いたことを伝えることである。ヘイトスピーチが増殖する差別的状況を打ち破り、ともに闘い、ともに生きる未来としての〈抗路〉は、できる限り様々な差別的状況に置かれている当事者に寄り添い、声なき声を掬い上げること、記録を残しつつ歴史の連続性を問うことから切り開けるものだと思う。そのために『抗路』は、「身近な人たちの営みを伝えていくこと」／「身近な人の営みから歴史を学ぶ」[*24]（Ｍさん）ことの大切さを紡ぎ出す場として機能してきた。また今後さらに「九〇％の声なき声を発声できる場」[*25]（金敬黙）／「声を奪われている者たちが声を放つ場を開いてゆく」[*26]（姜信子）ような記録の場になっていただきたい。

ここ数年、極端な反日と嫌韓、ヘイトスピーチが日韓の市民社会や政治の領域を越えて増殖してきているが、これまでに日韓の市民社会が感情のしこりを解くために協力し続けてきたことも事実である。ただし、その相互不信と嫌悪は非常に根強い遺制となっており、その起源を探し、それを払拭させるための実質的な代案を見つけ出すことは実に至難なことと言わざるを得ない。個人の感情レベルで歴史問題をめぐる完全な解決はあり得ないことかもしれない。しかし、にもかかわらず、日韓の市民社会は相互不信の根底から相互理解という新たな芽を出すための連帯の道と想像力を生み出してきたし、在日知識人が構築した様々な在日メディアを通じても、その省察と実践のための多層的な知的交流の痕跡を見出すことができる。言い換えれば、実践を伴って多層の声を集めた在日メディアという文化運動は、極端化した反日と嫌韓という断絶の道を歩んでいる現在において、日韓交流の歴史を発掘し、その現在の意味を探るきっかけを提供するという点において、注目に値する史料的価値があるのである。

【註】

［＊1］「韓国学研究、在外同胞に焦点を当てるべき」『文化日報』二〇〇一・一二・一七、韓国語。

［＊2］「全南大〈韓民族ネットワーク〉国際学術会議」『ハンギョレ』二〇〇四・四・三〇、韓国語。

［＊3］このシンポジウムの記録は、翰林大学校日本学研究所の機関誌『翰林日本学』第九輯（二〇〇四・一二、七～一一六頁）に収録されている。

［＊4］『ハンギョレ新聞』で「深夜通信」（二〇〇五・五・二〇～二〇〇七・五・十一）、「ディアスポラの眼」（二〇〇七・五・二六～二〇一一・八・二七）、「徐京植の日本通信」（二〇一一・九・二四～二〇一三・一二・一八）、「特別寄稿」（二〇一五・七・一六～二〇一六・五・一九）、「徐京植コラム」（二〇一六・七・七～二〇二三・七・六）といった連載と寄稿文を一八年にわたって書いてきた徐京植は、韓国の読書界で在日やディアスポラを代表する知識人としての地位を固めている。

［＊5］拙著『金石範の文学──死者と生者の声を紡ぐ』岩波書店、二〇二二、一三～一四頁。因みに、金石範は一九九八年一二月、立教大学アメリカ研究所主催のシンポジウムでの講演で、自分の作品を「ディアスポラ」による文学であると発言している。金石範「文化はいかに国境を越えるか」『国境を越えるもの──「在日」の文学と政治』文藝春秋、二〇〇四、一九四頁。

［＊6］「韓国独立記念館へ資料提供・研究員として訪韓」『時務の研究者 姜徳相──在日として日本の植民地史を考える』姜徳相聞き書き刊行委員会編、三一書房、二〇二一、一六五～一六八頁。

［＊7］呉重錫「独立運動資料　寄贈　在日史学者　姜徳相氏」『朝鮮日報』一九八六・七・一九、七面、韓国語。

［＊8］廣瀬陽一『金達寿とその時代──文学・古代史・国家』クレイン、二〇一六、二七一頁。

［＊9］金潤坤「朝鮮インタビュー　在日作家金達寿氏「韓国ではなぜ日古代史研究をしないのか……」」『朝鮮日報』一九八六・三・八、五面、韓国語。

［＊10］前掲記事。

［＊11］韓国におけるコリアンディアスポラ文学の研究については、金煥基「コリアンディアスポラ文学の境界意識とトランスネーション」『社会文学』第五二号、日本社会文学会、二〇二〇・八、一〇～二九頁を参照されたい。

［＊12］高柳俊男によれば、元容徳は、「現在知られることはあまりないかもしれないが、立教大学経済学部を一九四一年十二月に卒業（同級に韓国で経済学者として活躍している高承済がいた）、四五年の十月十日に出獄した「解放戦士」の一人」

で、『民主朝鮮』の主幹として全期間を通じて論文や翻訳を精力的に発表したほか、朝連の文教部長をつとめたこともあった」人物である。高柳俊男「『民主朝鮮』から『新しい朝鮮』まで」『季刊三千里』第四八号、三千里社、一九八七・二、一〇七頁。

[＊13] 「創刊の辞」(『民主朝鮮』創刊号)『復刻『民主朝鮮』前編『民主朝鮮』本誌第一巻』明石書店、一九九三。

[＊14] 金達寿「雑誌『民主朝鮮』のころ」『季刊三千里』第四八号、三千里社、一九八七・二、九九頁。

[＊15] 『民主朝鮮』については、高柳俊男の前掲論文や高榮蘭『「戦後」というイデオロギー――歴史/記憶/文化』(藤原書店、二〇一〇)を参照されたい。

[＊16] 李漢正「『民主朝鮮』と「在日文学」の展開」『日本學』三九輯、東国大学校日本学研究所、二〇一四・一一、二〇二頁、韓国語。

[＊17] 中野晃「「在日」とは　総合誌創刊　「抗路」日韓朝の間　歩む道探る」『朝日新聞』二〇一五・一〇・二二、夕刊、一〇面。

[＊18] 前掲記事。

[＊19] 編集委員「創刊のことば」『抗路』第一号、抗路舎、二〇一五・九、一頁。

[＊20] 李丞鎭「一九九〇年以降の在日雑誌メディアの地形に関する考察」『韓日民族問題研究』三七号、韓日民族問題協会、二〇一九・一二、一五九頁、韓国語。

[＊21] 辛淑玉・趙博「在日の体たらくをえぐれ、この社会で生きていくために。『第一番目のマイノリティ』として闘うこと」『抗路』第一号、抗路舎、二〇一五・九、二八頁。

[＊22] 朴苑眞・金村詩恩・姜信子・趙博・金時鐘「『在日』の新時代」『抗路』第六号、抗路舎、二〇一九・九、四頁。

[＊23] 辛淑玉、北原みのり、高遠菜穂子、姜信子「記憶は弱者に残る」『抗路』第三号、抗路舎、二〇一六・一二、一六頁。

[＊24] 在日の若者たち(匿名)「在日青年座談会」『抗路』第二号、抗路舎、二〇一六・五、八五頁。

[＊25] 文京洙・尹健次・辛淑玉・姜信子・金敬黙「バックラッシュ時代を生きる」『抗路』第一〇号、抗路舎、二〇二二・一二、六四頁。

[＊26] 前掲座談会、六六頁。

(チョウ・スイル　在日朝鮮人文学/翰林大学校日本学研究所)

在日２世のシンガーソングライター・洪栄雄（ホン・ヨンウン）
代表曲に「丸正事件」の李得賢さんのことを歌った「おいらトラックの運転手だったんだ」をはじめ、「熱い街」「雨の朝」など。
［1957 ～ 2003年。今年は没後20年］

東京中野・草の根コンサート
1982年 8月 15日、撮影＝裵昭

座談会 在日社会とメディア

出席者

佐藤信行（さとう・のぶゆき　元RAIK所長）
伊地知紀子（いぢち・のりこ　大阪公立大学教授）
孫片田晶（そん かただ・あき　立命館大学准教授）
森　類臣（もり・ともおみ　摂南大学准教授）
朴　一（パク・イル　大阪市立大学名誉教授）

（発言順）

編集部 それでは座談会を始めます。今日のテーマは「在日社会とメディア」ということですが、「メディア」という言葉を広く解釈して、在日の思いや取り組みを発信する媒介を広くメディアとして位置づけて、直接メディアにかかわった経験のある方のほかにも、「大阪コリアタウン歴史資料館」（以下、歴史資料館）の立ち上げに尽力された伊地知さんとか、「ウトロ平和祈念館」のスタッフとしても活躍されている孫片田さんにも参加してもらっています。それからもう一点は、在日の発信に対する日本社会や韓国での受け止め方についても論点の一つにしたいと考えて森さんにも加わってもらっています。それでは、まず、自己紹介ということで、佐藤さん、お願いします。

佐藤信行（以下、佐藤） 私は一九七四年の九月、創刊準備のときから『季刊三千里』（以下、『三千里』）の編集部に入りました。きっかけは、「民族組織に属さない日本人」ということで、たまたま私がなったんですが、それで八七年の『三千里』五〇号の終刊まで一三年間、編集部でいろいろなことを学びました。終刊後、一年間くらい放浪していたんですが、八八年、在日大韓基督教会の在日韓国人問題研究所（RAIK）に、はじめはショートリリーフで入って、本来、在日の青年が研究所に入るべきなんですが、なかなか見つからず、結局、三〇年以上関わっています。

今回、たまたま八月六日に全国在日外国人教育研究集会（全外教）が徳島であって、その分科会で私は、福島の継承語教室について報告しました。日本人と結婚して福島に定住し永住している中国人女性のグループが、東日本大震災をきっかけに自助組織を須賀川・いわき・郡山市で作り、子どもたちのために継承語教室を始めたのですが、それをずっと支援をしているからです。つまり私は、『三千里』のあとは八〇年代指紋押捺拒否運動、九〇年代は在日の戦後補償運動、そして二〇〇〇年代に入ると移民のさまざまな人権活動にかかわり、いまは移住者と連帯する全国ネットワークの理事もやっています。

編集部 それでは伊地知さん、お願いします。

伊地知紀子（以下、伊地知） 私は学生時代にヨーロッパ留学や南京大虐殺の跡地に行く機会があって、日本の東アジアに対する植民地支配について考えるようになりました。卒業を控えて具体的に何をテーマに卒論を書こうかと思ったときに、在日朝鮮人について書いたらと勧められて在日朝鮮人を学び始めて、オモニハッキョ（在日高齢者のための識字教室）に行ったりしているうちに済州島出身の方に出会い、済州島に長期フィールドワークに行ったりしながら、今に至っています。そういう流れで市民運動にもいろんな形で関わっていますが、この度は歴史資料館を開きたいと思って二〇二一年の春から準備して、先日開館に漕ぎつけました。

佐藤信行氏

編集部　それでは、孫片田さん、お願いします。

孫片田晶（以下、孫片田）　私は日本籍でダブルの在日三世です。在日の中でも日本籍でダブルの人を〈在日〉というのかどうか議論があると思いますが、私の場合は、大学のとき在日韓国学生同盟（韓学同）という学生団体に属していて、そこではみんなそういうふうに考えていたので、自分も在日だというふうに認識するに至りました。その韓学同の活動の一環で東九条マダンという地域のお祭りや宇治市のウトロ地区に通うようになってもう二〇年近くになりますが、ウトロに新しくできたミュージアムの「ウトロ平和祈念館」にもかかわっています。

普段は立命館大学で社会学部の教員をしていて多文化共生論の授業なんかを教えています。佐藤さんがおっしゃった全外教、以前の全朝教のような、日本人教師による在日朝鮮人教育という運動の主流言説を批判的にふりかえる博士論文を書きました。発信する在日のグループということでは、「だれいき関西」という、在日女性の集まりがあるのですが、それにも参加しています。

編集部　それでは森さん、お願いします。

森類臣（以下、森）　摂南大学国際学部教員の森と申します。私の主要研究領域の一つは韓国のジャーナリズムです。二〇一九年に『韓国ジャーナリズムと言論民主化運動――ハンギョレ新聞をめぐる歴史社会学』（日本経済評論社）という書籍を上梓しました。また、日韓・日朝関係にも関心は広がっています。

編集部　はい、それでは朴一さん、お願いします。

朴一（以下、朴）　昨年三月に大阪市立大学を三三年間勤め、定年退官しました。定年後は「サンデイ毎日」を過ごしたいと思ってるんですが（笑）、なかなかそうもいかなくて……。いま、テレビ、ラジオなどのマスコミの仕事をしながら、在日外国人就労・進学支援センターという社団法人を立ち上げ、新渡日の人たちが日本で安心して学び、働いて暮らせる社会づくりに向けたボランティア活動をしています。今日のテーマは「在日とメディア」ということなので、私が関わってきた研究や活動の範囲内でお話ができればと思っています。

編集部　ひと通り自己紹介をしていただいたところで、それぞれの、例えば佐藤さんの場合、『三千里』はどういうメディアで今の時代の例えば『抗路』とか、ほかのいろんなメディアと比べてどんな意味を持ったのかというようなことで発言していただけますか。

佐藤　在日コリアンの日本語の雑誌は解放直後では『民主朝鮮』とか『鶏林』、七〇年代初頭には『季刊まだん』とかいろいろあったわけですが、それらは在日同胞に向けた雑誌でした。『三千里』の場合は、『日本のなかの朝鮮文化』という雑誌がすでにあってそれに触発されて、広島の企業家の徐彩源さんが総合雑誌を出そうかという話になって、朝鮮総連をパージされた編集委員八人が参加して始めるわけです。金達寿さんや姜在彦さん、李進熙さんら歴史家や文学者の編集委員が連載を持って、誌面の半分ぐらいをまず埋めて、それ以外を多くの日本人の文学者・研究者・ジャーナリストに書いてもらおうということで始めました。編集会議で徹底して言われたのは、この雑誌は同人誌ではないということ。日本の言論界に問題提起をしていくんだ、そういう意気込みがすごくあったんですね。月一回編集会議をやって次号の企画を立て編集委員が分担して執筆依頼をする。ところが翌朝になると企画が変わっている。なぜかというと、第二次編集会議（二次会の飲み会）で激論して、最初の企画がボツになる。また、ときにはボツにする原稿も出たり、初校ゲラの段階で削って著者に戻すというように、誰が読んでも納得できるような論文、作品にしなければならないという編集方針が徹底していました。

伊地知紀子氏（左）／孫片田晶氏（右）

　そんなかで八一年に編集委員三人が訪韓することになり、結局、金石範さんが編集委員を降ります。編集委員は創刊当初七人いたのですが、残った編集委員との激論の末に、とにかく三〇号までは出そうとなりました。それ以降は編集部が企画を立てるようになり、また在日の問題を意識的に取り上げるようになり、結局、五〇号で完結しました。

　いま改めて思うと、ちょうど時期が良かったと思います。一九七二年に七・四共同声明が出されたけれど、それが潰されていく過程で韓国の民主化運動が始まり、多くの日本人が韓国民主化運動に連帯し、また在日コリアンの民族差別撤廃運動に連帯していく中で、「朝鮮」のトータルな歴史と文化を知ろうという市民社会が形成され始めた時期だったからです。編集者としては大変だったけれども、在日一

朴　一氏

世の知識人が分断時代をそれぞれ背負いながら自分たちの主張をストレートに日本社会にむかって発信できた、そういう恵まれた時代だったと思います。

編集部　在日の雑誌について少し話を続けたいと思いますが、朴一さんはどうですか。

朴　『三千里』に関していうと、私は八〇年代前半に「学林図書室」という韓国・北朝鮮の図書・資料を集め、一般公開する運動に関っていた頃に、編集部から連絡があり、大阪まで取材に来ていただき、写真付きで紹介してもらったことがあります（同誌、31号、八二年）。取材に来たのは朝鮮通信使を研究されていた辛基秀さんで、在日の若い世代の活動を取り上げ、伝えたいということでした。そういう意味で、『三千里』は在日の新しい世代の書き手を育てるとともにその取り組みを支援した雑誌だったと思います。確か、姜尚中さんと梁泰昊さんの在日の生き方をめぐる論争も『三千里』で始まったと記憶しています。

在日コリアンがこれまで発刊した雑誌は同人誌を含め、かなり存在するわけですが（二九頁参照）、『三千里』とともに、私の記憶に残る在日の雑誌が二つあります。その一つは『ヂンダレ』という同人誌で、五三年に創刊されたものです。この同人誌から詩人の金時鐘さんや小説家の梁石日さんという二人の在日の天才作家が巣立っていきました。

もう一つ、私が注目した在日の雑誌は、『季刊ちゃんそり』（以下、『ちゃんそり』）です。その最終号（八号、八一年）で編集同人が、李恢成さん、金時鐘さん、金東明さんという当時の在日の論客たちの在日論を取り上げて、「在日が今後、どのように生きていくべきか」という議論を展開しています。『ちゃんそり』は、在日向けの同人誌ですが、この同人誌がその後の世代に与えた影響力は大きかったと思います。『三千里』のように日本の社会を視野にいれて作られた雑誌と、『ちゃんそり』のように在日社会にむけて編集された雑誌では、雑誌の性格も役割も異なると思いますが、少なくとも『ヂンダレ』や『ちゃんそり』は、当時の在日コリアンの思いを後世に伝える歴史的な役割を果したのではないかと思います。ちなみに『三千里』は、当初の発行部数も万単位で、その社会的役割はたいへん大きかったのではないでしょうか。私は『三千里』に指紋押捺に関する文章を書かせてもらったことがありますが（42号、八五年）、そのとき原稿料が出たんですね。おそらく在日の雑誌で原稿料を出すというのは画期的なことで、私が編集委員をつとめていた『ほるもん文化』は、執筆者に原稿料を出す発想も余裕もなかったと思います（笑）。

極論になりますが、私は在日の雑誌が別に売れなくてもいいと思うんですよ。例えば『月刊近代盆栽』（以下、『近代盆栽』）という月刊誌があります。そういう雑誌でも読者の対象を明確に限定すれば一定数は売れるんです。要するに誰に向かって出しているのか明確にし、時代のなかで歴史的役割を果たすことが大切で、あんまり日本社会で爆発的に売れるような雑誌を、出してほしくないと思います。

編集部　もう少し雑誌の話を続けたいと思いますが、『三千里』や『ちゃんそり』などについて孫片田さんの世代から見てどんなふうな印象ですかね？

孫片田　在日の若者は在日の雑誌を読まないって、昔、誰か書いておられた。別にそういう雑誌もあっていいとは思うんですけど、ただ、内容がちょっとこう共感的に読むのが難しかったり、溝があったんじゃないでしょうか。私は、数年アメリカに住んでいたので思うのかもしれませんが、アメリカではエスニック・スタディーズという分野があってマイノリティのコミュニティと、社会運動と大学、そしてメディアを繋ぐものだったんです。で、それは黒人研究など、いろんな形で雑誌となってずっと残って行くし、積み上げられていく。在日はそういうものを作れなかったんじゃないかと思っているんですけど……。在日の場合、そもそも、正統派の民族運動が必ずしもこうした普通の人の生活の中の格闘と直結していない部分があったと思います。それに、こうした蓄積を担うような大学の研究者に在日がいなかった。なれなかった。先生たちの世代からじゃないですか、大学教員になったのは。そういう中で『ちゃんそり』は同人誌で、マージナルであることにすごく意味があったと思うんですよ。メインストリームの民族雑誌とは違って、なんかこう飲み屋で普通に働いてるだけの人とかも書いて投稿できたじゃないですか。無名の人の声が読める雑誌だった。そういうマージナルなものから正統派の硬派な雑誌まで、在日のメディアが複数あるのがいい、複数あってそれぞれ役割を果たせれば面白いかなと思います。

編集部　なるほど、伊地知さんそういう文脈で何かあれば……。

伊地知　そうですね。八八年、学生時代に在日朝鮮人について学ぶため本屋に行って、本を手に取ると執筆者は男ばかり、文章に登場するのは男ばかりで、差別撤廃運動を闘うのも男ばかりで女の姿がみえない。つまり、表舞台に出てくる人が男ばかりというのがすごくこう気になるわけです。私は人の話を聞くのが好きで、多くの方々の助けをいただいて勉強を続ける中で、生活史という方法でいろんな方にお話を伺います。そこで、大概はお父さんの話しか出てこない、お母さん、どこの出身ですか、と聞いても、知らない。生活に関わっている人間は多様であるはずですね。こうした語り方に何度も出会ってきたので、在日のストーリーは、かなり定型化されてきた部分があるのではないでしょうか。

　在日コリアンの存在は多様であったし、現在さらに多様化する中で、対象者を限定しないで広げる言説はどのように可能なのか、考えたいと思っています。その点『抗路』はどのように考えておられるのか、聞いてみたいところです。どのコミュニティでもそうですが、在日コリアンの中でも社会的発言をできる立場に立てる人は限られています。ただ、中心にいたのは、やはり男性だったし、男性中心の社会は大概上下関係が強くて「先輩のいうことを聞け」という場面は珍しくないのではないでしょうか。そういう中で、抑えられてきたものもあると思うんですね。父親が在日コリアンで母親が日本人である場合と、父親が日本人で母親が在日コリアンである場合、子ども世代は、民族運動組織の中でどう位置づけられたのでしょうか。今の時代は、こういった文化的な制約を乗り越える、ＳＮＳのようなメディアツールもたくさんあります。時代も社会も生育環境も多様化する中で育つ若者に、『抗路』は何を伝えたいのでしょうか。

　私が、学部卒業論文で在日コリアンの帰化をテーマに書いたときに、帰化をした方々が、自分たちは民族団体から受け入れられない、と当時言っておられました。今では、日本国籍の在日コリアンであることを明示し、社会的発信をしている人がいろんな場面で活躍しています。大学の授業では、韓流ブームもあり、学生の中で、自分にコリアン・ルーツがあることを最近気づいたと嬉しそうに話しに来てくれる人もいます。もちろん、否定的な感じでそっとコメントカードに書いてくる人もいます。こうした最近の若者を見ていると、自分のルーツについて知ろうとするときに、民族団体や組織とかに入ると鬱陶しいから単独で動きたいようです。ただ、一人でルーツ探しをしようとすると、適当な場所がないんですよ。ですので、誰に遠慮なく自分と関わる書籍を読める場所を市中に広げたいという思いもあり、私は、歴史資料館を作りたかったんです。誰にも断らず、扉さえ開ければ自分に関わる何かがそこにある。そういう若い人たちに、『抗路』はどのような声を届けたいのでしょうか。

朴　森さんはマスメディアの専門家だから、森さんに聞いてみたいのですが。かつてはテレビ、ラジオ、新聞、雑誌という四大メディアが世論をリードしていましたが、いまはＳＮＳの時代になって、個人で発信できます。ＳＮＳの発達でテレビを視たり、ラジオを聴く人も少なくなり、新聞や雑誌もほとんど読まれなくなりました。一番悲惨なのは雑誌で、ほとんどの雑誌が廃刊に追い込まれているなかで、あえて『抗路』という在日の雑誌を出し続ける意味はなにか。もし出し続けるなら、このSNSの時代にどう向き合っていくのか。そうした核心的な〈問い〉について、司会の文京洙さんにも聞いてみたいのですが。まず、森さんは、この時代のメディアの変化についてどう思われます？

森　私は、こういう紙媒体の雑誌というのは出す意味はあると思っています。つまり、雑誌を出すというのは大変な作業量と資金が必要なことなので、それに挑戦し持続するというのは編集者・発行者（出版社）の力があるという証拠にもなります。紙媒体を発行し続けられること自体が、雑誌としての力を示しているということです。私はこれを「ブランド力」と規定しています。『抗路』は財政的には厳しいかもしれませんが、ブランド力を維持するために、少部数でもよいので雑誌を今後も出し続けることが必要だと思います。もちろん、読者数を広範囲に獲得していくという意味では、紙媒体発行と同時にインターネット上でも発行し、スマートフォンに適応したデザイン化を図るのが現時点で最善かと思います。記事ごとの課金制度を検討してもよいと思います。

朴　でも、例えばYouTubeを取り上げて考えてみたいのですが。YouTubeで一番影響力のある人は、一億人以上の視聴者がいて、それだけで広告収入がいっぱい入ってくるわけで、YouTubeで成功すると、彼の本も売れるようになる。一方、『抗路』がユーチューバー並みの視聴者を獲得できるかどうかというと、限りなく無理に近い。それなら、『抗路』は誰に向けて何を言うのかが問われることになる、つまり、『抗路』は『近代盆栽』を目指すべきだ、と私は思うんですよ。読者の対象はマイノリティでもいい。先ほど伊地知さんが言った在日の言説市場は実はものすごく大きくなっている。新渡日の人も含めてね。在日の言説市場は在日外国人すべてに広がりをもつ可能性はあると思います。『抗路』も狭い在日論にとどまらず対象を広げていくことが重要だと私は思います。

伊地知　そのことと盆栽をどうやって両立させるのですか？

朴　やはり『近代盆栽』程度で、そのレベルでどれだけ中身の濃いものを作るかということと、もう一つ、少し話を整理する必要があるのだけど、大衆誌と専門誌ってありますね。その両者はもともと対立的関係にあった。それを破壊したのはテレビとかラジオで、私がテレビで言われることは、「パク先生、クリーニング屋のおじさんが分かるように喋ってください」ということです。言われたとおりに繰り返していたら、だんだんクリーニング屋さんにも理解してもらえる喋り方になってきました。そこまで大衆知にする努力をしないと専門知が大衆に届かない。『抗路』はまさに専門誌で、『三千里』時代はそれで良かったけど、いまの時代はそれじゃダメだと思うんです。

編集部　『抗路』については、編集委員それぞれ考えがあると思うけれど、私自身、一つ言えることは「啓蒙」ということは考えていない、その辺は『三千里』とはかなり違う。いまは「上から目線」の啓蒙や教育が通る時代ではない。在日の状況はかつてとは全然違って、日本国籍取得者が四〇万人近くになって特別永住者よりもはるかに多い。在日の社会がいわば構造的に変化する中で、あらためて問題を考えてみようということです。そのためには若い人とか女性だとか、いろんな人に参加してもらって、『抗路』という場で問題を考えて、それがどれだけひろがりを持つかというのは二の次なわけです。いろいろな雑誌の話題が出たけれど、全部過去の話、在日のいまを考える共通の開かれた媒体みたいなものがない、とりあえずはそういう場所を提供しようっていうのが、まあこれは私の考えだけど、『抗路』の存在意義だっていうふうに思ってもらえれば……。

伊地知　そうすると、購買層とか購買対象はどう設定するのですか？

編集部　だから、在日の問題だとか、歴史とか、日本社会に対する在日からのアプローチについて興味を持ったり、研究したり、考えたり、という人が主な対象になると。

伊地知　その場合、在日の定義はどう考えておられるんですか？

編集部　定義そのものも考えなければいけない。だからさっき言ったように、それも一緒に考えようっていうことです。

伊地知　在日コリアンの定義を様々に問うことは必要だと思います。例えば、大阪でお会いした方々についてお話しすると、七〇年代に来日された方、また八〇年代ぐらいに来日された方がおられます。特に、女性の場合、在日コリアン男性と結婚するケースは少なくないと思います。この女性は在日コリアン枠に入るでしょうか？　在日コリアンかどうかというアイデンティファイは、本人の自己認識に任せるという議論もありますが、七〇年代以降に来日された方々は従来の在日論の対象とされていない現状があります。この点については、どう思われるでしょうか？

編集部　だから、そういう問題を議論しようっていうのが私の考え。例えば、ニューカマー・オールドマーの区別はやめたほうがいい、と私は思っている。最近、戦後の「密航」の問題を調べてるけれど五〇年代でも六〇年代でも毎年おそらく数千人のレベルで日本への人の流れが続いている。ただ、そういう考えに対して旧植民地出身者の特別永住者こそがやはり在日の核心だという議論も根強い。いろんな意見があるだろうから、そういう議論をできる場所にしたいわけです。

伊地知　ただ、「在日とは誰か」という議論はないですよね。『抗路』のなかでは。

編集部　いや、結構、若い人たちがいろんな問題提起をしていて、既存の枠組みを崩すような相当幅の広い議論がされてきたと思う。

朴　私は究極的には「在日」日本人もありかなと思います。日本に定住する人をすべて私は在日という言葉で表現したいんですよね。日本人と外国人の子どもも含めて、今の日本には多様な人たちがいるわけですよ。そういう中でいろんな問題が生じてくるわけですね。あるいはその問題について、それぞれの人に、意見表明してもらえばいいと思うんですよ。

編集部　いま、韓国を生活の拠点にしたり、重国籍をもっている若い人たちも相当に増えている、そういうことを考えると、もう一回、在日の枠組みや内実を考え直さなければならない。例えば在日の脱北者の問題だとか、私はそういう問題も含めて広く在日の問題として、どこまでが「在日」の範囲なのか、ということじゃなくて、在日の「問題」として考えるような、『抗路』はそういう場所だと考えています。

伊地知　そういうプラットフォームが存在するのは、すごく大事なことですね。だからこそ、そのプラットフォームに誰を呼んでくるか。その辺を議論してはどうでしょうか？　例えば、法務省の在留外国人統計では特別永住の「韓国・朝鮮」者数は減少しています。

佐藤　先ほど話した「全外教」で、昨年五〇周年を迎えた大阪の長橋小学校の民族学級のレポートがありました。いま民族学級に来ている子どもは韓国籍・朝鮮籍ゼロ。でも、韓国・朝鮮につながる子どもたちが集まっていて、また保護者との関係も切り結んでいるという実践報告でした。例えば七〇年代だったら、私と同じ年代の在日コリアンが日本人と結婚すると言ったら、家族から猛反対された。しかし今は、子どもはどんどん日本人と結婚して、孫たちはほとんどが日本国籍で日本名というのが現実です。でも、そういう状況だからこそ、これをやろうよって集まってくる場が必要なんじゃないかと思いますね。

孫片田　話の流れに反してしまうかもしれないんですけど、オールドカマーの経験を中心とした雑誌があって欲しいなっていうのが私の思いです。やっぱりニューカマーのことは違いもあると思うんですよね。在日の世代が一、二、三、四ぐらいまでの経験っていうのをしっかり語る、そういう広場っていうか、場所がまだあって欲しい。

「メディア」っていっても、広く言えば同人誌みたいなものもそうだし、いろんな団体の機関誌とか、それも在日について話し合う場としてはすごく大事だったし、それに基づく声を世の中に発信する必要があったんじゃないでしょうか。さっきの伊地知先生の話で「一部の人」とか、定型化した言説みたいな話があったように、今まで発信されてない在日っていうのがある。この場合オールドカマーですね、オールドカマーの中でそれを代表して語ってきた人の内容がかなり限られていたんじゃないか……。

朴　今の話と少しからみますが、私は旧植民地出身者、いわゆる日本の植民地時代に日本に来られた在日一世とその子孫たちの権利の問題にこだわっているんです。フランスは戦後、植民地出身のアルジェリア人たちにフランスとアルジェリアの重国籍を付与しましたが、日本は植民地出身者たちに重国籍を与えなかった。アルジェリア人は重国籍を与えられて、フランス人と同じように選挙権をもって、フランス社会で活躍している人がたくさんいます。そりゃフランス人には厳しい民族差別もありますが、選挙権という制度上の平等性を旧植民地出身者に与えようとしています。ところが日本は旧植民地出身者と、いわゆるニューカマーを同じ次元で論じる人がいっぱいいるわけですよ。たとえば一番典型的な例は参政権問題です。新渡日の外国人への地方参政権付与問題と、旧植民地出身者の参政権回復を同じ次元で論じることはそもそもおかしいわけです。とはいえ、旧植民地出身者が体験してきたことと同じような問題に新渡日の外国人も直面しているわけです。入居差別であるとか、名前（日本名の強要）問題とか、就職差別とか。在日コリアンも新渡日の外国人も同じような問題を抱えているわけで、そう考えてみると、今後日本が移民受け入れ国に転換するなら、旧植民地出身者が苦しんできた問題を、原点に返って考えなあかんと思うのです。

佐藤　いま私は在日コリアンの人権と共に、移民の人権問題もやっていて思うことは、どの大学にも移民研究の講座があるわけです。しかし「在日」抜きの移民研究がまかりとおっているように思います。

朴　そうそうそう、おっしゃるとおり。

佐藤　そういうところで、もっと「在日」としての課題というのがあるんじゃないかなと思うのです。いま運動圏では、大阪の丹羽雅雄弁護士らも私と同意見なんだけど、移民の運動の中で「在日」を抜きにして語るな、ということです。

伊地知　その前に、私が『抗路』で特集していただきたいと思うテーマは、「お互いの母を語る」とかですね。「在日コリアン」とひと言で表現しても、個人の違いはもちろん、生育環境、家族のありよう、ルーツの地域の違い、日本での居住地の違いなど様々な細かな違いがあります。単語でひとつに表現されると、なんか「在日」っていうまとまった集団があるみたいにみられる。もちろん、単語一言で逐一説明しないで済む話がある場合もあるでしょう。ただ、在日コリアンと日本人のダブルというだけではなく、祖母がダブルなんですとか、母親は二〇年前に韓国から来てという学生がいたりすると、「在日」を語るときに個別性に配慮しなくなると、少しでも違和感を感じる人は入れないなと思ったりします。ですので、座談会やシンポジウムなどを組むときに、同じような顔ぶればかりが出てくるのはどうかなと思うことがあります。これも、長い間お付き合いくださる皆さんがおられるからこその学びですが（笑）。

森　類臣氏

編集部　もうそろそろ時間になったので、最後にひとことずつ。森さんからお願いします。

森　日本のジャーナリズムがどのように在日コリアンを言説化してきたのかということについて少しコメントいたします。まず、日本のジャーナリズムは、朝鮮半島の分断以降、南北コリアをコインの裏表のように報道してきました。つまり、南（大韓民国）に対して否定的な報道をしているときは北（朝鮮民主主義人民共和国）に対して肯定的な報道をしていて、それがひっくり返るのがだいたい八〇年代後半です。要因としては、ソウルオリンピックや韓国の民主化があります。一方で、ラングーン事件や大韓航空機爆破事件によって「北朝鮮」のイメージは悪くなります。このように、一九八〇年代後半に南北のイメージに逆転が起こり現在まで続いているのですが、その基底にあるものはあまり変わっていないと思います。現代史を眺めると、現在の韓国に対するある種の好感や憧れはすぐに嫌悪感に転嫁するような、そういうところがあるようにも感じます。それは、ポストコロニアリズムの問題や内在的理解の不足、国益中心主義、冷戦型思考など複合的な作用から生まれているのでしょう。

さて、在日コリアンの言説化についてお話しすると、近年は在日コリアンについての報道も少しずつ増えているようですが、管見の限り、一九九〇年代くらいまでは朝鮮半島の南北と日本の関係において、つまり国際関係の大きなフレームの中で在日コリアンに触れられていることが多く、在日コリアンを中心として言説化することは多くなかったと思います。五〇年代末~六〇年代に「帰国事業」がイシュー化した時は在日コリアンを比較的多く紙面に取り上げ、人権キャンペーンを張りましたが、よく読むと「歴史認識なき人権フレーム」というか、なぜ在日コリアンが日本にいるのかという根本的な歴史観が抜け落ちています。

ただし、一方で重要な「例外」もあります。それは「済州四・三」です。ここでは朝日新聞を取り上げますが、朝日新聞の場合は八八年から「済州四・三」を本格的に言説化します。このときのキーパーソンは金石範先生です。八八年から九七年までは金石範先生がほぼ単独で「済州四・三」の議題設定者として紙面に登場します。その後、九八年からキーパーソンになったのは石橋英昭記者です。石橋記者が主に大阪で取材した一連の報道が重要です。当時、石橋記者は朝日新聞社の社会部に在籍しながら、在日コリアンの視線から「済州四・三」を報道しようと努力したと言えます。

朝鮮半島報道に関する日本のジャーナリズムの独自性は、在日コリアンの目線を通して朝鮮半島情勢を捉えるところにあるのではと最近思います。そのような報道は決して多いとは言えないけれど、これは他の国にはないオリジナリティであり重要な点だと思います。

孫片田　今の森先生のお話とも関わりますが、ウトロのことで言えば、祈念館の展示では、ごく普通の人の格闘を伝えたいという思いがみんなあったんです。やはり在日という存在が、格闘なしには生きてこれなかったことの一つの象徴がウトロ。一つの、でしかないですけど。そこをこういうふうに生き抜いてこられたっていうことを、敬意をもって伝えるミュージアムにしたいというのが一つ。そういう普通の人の姿を伝えたいというときに、コミュニティがあるというのはやはり大事で、特別な、いわゆる運動家みたいな人ではなくて、特に女性達が活躍したいろんな場面というのを生活の中で見て欲しいっていうような。あと、ウトロの魅力として、社会から応答する人が現れて一緒に土地を守った、その連帯の物語を伝えたいっていうこと。この二つは展示の作成にかかわった者みんなが展示に落とし込んだ思いなんです。

で、そのウトロのことを社会に発信したときにすごくたくさんの人が来てくれたってことも嬉しいなとみんな思ってるんです。（来館者が）一万五千人を突破したんですが、本当に全国から来はるんですよ。なので、在日についての発信の場というのは今も日本社会の中で人が集まる場でありうるということをウトロの平和祈念館は成し遂げたとも言えるのでは……。今のところまだなんとか続いていますが（笑）。そういう場所が本当に多くの人の力で成り立った。

それで、ウトロの運動でメディアの力は大きかったんですが、ウトロの報道って、最近の新聞報道でもわりといいものが多いんじゃないかと思うんですけど、それは最初の頃に取材した記者の前例があって、後の人はそれを見てやってきたと思います。まず運動の中で丁寧に取材に応じていて、「ウトロ守る会」にはメディアで働いていた経験のある人がいたし、戦略も含めて、良い記事を最初の方に書いてもらった。その力があると思うんです。

編集部　ありがとうございました。じゃあ伊地知さんお願いします。

伊地知　報道関係者を見ていて思うのは、孫片田さんがおっしゃったように、現場の人間との関係づくりが報道の内容に反映するということです。私が、学生時代に初めて在日朝鮮人に出会ったように、学習知識のない人間が記者になるケースが多いでしょうし、ルーツがあるから内容の充実した記事を書けるとは限りません。誰が最もよく知っているかよりも、お互い何がわからないのかという問いをベースに作っていけるとよいと思うんですよね。さっきも提案しましたけれど、「自分の母を語る」とか、男性執筆者がマジョリティであれば「妻に言えなかったことは何か」といったテーマの座談を読んでみたいですね。古い知り合いがたくさん執筆されているので親しみはあるのですが、あえていうと、『抗路』は、「細かいことはさておいて、在日ってこうなんだ」みたいな感じを持つことが少なくない。でも、そういうのって、ちょっとしんどいと思ったりします。「在日コリアンとしてどうか」というような話も必要だと思いますが、「そんなこと言ってたら話が進まないような話題」にも繋げていけるような、ルーツがあるだけではなくいろんな方向から「いっちょかみ」できる媒体がないと、結果的に存在の輪がつながりにくいようには思います。

編集部　はい、わかりました。だいたいそういう方向を目指してるつもりではいるのですが。

伊地知　でも、編集委員もおじさんばっかりですよね。

編集部　笑。心して、聞きます。朴一さん。

朴　伊地知さんの言うことで思い出しました。ＮＨＫが昔つくった「ファミリーヒストリー」という番組で南果歩さんが出演された回があって（二〇一二年放送）、ふつうチョッポ（族譜）っていうのはほら、男の系図として描かれる。男中心の社会として語り継がれてきたけど、あの南果歩さんの「ファミリーヒストリー」は、親が離婚し、南果歩さんが母子家庭ということもあって、オモニのルーツをずっと遡っていくんですよ。南果歩さんのオモニの両親がどうやってめぐり逢い、その両親の両親とずーっとルーツを遡っていったら、彼女（南果歩さん）のルーツは、半世紀前は韓国、数百年前まで遡ると中国にたどりつくんです。さっき伊地知さんが言ったお母さんの話を聞けっていうのは、そこなんですよね。だからそういう家族の歴史をヒストリー（his story）、つまり男の物語ではなく、her story、女の物語として再構築していくことも大切ではないかと思います。そうしたもう一つの視点から、在日の物語を伝えていかないと、在日のメディアは自壊すると思います。

編集部　佐藤さん最後に。

佐藤　紙媒体には限界があるとはいえ、いまだに発信力はあるわけだから、在日であれ日本人であれ、もっと若手で意欲的に取り組んでいる人たちがどんどん書いてくれるような場が絶対に必要だと思うのです。

昨年から今年にかけて、「ウトロ平和祈念館」と「大阪コリアタウン歴史資料館」ができたのを聞いたときに、すごいなあ！　と思ったのです。たとえば大学の授業で「在日」のことを語ろうとすると一二回ぐらいやらなきゃ理解してもらえない。でも、その一二回授業をやるなかでウトロと、コリアタウンに学生たちを連れていけば、受け止め方が全然違う。期せずしてそういう場所ができたことは、画期的なことだと思います。

最後に一言だけ、これまでの「在日論」ではジェンダーの視点が欠落していたこと、また、すでに移民社会となっている下での「在日論」が必要ではないか、と思うのです。これらについては後日、改めて話したいテーマです。

編集部　ありがとうございました。『抗路』に対する注文は真摯に受け止めて今日の座談会、終えたいと思います。

❖文章整理・構成／文京洙

1960.7 – 1961.9	문예활동 (2 号まで確認)	金石範	在日本朝鮮文学家同盟大阪支部
1962.3 – 1984.3	漢陽 (全 177 号)	金仁在	漢陽社
1962.7 – 1962.9	朝鮮文化 (3 号まで確認)	李殷直	朝鮮文化社
1962.11 – 1963.11	韓国文芸 (全 3 号)	金潤・金慶植	韓国文芸社
1963.1 – 1963.3	朝陽 (全 2 号)	鄭貴文	リアリズム研究会
1966.6	原点 (全 1 号)	梁石日	原点発行所
1967.8	黄海 (全 1 号)	梁石日	黄海発行所
1969.3 – 1981.6	日本のなかの朝鮮文化 (全 50 号)	鄭貴文・金達寿ほか	日本のなかの朝鮮文化社
1969.6 – 1971.1	朝鮮文学 (全 11 号)	竹馬巖・朴元俊	朝鮮文化研究会／新興書房
1969.7 – 1991.5	朝鮮人 (全 27 号)	飯沼二郎・鶴見俊輔	朝鮮人社
1973.10 – 1975.6	季刊まだん (全 6 号)	金両基ほか	季刊まだん／創紀房新社
1974.12 – 2017.12 ?	海峡(28 号まで確認)	朝鮮問題研究会編	社会評論社
1975.2 – 1987.5	季刊三千里 (全 50 号)	李進熙・金達寿・姜在彦・金石範ほか	三千里社
1976.11 – 1986.2	くじゃく亭通信 (全 44 号)	高淳日	くじゃく亭
1979.9 – 1981.12	季刊ちゃんそり (全 8 号)	季刊ちゃんそり編集委員会	ちゃんそり舎
1981.5 – 1987.10	シアレヒム (全 9 号)	鄭敬謨	シアレヒム社／影書房
1987.11 – 1990.3	季刊在日文芸 民涛 (全 10 号)	李恢成・梁民基ほか	民涛社／影書房
1989.8 – 1996.2	季刊青丘 (全 25 号)	李進熙・金達寿・姜在彦	青丘文化社
1990.9 – 2000.9	ほるもん文化 (全 9 号)	姜尚中・朴一・文京洙ほか	新幹社
1991.1 – 2013.9	鳳仙花 (全 27 号)	呉文子ほか	鳳仙花編集部
1991.11	青丘文化 (全 1 号)	辛基秀	青丘文化ホール／明石書店
1998.1 – 2000.12	コリアン・マイノリティ研究 (全 4 号)	在日朝鮮人研究会編	新幹社
2006.11 – 2012.11	地に舟をこげ (全 7 号)	高英梨・山口文子ほか	在日女性文芸協会／社会評論社
2015.9 – 現在	在日総合誌抗路 (11 号、継続中)	尹健次・文京洙・趙博ほか	抗路舎／クレイン

在日メディア史・雑誌一覧表

＊創刊号～終刊号の発行年月、雑誌名（総冊数）、主な編集者、発行所／発売所、の順に記載。発行所名が途中で変わるなどの場合、創刊号に近いものを採用したが例外もある。
＊各項目については、作成者や図書館所蔵の原本・復刻版の他、『在日朝鮮人関係資料集成』戦後篇 3・9 巻の解題（宮本正明氏）、『在日朝鮮人資料叢書』14・20 巻の解題（宋恵媛氏）、17 巻の解題（宇野田尚哉氏）、呉圭祥氏『ドキュメント民戦 1950－1955』、尹紫遠『越境の在日朝鮮人作家　尹紫遠の日記が伝えること』の解説（宋恵媛氏）を参照した。

［作成：廣瀬陽一］

発行年月（終刊まで）	雑誌名（総冊数）	主な編集者	発行所／発売所
1946.4－1950.7	民主朝鮮（全 33 号、21 号は発禁）	金達寿・尹炳玉	民主朝鮮社
1947.10－1948.11	朝鮮文芸（全 6 号）	朴三文	朝鮮文芸社
1948.3	조선문예（全 1 号）	朴三文	朝鮮文芸社
1948.8	우리文学（1 号のみ確認）	魚塘	在日本朝鮮文学会
1948.9－1949.8	青春会議（全 8 号）	崔旰均・金庸熙	在日本民主青年同盟
1949.5	文学会報（全 1 号）	尹紫遠	在日本朝鮮文学会
1949.6	봉화（全 1 号）	李殷直	在日本朝鮮文学会
1951.12－1954.8	朝鮮評論（全 9 号）	金石範・金鐘鳴	朝鮮人文化協会
1953.2－1958.10	ヂンダレ（全 20 号）	金時鐘・梁石日ほか	大阪朝鮮詩人集団
1953.3－1953.8	文学報（全 4 号、1-3 号はタブロイド判、4 号は雑誌形態）	金達寿	在日本朝鮮文学会
1954.3－1954.5	조선문학（全 2 号）	南時雨	在日朝鮮文学会
1954.11－1955.5	新しい朝鮮（全 8 号）	金達寿	新朝鮮社
1955.9	新朝鮮（全 1 号）	金達寿	新朝鮮社（「新しい朝鮮」改題）
1956.11－1958.3	조선문예（全 7 号）	南時雨	在日本朝鮮文学会（「조선문학」改題）
1957.1－1957.11	불씨（全 3 号）	金棟日（金潤）	불씨同人会
1957.7	大村文学（全 1 号）	安栄二	大村朝鮮文学会
1957.10－1964.12	白葉（全 27 号）	崔鮮	白葉同人会
1957.11－1966.7	学之光（全 11 号）	尹学準	法政大学朝鮮文化研究会
1958.11－1959.12	鶏林（全 5 号）	張斗植・金達寿	鶏林社
1959.6－1963.2	カリオン（全 3 号）	金時鐘	グループ「カリオンの会」

南北コリアをどのように報道・論評してきたのか

森類臣

＊本稿では、これまでマスメディアが南北コリア（大韓民国／朝鮮民主主義人民共和国）をどのように報道してきたのかについて、筆者なりの視座を提供してみたい[＊1]。

◆南北コリアに対するマスメディア報道の特徴

南北コリアに対する近年の報道・論評は、媒体によってもちろん違いや程度の差はあるが、基本的に次のような共通の特徴を帯びているのではないかと考えている。

まず、大韓民国（以下、韓国）に対しては次のような特徴を見せているということが指摘できる。

①抗日運動・独立運動に基づく国家樹立の正統性[＊2]についてはそれほど重視していない。

②日本の植民地支配責任については、「記録」をめぐる争いに終始させようとし、さらに当事者の立場性の違いや「記憶」の対立に転換させたりすることで、責任の所在を明確にしない。

③一九六五年の日韓請求権協定によって植民地支配責任は「法的」に終了したことを強調し、道義的責任と再発防止策についてはあくまで努力目標としている。

④韓国の市民社会は未成熟であるとする。その根本には、日本社会が韓国より成熟して進んでいるという単線的発展段階論のような考えがあるのではないか。

⑤共通の敵を設定し、それに対する日韓の安保協力は当然のこととしている。

一方、朝鮮民主主義人民共和国（以下、朝鮮）についてはどうか。それは次のようである。

①理解不可能な犯罪国家であるという「悪魔化」フレームを適用している。

②朝鮮がやることは無条件にすべて悪い、もしくは裏があってしかるべきだという「推定有罪」の論理が前提にある。

③同国の内部に過度な執着心を見せるのぞき見的報道

④同国のすべてをほとんど日本人拉致問題という視点からとらえる。

⑤核・ミサイル開発について、同国の立場や論理を冷静に分析し論評しようとしない。

⑥朝鮮は独立した主権国家にもかかわらず、管理の対象であるという発想（管理者の中には当然日本も含まれるという発想）を持つ。ここには、自分たちは常に朝鮮に影響を与える立場なのだという発想が強くにじみ出ており、相互作用を無視している。

筆者の上記の考察が曲がりなりにも当てはまるとしたら、日本のマスメディアはなぜこのような報道をするのであろうか。歴史的経緯もあるため、その因果関係について簡単に説明することは難しいが、いくつかの要因があると筆者は考えている。

まず、優越意識・大国意識である。それは、日本社会は基本的に「コリア」より進んだ社会であるという認識からきている（ただし、最近の日本の若年世代は、日本より韓国の方が国力が上だと思っている人もおり、ある種の逆転現象が起こっているようだ）。

さらに、「北朝鮮」報道や一部の韓国報道には反知性が許されるような雰囲気がある。報道してもとがめられることが少ないからである。内在的接近による理解の不足が見え隠れする。

次に、日本の国益というレンズを設定していることが指摘できる。ジャーナリズムは日本政府と同じ立場に立つ必要は全くなく、むしろ国益論から自由であるべきだが、日本のジャーナリズムは「国益に合う／合わない」という論理を立てる傾向がある。つまり、国益擁護（何が国益になるのか明確な国民的合意はないので、あくまで報道する側が考える国益）を報道の前提にしているのである。

◆南北コリアに対する報道はコインの裏表

さて、日本のマスメディアによる南北コリア報道は、コインの裏表のような関係になってきた。韓国に対する肯定的な報道がなされたときは朝鮮に対する否定的な報道がなされ、その逆に朝鮮に対する肯定的な報道がなされたときは韓国に対する否定的な報道がなされてきたのである。つまり、分断構造を日本のマスメディアの中にも持ち込んできたといえよう。

　ここでは、日本のマスメディアによる南北コリア報道について、時代を追いながらいくつかの重要な事象を、『朝日新聞』『読売新聞』など主流新聞を中心に取り上げつつ紹介したい。紙幅の関係上詳細な報告はできないが、日本がこれまでどのように南北コリア報道を行なったのか概観は捉えられるのではないかと考える。

①一九五〇年代

　まず、朝鮮戦争である。朝鮮戦争報道の研究については、これまでいくつかの重要な学術的成果が出されてきた。例えば、李虎栄（一九九八）[＊3]や梶居佳広（二〇一五）[＊4]、米津篤八（二〇二一）[＊5]などの詳細な研究があり、また最近では崔銀姫（二〇二二）[＊6]が出版された。したがって、ここではこれらの先行研究に依存する形で朝鮮戦争時のメディアがどのように報道したかを紹介したい。

　朝鮮戦争が勃発した当時、日本はまだ独立を回復してはおらず連合国軍最高司令官総司令部（ＧＨＱ）の強い指導下にあり、マスメディアも同様であった。朝鮮戦争は基本的に、共産軍による侵攻に対して自由主義国を防衛するという観点で報道されたのである。例えば、『朝日新聞』（一九五〇年六月二六日）は、「北鮮《ママ》、韓国に宣戦布告　京城に危機迫る　38度線総攻撃　侵入軍臨津江突破」というタイトルとリードの記事をのせている。

　梶居（二〇一五）は朝鮮戦争時の全国紙および地方紙の社説を収集し分析した。その結果、当時の新聞は全国紙・地方紙問わず朝鮮戦争を自由主義圏と共産主義圏の国際戦争というフレームでとらえており、そこでは「韓国・朝鮮を積極的に論じようとはせず、関心がなかったといわざるを得ない」と指摘している。リベラル紙・保守紙関係なく、当事者である南北コリアは不在だったのである。

　朝鮮戦争が激烈に行われていた一九五一年九月、サンフランシスコ平和条約の調印により日本の独立回復が本格化し、日韓国交正常化をめぐる日韓交渉が始まった。一九五二年一月一八日には、李承晩が隣接海洋に対する主権宣言である「李承晩ライン」の創設を宣言し、ライン内における漁業管轄権を主張した。この後、日韓関係はこじれていく。特に、李承晩ラインを超えたとして日本の漁船が韓国側に拿捕される事件が起こり、日本の新聞紙上でも韓国に対する批判的な報道が増加した。例えば、『朝日新聞』（一九五二年三月九日）社説「韓国政府の反省を望む」では、李承晩ラインそのものの不当性を訴えラインによる漁業妨害（日本漁船の拿捕、日本漁船の漁業禁止など）を非難している。また、『読売新聞』（一九五二年一〇月一六日）の識者寄稿では、水産地理学者の今田清二による「李承晩ラインの批判

世界傾向に逆行　資源保存目的とは無関係」という批判記事を載せている。李承晩ラインとその運用（日本人漁船の拿捕など）については、一九五〇年代後半まで継続して批判が続くことになる。

一方、朝鮮との関係はどうだろうか。大きな転機となったのは、一九五五年の鳩山首相の対共産圏へのアプローチと同年二月二五日の「対日関係に関する南日外相声明」であった。南日外相は、日朝国交正常化を前提とした貿易関係・文化交流を推進する意思を明確にしたのである。この南日声明後に日本メディアの朝鮮に対する報道は肯定的なものに変化し始めていく。なお、『朝日新聞』（一九五五年一二月三〇日）は、「北鮮《(ママ)》代表の派遣考慮　南日外相声明　在日朝鮮人問題で」という記事で、南日外相が在日朝鮮人の法的地位および祖国往来自由原則の保証を日本政府に求め、その交渉のために代表団を日本に送る用意があることを報道している。

②一九六〇年代

一九六〇年代になると、『朝日新聞』『読売新聞』は韓国に対する批判的な報道もしていくことになる[*7]。一つは、日韓国交正常化についてである。『朝日新聞』は、クーデターによって軍事政権となった韓国に対して、民政への早期移管が日韓国交正常化への前提だと指摘し、また李承晩ラインと漁業権問題について韓国は譲歩すべきだと指摘した。例えば、『朝日新聞』（一九六三年三月一八日）の社説「軍政の延長声明と日韓会談」が挙げられる。

一方、朝鮮に対してはどうであろうか。当時、日朝関係において最も大きな問題となっていたのは、在日朝鮮人の朝鮮への移動の問題、つまり「帰国事業」であった。『朝日新聞』『読売新聞』など主要マスメディアは基本的に「帰国事業」に賛成し、一方で「帰国事業」に反対する韓国政府に批判的な態度を示した。その批判的姿勢の前提には、李承晩ラインへの反発と日本漁船拿捕などへの抗議があった。

主要マスメディアが「帰国事業」に賛成した理由はいくつかある。まず、在日コリアンへの境遇に関心を寄せ境遇改善のために「帰国事業」を進めようとしたことは事実であろう。いわゆる「人道」的観点である。そこには、在日コリアンの人権を前面に押し出す姿勢が見て取れるが、一方で在日コリアンがそもそもなぜ日本にいるのか、差別や貧困の原因は何なのかということに対する深い分析や根本的な批判はほとんど見られない。歴史認識が欠如していると言うしかない。

そして、底流に日本国内に社会主義に対する憧憬と支持が存在していた。代表的なのは、一九五九年に新日本評論社から発刊された寺尾五郎『38度線の北』である。寺尾氏の本は、日本における朝鮮の肯定的イメージを形成する上で大きな影響を持ち、当然のように一九五九年から始まった「帰国事業」にも影響を与えた。

もちろん、朝鮮に対するこのような肯定的なイメージは、よく知られているようにマスメディアによっても増幅されていった。一九七〇年代の『朝日新聞』『読売新聞』両紙の報道を見てみても、例えば『朝日新聞』（一九七一年八月一九日）は、フランスのジャーナリストであるジャン・ラクチュール（Jean Lacouture）による「北朝鮮の旅　急速な国力の発展　自主・自力の方向を貫く　下」という記事を掲載しているし、また、『読売新聞』（一九七二年四月一日）は「チュチェの素顔　文盲退治　拝啓、私にも書けます　農婦もいま代議士」という記事を掲載した。

③一九八〇～一九九〇年代

このような状況が大きく変わるのが一九八〇年代である。南北コリアに対する報道状況が大きく変わる時期であった。それは主に、一九八〇年代のラングーン事件・韓国民主化宣言・大韓航空機爆破事件・ソウルオリンピックである。

まず、一九八三年一〇月に発生した「ラングーン事件」は南北コリアに対する報道の姿勢が変わっていく大きな契機となった。『朝日新聞』（一九八三年一〇月一〇日）は「北朝鮮の陰謀　韓国政府公式発表　韓国要人殺害爆弾テロ事件」という記事を掲載した。朝鮮がラングーン事件の首謀者であるという説を基本的には支持し、朝鮮を批判する論調を展開する。

次に、韓国で一九八七年六月に行われた「民主化宣言」である。例えば、『朝日新聞』（一九八七年七月一日）は「民主化宣言」5者で　金泳三氏提言」などという記事を掲載して、韓国の民主化への高い関心を示した。

三番目に、大韓航空機爆破事件（一九八七年十一月）である。被疑者二人が日本人観光客を装っていたこともあり、日本のマスメディアは大きく注目した。例えば、『朝日新聞』（一九八七年一二月五日）は「真由美」強く、したたか訓練受け？　演技・黙秘　聴取に意識不明を装う」という記事を掲載した。

四番目に、ソウルオリンピック（一九八八年九月～一〇月）である。韓国ソウルで開催されることは一九八一年に第84次国際オリンピック委員会総会で決まっていたが、実際の開催は大きなインパクトを与え、韓国の一九八七年の民主化宣言とその後の手続き的民主主義の進展と相まって、民主化の進展および経済力増大を海外に示すイベントとなった。同時に、南北コリアの力の差を可視化する出来事ともなった。さらに、ソ連・中国という社会主義圏からのオリンピック参加も韓国のイメージに大きな影響を与えた。例えば、『朝日新聞』（一九八八年一月一八日）「ソウル五輪、最大規模に　参加の通告は161　申し込み締め切る　米

・ソ・中の初対決も実現　北朝鮮参加なお曲折か」という記事である。

一九九〇年代も様々なイベントが発生する。例えば、九〇年九月には、日朝関係に関する自民党・社会党・朝鮮労働党の三党共同宣言がなされ、日朝関係は国交正常化に向から機運を見せる。しかし、この構想は日本の国内政治の力学もあり実現されず、さらに第一次核危機が起こり、一部メディアでは日本人拉致疑惑が断続的に報道されるなどして朝鮮に対する報道・論調は批判的になっていく。

一方、韓国については日韓交流が増大していき、一九九八年には小渕政権と金大中政権において日韓パートナーシップが結ばれた。マスメディアでも、韓国に対して好意的もしくは日韓関係の強化を訴える論評が目立つようになった[＊8]。

④二〇〇〇年代

二〇〇〇年代は、南北コリア報道、特に「北朝鮮」報道において大きな契機となった。

まず、二〇〇二年九月一七日に日朝首脳会談が行われ「日朝平壌宣言」が採択された。日朝は両国の懸案事項の解決に向けて同時履行を約束した。日朝平壌宣言は両国が対立から和解へと進むプロセスを明確に記したものであり、日朝国交正常化の里程標となるはずであった。

しかし、一方で、日朝首脳会談で朝鮮側が日本人拉致を認定し謝罪したことは大きな衝撃をもたらした。特に、マスメディアは激しく反応し、朝鮮を強く非難し否定的な報道を繰り返した。拉致問題で沸騰した日本の世論をマスメディアが反映しただけだという見方もあるが、筆者はその見方に完全には同意できない[＊9]。マスメディアで働いているジャーナリストの怒りが先行し、報道を通して世論を沸騰させていったという側面も相当大きかったと推察する。

二〇〇二年九月はこのように大きな衝撃をマスメディアにもたらした時期であり、これ以降の日本のマスメディアの論調は、①日本人拉致への怒り（朝鮮を憎悪する感情を全面的に展開）と「拉致問題の解決なくして国交正常化なし」論の展開、②朝鮮は非正常なテロ集団国家、③核とミサイルの脅威という三点にほぼ集約することができよう。しかし、①は日朝間の懸案事項を同時並行で解決することを約束した「日朝平壌宣言」の精神に違反するものであり、②は朝鮮の歴史や思想、政治社会構造を無視した見方である。③は読者・視聴者が朝鮮側に立って核武装する理由を想像するという機会を消し去っており、それによって「なぜ他国（大国）の核保有は許されるのか」というような根本的な疑問をも封じている。ロケット・人工衛星・ミサイルをめぐる報道・論評についても同様の方式である。

また、朝鮮に対しては報道倫理が欠如した報道をしても許され肯定されるかのような風潮が増長され、誤報や根拠薄弱な報道が目立つようになった。さらに、それまで日本のマスメディア側と朝鮮側で合意のあった国名表記についても反故となった。マスメディア上では「朝鮮民主主義人民共和国」という正式国名が一切消え、その代わりに「北朝鮮」「北」という呼称が一切の断りなくさかんに使われるようになった[*10]。この過程で、日朝平壌宣言への言及はほとんどなくなり、日朝平壌宣言は過去の遺物となったかのように扱われた。

このような報道を繰り返すことによって、日本のマスメディアは、異常・異様な国、犯罪国家というイメージの中に朝鮮を閉じ込めることに「成功」した。つまり、朝鮮の「悪魔化」である。

朝鮮の「悪魔化」はもう一つの重要な論理を提供した。それは、被害者と加害者の逆転である。過去に植民地宗主国であった日本は植民地支配責任の清算を不問にされ「被害者」となった。一方で、朝鮮は主に「日本人拉致問題」によって「加害者」となったのである。

なお、二〇一八年から始まった近年の南北交流や首脳会談、そして米朝会談などに関する日本のメディアの反応は、拙稿「南北・米朝合意を過小評価する日本メディア　悪魔化フレームが継続する『北朝鮮』報道」(『週刊金曜日』二〇一八年七月六日号)を参考にしていただきたい。

◆「コリア」関連報道検証の重要性

以上、多少中途半端になってしまったが、筆者なりの南北コリア報道の概観と考察を示してみた。筆者の捉え方では、韓国は経済力・文化発信力・軍事力ですでに世界に影響力を及ぼす力のあるミドルパワーであるし、朝鮮は事実上の核保有国として「status quo」(現状)を変化させる事実上のアクターとなっている[*11]。しかし、日本のマスメディアは南北コリアに対して根本的なパラダイムシフトができておらず、一定のフレームに押しとどまっているようだ。

これまで、日本のマスメディアによる「コリア」関連報道については、何度か報道の在り方が問題となったこともあり、研究者はもちろんマスメディア関係者によっても検証されてきた。しかし、いくつかの例外的な記事や論稿・書籍を除いて、単発の批判やそれほど深くない「検証」が繰り返されてきた感が否めない。筆者は、南北コリア報道を検証・考察する時は、時間軸を長くとることが必要ではないかと考えている。戦前から戦後、そして現在にかけて、「コリア」関連報道を時系列に追いかけながらナラティブに描きつつ、日本の「コリア」関連報道に重要な位置を占めている在日コリアンの視点を深く考えることが重要であると考えている[*12]。これは筆者自身が今後の自身に課す宿題でもある。

【註】

［＊1］　より学術的な考察については、森類臣（二〇二二）「日本の主流メディアの北朝鮮認識：朝日新聞を中心に」『日本批評』二七巻（ソウル大学日本研究所）、一二〇―一五三頁（※韓国語）などを参考いただきたい。

［＊2］　例えば、大韓民国憲法前文には、国家樹立の根本について「3・1独立運動で建立された大韓民国臨時政府の法統」と明確に書かれている。

［＊3］　李虎栄（一九九八）「日本のメディアにおける朝鮮戦争の報道に関する研究」上智大学博士論文。

［＊4］　梶居佳広（二〇一五）「朝鮮戦争・日韓関係（一九五〇〜一九五三年）に関する日本の新聞社説」『社会システム研究』第三〇号、八一―一〇三頁。

［＊5］　米津篤八（二〇二二）「朝鮮戦争報道と心理戦――日本のメディアの役割を中心に」一橋大学博士論文。

［＊6］　崔銀姫編著（二〇二二）『東アジアと朝鮮戦争七〇年――メディア・思想・日本』明石書店。

［＊7］　この時期の研究としては、竹川俊一・森類臣・鄭寿泳による二〇一七年の共同研究「北朝鮮はどのように『公共の敵』となったのか――『在日朝鮮人の帰国（北送）』に関する日韓の日刊紙報道分析」第二三回日韓国際シンポジウム「ジャーナリズムの危機と役割、価値」などがある。

［＊8］　なお、一九九〇年代は、元日本軍「慰安婦」であった金学順さんの記者会見を大きな契機として日本軍「慰安婦」問題への社会的な関心が高まった時期であり、マスメディアもこれについては大きな関心を持って報じた。

［＊9］　日本の内閣府（内閣府大臣官房政府広報室）「外交に関する世論調査」（平成一四年〔二〇〇二年〕一〇月）をみると、拉致問題にかかわらず日朝国交正常化を進めるべきだという意見が六六％であり、国交正常化に反対する件は二六％であった。

［＊10］　この現象については、詳しくは拙稿（二〇〇九）「日本のマス・メディアにおける『北朝鮮』報道の一考察――『北朝鮮』単独呼称への切り替えと背景の分析を中心に」『翰林日本学』（翰林大学校日本研究所）、一一九―一四一頁を参照していただきたい。

［＊11］　Pekka Korhonen&Tomoomi Mori, North Korea as a Small Great Power, The Asia-Pacific Journal: Japan Focus, Volume 17, Issue 5, Number 2（https://apjjf.org/2019/05/Korhonen.html）などを参照していただきたい。

［＊12］　関連研究として、褒姈美・森類臣（二〇一八）「日本の『朝日新聞』報道を通して見た済州4・3」『コリアンディアスポラと日本の少数者問題』C&P（※韓国語）がある。

（もり・ともおみ　日韓言論史／摂南大学）

在日メディアと論争
——〈在日論〉の水脈をたどる

文京洙

◆

二〇二一年、日本に在留する朝鮮籍・韓国籍保持者のうち特別永住者の数が初めて三〇万人を下回った。累積の日本国籍取得者もいまや四〇万人に達しつつある（二〇二二年現在で三九万人余り）。在日の婚姻の九割は日本人とのそれであることを考えると、国籍や在留資格の上での在日朝鮮人は早晩消えてなくなるかもしれない。

もちろん「帰化」の増大は、同化や風化が同じ程度ですすんでいることを意味するわけではない。国籍変更の後も民族名を維持するケースも少なくないし、暮らしの拠点を韓国に求めたり、重国籍を維持する若い世代も増えている。「越境する在日」（本誌七号）や「トランスナショナル」なあり方が一つのトレンドとして定着しているのである。民族・国民・国籍といった、これまで自明とされてきた人々のふるい分けの枠組みそのものがひどく揺らいでいる。

私たち在日朝鮮人は、いま、そういう大きな変化のなかに置かれている。もちろん、いつの時代も〝変化〟は語られ、これに切り結ぶ議論や論争が〈在日論〉として交わされてきた。『ヂンダレ』『季刊三千里』『季刊まだん』『季刊ちゃんそり』『季刊在日文芸 民涛』『ほるもん文化』といった在日メディアがそういう語りや論争の舞台となった。けれども、そういう在日メディアでの語りは、民族運動のメインストリームの言説に押されて周縁化されるか、その場限りのトピックとして断片化されて論点が継承され蓄積されてきたとは言えない。

グローバル化がいわれた一九九〇年代以降、アカデミズムの世界でも在日朝鮮人研究がそれなりの地歩を築きつつある。若い研究者による卓越した業績も目白押しとなった。けれども、そこには、〈在日論〉の語りとの接点や継承関係はほとんどみられない。史資料や口述調査を駆使した精緻な実証研究の立場からすれば、〈在日論〉は悠長な辻説法くらいの意味しかもたないのかもしれない。この乖離や断絶は、在日のいまを考えるうえで残念に思えてならない。

戦後を生きた在日朝鮮人の弛まない思索の営みを知ることとは無駄なことではない。いまにつながる論点をそこに見出すことも出来るかもしれない。つまらぬ懐古趣味の議論と一蹴されそうでもあるが、私なりの視点で、在日メディアを通じて交わされた〈在日論〉の出自や水脈をたどり、その行き着いた地点を探ってみたい。

◆〈在日論〉の出自――『ヂンダレ』の時代

亡くなられた姜在彦さんが在日社会の「構造的変化」について語り（「在日朝鮮人の六五年」『季刊三千里』8号、七六年）、「第三の道」など在日の新しい方向をめぐる議論が在日関連のメディアを賑わしたのは、戦後も四半世紀を経た一九七〇年代に入ってのことだった。キーワードは〝定住〟であった。この頃には日本生まれの二世が七五％を超えていた。日本での〝定住〟を踏まえた権益擁護運動の流れが台頭していた。のちに触れる姜尚中・梁泰昊間の論争もこの〝定住〟の意味をめぐって交わされていた。けれども、朝鮮人の日本での定住は、じつは、すでに戦前からの事実であった。一九三〇年代後半のある官憲資料には次のような記述がある。

「（一九三八年の在日朝鮮人、七九万九八六五人のうち）世帯を有する総人員は六五万九七〇八名にして総人員の八二％を占む。更に男女の数につき観るに……本年末に於いて男一五四名に対し女一〇〇名の比となり、この男女の比の接近及世帯人員数の比の多きは、在住朝鮮人が漸次定住性を帯びつつあることを示すものなり」（警保局「内地在住朝鮮人運動」）と、すでに在日朝鮮人の「定住性」が語られている。

日本の敗戦後、この地に踏みとどまった朝鮮人の大半も、戦前から所帯を構えて日本社会に根を降ろした紛れもない住民であった。と同時に帝国支配のくびきから解放された東アジアではナショナリズムが風靡し、一人一人の解放の問題が民族の解放として語られる時代ともなっていた。そういうなかで、朝連（在日本朝鮮人連盟、一九四六～一九四九）や民戦（在日朝鮮統一民主戦線、一九五一～一九五五）、さらには総連（在日本朝鮮人総連合会、一九五〇～）と、引き継がれる戦後の在日朝鮮人運動の主流も、いわば民族の論理と住民の論理の間で揺れ動いた。路線転換を通じて共和国（朝鮮民主主義人民共和国）への帰属を明確にした総連でさえ、五八年五月の四全大会では「生活の長期体制と正常化」という住民の論理に根差した方針を打ち出していた。

ところが、この年の八月、共和国への帰国運動が提起されると在日朝鮮人の日常の生活と意識が根こそぎナショナリズムの論理や機運に呑み込まれていく。さらに、六〇年の四月学生革命が韓国で起こると、「平和統一が達成されれば、在日同胞の問題も根本的に解決をみるであろう」（総連第二四回中委での韓徳銖の報告）とされ、「民族の論理」が「住民の論理」を圧倒して「帰国の思想」がまかり通った。

こうして解放から帰国運動にいたる戦後一五年余りの時代は、在日朝鮮人にまつわるあらゆる問題が民族や国民の論理に収斂されていく過程であった。それは、在日朝鮮人の住民としての生活実態から少なからず乖離し、あえて言えば、〈在日論〉はこの〝乖離〟から生まれたといえる。そして、これを象徴するのが、『ヂンダレ』とこれをめぐる論争であった。

『ヂンダレ』は、民戦時代の五三年三月、大阪朝鮮詩人集団の機関誌として創刊された。日本共産党のいわゆる民対（民族対策部）の宣伝・教育活動に沿う形で「日本で朝鮮戦争を生きる経験を歌った闘争詩と日本で朝鮮人として生きる生活を歌った生活詩が掲載されていた」（宇野田尚哉「東アジア現代史の中の『ヂンダレ』『カリオン』」『「在日」と50年代文化運動』人文書院）。ところが、五五年の「路線転換」以後、『ヂンダレ』は、共和国の権威を笠に着て民族的主体性や朝鮮語による愛国詩の創作を掲げる主流派（民族派）のやり玉に挙がる。『ヂンダレ』の日本語による創作は、「民族虚無主義」という定番の攻撃にさらされるが、それは、『ヂンダレ』のメンバーたちの実態や思いからかけ離れた非難であった。リーダー格の金時鐘を除いて『ヂンダレ』のメンバーのほとんどは、梁石日や鄭仁など、当時では朝鮮語も覚束ない日本生まれの二世たちであった。ほかでもない〈詩〉という一人一人の生身の情感がものをいう世界で、「愛国」や「民族」といったお仕着せの観念と、二世たちの実存との齟齬は耐え難いものに感じられたであろう。だが、二世の実存に根差した抒情は恥ずべき「流民的記憶」とされ、「朝鮮民主主義人民共和国の公民としての矜持を与えられている時、流民の記憶につながる一切のブルジョア思想が私たちの周辺から一掃されねばならぬ」（洪允杓「流民の記憶について」『ヂンダレ』15号、五六年）と非難された。

金時鐘は、よく知られているように、済州四・三の殺戮の現場から大阪に逃れてきた一世だった。だが、金時鐘は、二世たちに寄り添いながら「流民的記憶は抹殺されるべき主題ではなしに、むしろ新しく掘りおこされるべき焦眉の問題」だと反論する（「私の作品の場と「流民の記憶」」『ヂンダレ』16号、五六年)。

「手のひらを返すに似た民戦からの路線転換」に異議を唱えた「盲と蛇の押し問答」(『ヂンダレ』18号、五七年)では、「私は在日という副詞をもった朝鮮人」であると断言される。その結びでは「詩を書くということと愛国詩を書くということは、まったくもって関係がない、日本語の詩を書くからといって、国語の詩に気がねする必要は少しもない。在日という特殊性は、祖国とはおのずから違った創作上の方法論が……なくてはならい」とされる。そこには時代を圧倒した国民(公民)や民族の論理には解消されない、在日の実存への拘りが語られている。

金時鐘は、こうした論争や、二世たちとの交感を通して、「在日を生きる」という、その後、金時鐘の創作の立脚点となる命題にいきつく。『ヂンダレ』やその後の『カリオン』を「在日朝鮮人文学」の出発点とみる論者も少なくない。詩や文学にまつわる語りを超えた〈在日論〉の出自をそこに見出すこともできる。「共和国公民としての矜持」か「流民の記憶」か、その後に交わされる在日論争の論点の多くがすでにそこに示されていた。

◆〈第三の道〉

日本が高度経済成長の巨大な社会変動を経て在日の戦後世代が登場する一九七〇年代、帰国運動や日韓条約をめぐる在日社会の熱気も冷めて在日朝鮮人はあらためて足元の現実に向き合い始める。七〇年を前後する時期には、金時鐘、金石範、李恢成、金鶴泳、高史明、梁石日、金泰生など日本語で創作する数多くの在日作家が堰を切ったように文壇に登場し、一つのカテゴリーとしての「在日朝鮮人文学」の存在がはっきりと認知されるようになった。「帰国の思想」の求心力も翳りが見え始め、本国社会にも日本社会にも還元できないような在日朝鮮人に固有の内実が「在日朝鮮人文学」を一つのカテゴリーとして浮かび上がらせていた。

六〇~七〇年代の在日朝鮮人社会の構造変化は、文学だけではなく、在日朝鮮人のあり方や運動の方向をめぐる議論を噴出させた。七五年には坂中論文(坂中英徳「今後の出入国管理行政のあり方について」)が発表され、おもに在日朝鮮人をターゲットにしてきた日本の入管行政にも変化の兆しが現れていた。それまでの規制や排除一辺倒の政策から、法的地位の改善を通じた同化や帰化の促進という、いわばハードからソフトへの転換が模索されつつあった。二世中心の権益擁護運動が台頭し、姜在彦さんのように、在日一世のなかでもそうした権益擁護の取り組みを、在日朝鮮人問題の「構造的変化」のなかにより自覚的に位置づけようとする議論も現れた。

一九七五年に創刊された『季刊三千里』は、そういう一世やそれに近い世代の語る〈在日論〉の主な媒体となった。上記の姜在彦論文が載った8号の特集（「在日朝鮮人」）を皮切りに、七〇年代だけに限っても、12号（七七年）「在日朝鮮人の現状」、18号（七九年）「在日朝鮮人とは」、20号（七九年）「在日朝鮮人文学」などたびたび在日朝鮮人問題が特集として組まれた。『季刊三千里』の編集委員は主に総連の組織活動や民族教育に携わってきた作家や知識人からなり、総連は、これに対して「反動的謀略雑誌」「民族虚無主義」などと非難や中傷を繰り返した。「路線転換」直後の総連と『デンダレ』間の軋轢が、高度成長や世代交代が明らかになった七〇年代の文脈であらためて再燃していた。

七〇年代後半は、在日をめぐる思想や議論の転機であり、この転機をめぐる論争の時代だった。論争の主な舞台となったのは、『朝鮮研究』や『朝鮮人』といった、在日の人権擁護に取り組んできた日本人が主管するメディアだった。最初の論争の舞台となった『朝鮮研究』は、六一年に朝鮮問題を日本人の立場で研究することを目的に設立された日本朝鮮研究所が発行した月刊誌で、この頃、朝鮮問題にかかわるめぼしい日本人の研究者をほぼ網羅していた。

論争は、七七年、佐藤勝巳など日本朝鮮研究所の主たるメンバー五人が連名で発表した「自立した関係をめざして」（一七二号）に端を発している。佐藤らは、七〇年代の定住化の進展を踏まえ、在日朝鮮人は「共和国や韓国のこと以上に日本でのありようをより真剣に模索すべき」だとした。これに対してやはり日本朝鮮研究所のメンバーだった梶村秀樹が批判の論評を『朝鮮研究』（一七六号）に掲載して往復二度にわたる論争となった。

佐藤らの主張の底流をあえて要約すれば、在日朝鮮人の定住が明らかになるなかで、心ある日本人と朝鮮人が、現実を踏まえ、本音で語り合う関係を築くべきだ、というものである。梶村はそうした関係（自立した関係）の大切さを認めつつも、踏まえるべき現実、つまり具体的な在日の定住のありようをめぐる佐藤らの認識に異論を唱えた。

梶村は「在日朝鮮人は「日本で」と「朝鮮人として」という二匹の兎を同時に追わねばならない存在であ」り、「「朝鮮人として」ということの中に、「共和国や韓国のこと」が全然入っていないということがあり得ようか」と反論した。つまり、梶村は、佐藤らの見解が本国指向か在日指向か、という二者択一を前提に、「在日朝鮮人の意識空間を日本社会の中にのみ限定させるような結論を」くだしていると批判した。

梶村の議論には、九〇年代以降のグローバル化や国民国家の揺らぎを背景に登場する「越境的在日」や「トランスナショナル」な見方を先取りする論点が示されていた。だが、この頃では梶村の主張よりも、本国指向か在日指向かの二者択一的議論が〈在日論〉の基調としてつづいた。佐藤らの「在日指向」の主張は、その後、「第三の道」の主張として定式化されることになった。

「第三の道」という言い方は、関西でベトナム反戦運動などに取り組んできた飯沼二郎が鶴見俊輔とともに発行していた雑誌『朝鮮人』（17号、七九年）で金東明（仮名）との対談という形で示した考え方である。その主張は、民族性を維持しつつも日本での市民的権利の獲得を重視するという点で、大筋では、佐藤ら五氏の在日指向の主張と似通っていた。しかし、これが同化でも本国指向でもない「第三の道」というフレーズで定式化されたことから、小さくない反響を呼んだ。

金時鐘は、日高六郎、鶴見俊輔などが参加した『朝鮮人』誌上の座談会（18号）で、「第三の道」という主張が本国との関係でしか定位されえない「在日」の積極的な存在意義を曖昧にし、「逆に民族性を散らす」と批判した。『ヂンダレ』時代には〈在日論〉の実存の固有性を強調した金時鐘も、祖国や故郷への帰属という観点を手放していたわけではなかった。

直接「第三の道」に触れたものではないが、八一年に『在日の思想』（筑摩書房）を上梓した金石範も、「日本社会に定住する者として在日朝鮮人の主体をもって帰属する」ことを強調しながらも、「南と北を越えた統一へ向けての全体的な視点をもちうるところに」在日の「創造的な性格」があるとして、在日の存在意義を「統一祖国」への〈帰属〉という点に求めた。

佐藤らの主張や「第三の道」の主張は、世代交代もあって在日社会が「統一指向」から一転して「在日指向」「定住指向」へと大きく振れつつある機運を反映していた。八二年には日本の難民条約の批准に準じた出入国管理及び難民認定法の施行があり、韓国・朝鮮の国籍にかかわりなく在日朝鮮人の大多数に「永住資格」が付与されることになった。坂中論文で示唆されたソフト路線による同化・帰化の促進がはっきりと入管の政策基調ともなっていた。佐藤勝巳は、これに符丁を合わせるかのように、前述の『朝鮮研究』のスタンスからさらにすすんで、在日朝鮮人の「同化」が「自然の流れ」だと主張するまでに至る。「差別が減少しつつある現在、日本名が差別からの逃避でもなければ、本名を名乗ることが差別と闘うということにも必ずしもならない」（『朝鮮研究』二二二号、八二年）とされた。

帰国運動、日韓条約（六五年）、南北共同声明（七二年）、光州事件（八〇年）と、時代をいくら重ねても統一への見通しはたたず、在日朝鮮人の日本での〝定住〟が紛れもない事実となった。入管法の改正によって在日朝鮮人の日本での居住がさらに安定し、朝鮮籍の在日であれ、韓国籍の在日であれ、そういう「安定」は望むところとなっていた。

日本で生きることを前提に〝実感〟や〝本音〟を語る二世や三世の議論が『季刊まだん』など在日の言説の世界にもあふれはじめた。だが、在日朝鮮人が糸の切れた凧のように風化や同化へと押し流されていくのを手放しでなぞるような議論には、苛立ちや危機感を募らせる人たちも少なくなかった。金時鐘や金石範の第三の道への批判もまさにそういう苛立ちや危機感を表していた。

◈「方法としての在日」「事実としての在日」

この頃の「定住」指向の風潮への反発は、当時、社会思想の若手研究者として頭角を現しつつあった姜尚中によって、「方法としての在日」としてより精緻な議論に仕上げられた（「〈在日〉の現在と未来の間」『季刊三千里』42号、八五年）。

七〇年代は、地域に根差す権益擁護運動の流れが台頭する一方で、韓国の民主化運動に連帯する動きが在日の学生青年運動の一つの潮流をなした時期でもある。軍事政権に追随する民団に反発して独自の組織的歩みを始めた韓学同（在日韓国学生同盟）や韓青同（在日韓国青年同盟）がそうした潮流を代表していた。韓国の維新体制成立（七二年末）以後、拉致や軟禁、度重なる投獄にも屈せず闘い続ける金大中や金芝河、新旧キリスト教徒の牧師・神父の粘り強い抗議行動、さらには韓国の大学生たちの捨て身の闘いぶりが、日本という安全地帯に生きる在日の学生青年たちの魂を揺さぶりつづけた。「母国留学」などを通じて韓国にわたって直に民主化運動に身を投じる在日青年も少なくなかった。そういう大義に身をゆだねた者からは、定住指向の権益擁護運動は、〝祖国〟にまつわる根本問題を回避する、小市民の日和見的な動きにみえた。姜自身もそういう民主化・統一指向の青年学生たちの思いや批判意識を共有していた。

姜は、指紋押捺拒否運動へと展開しつつあった在日の「人権・市民権獲得の闘い」の意義を踏まえつつも、そうした闘いが「朝鮮系日本市民」という運動となるならば、「日本の社会と国家の、精神構造も含めた根源的な転換がない限り、とうてい実現される見込みはない」。さらにアイヌ民族や、沖縄、部落差別の現状を直視するならば「朝鮮系日本市民としての定住化は賤民化（この差別用語をここであえて使用する）の道に通じていないという保証はどこにもない」と、「定住化」の行き着く先への悲観的な見通しを語る。

そしてそういう「定住化」のあい路を「越えていくためには、やはりその流れを祖国へ向けて定位させなければならない」とした。「私の思うところは、在日と日本、そして分断祖国の双方が共通の歴史的課題としてかかえ込んでいるものを見定め、それに対する態度決定をテコに間接的に祖国へと志向することを意味する」という。姜が問題にしたのは、「諸民族の文化や人間的価値の序列」をともなう近代の位階的な価値観や秩序そのものであり、日本社会を規定している「エセ文明の抑圧構造」もそこに由来するものとされる。姜からすれば、「朝鮮系日本市民」としての権益擁護運動は、そうした秩序や抑圧構造を前提とした地位向上運動ではあってもそれ自体を否定するものではない。「共通の歴史的課題」とは、近代の「エセ文明」や抑圧構造そのものへの抵抗を意味し、そういう抗いへの自覚的な態度決定が「方法としての在日」として定義された。

この「方法として在日」を、七〇年代の権益擁護運動の潮流を象徴する存在となっていた梁泰昊が「事実としての在日」を対置する形で批判した(「事実としての〈在日〉——姜尚中氏への疑問」『季刊三千里』43号、八五年)。

梁は、姜が「われわれがあくまでも外国人であり祖国をもっている」という点で、日本の底辺の他の被差別者と在日が異なることをあえて「賤民化」という言葉で強調した点を捉え、「きわめて問題である、というより差別である」と批判した。在日に権益擁護運動を「祖国に向けて定位させる」という主張についても、「別の種類の〝国粋化〟を招く危険」を感じるし、「マイノリティの問題を解決するためにマジョリティの側に移ればよいとする発想」だとした。

これに姜が応答する形で「方法としての〈在日〉——梁泰昊氏の反論に答える」が『季刊三千里』44号に掲載された。「賤民化」という概念使用へのクレームについては、「パーリア」というルビを付したうえでこの言葉の起源が「国家としての存在形態を喪失した」ユダヤ民族に由来し、その点で「われわれの存在がそうした〈賤民的存在形態〉から区別される」としたもので、「差別の底意から強調しているのではなく、抱えている問題の本質と課題意識の違いから述べた」ものと応じた。

「祖国に向けて定位させる」という主張を「別の種類の国粋化」だと梁が断じていることについても、「民族への帰属を標榜して祖国と創造的にかかわろうとした在日朝鮮人への冒瀆」だと打って返した。姜は、在日には「祖国」があることを繰り返し強調したが、姜の言う〝祖国〟は、近代の「エセ文明」や抑圧構造を超えた彼岸としての〝祖国〟、もしくは「民族的歴史意識の変革が進みつつある」民主化運動との連帯を示唆していた。その点は現実の韓国や共和国のイメージに発する梁の祖国像や民族観にかなりギャップがあり、やや議論がすれ違っていた感も否めない。

姜の梁への反論のもっとも重要な論点は、梁の議論が「在日を祖国から切り離し、日本国内の差別問題だけに解消してしまう論法」、「定住性に価値観点を絞り込んだ在日論」となっていることへの批判である。つまり「「事実としての在日」が……在日の二重性と祖国への帰属を日本社会のなかだけに逼塞させる論理を内包しているとするならば、「方法としての在日」は南北と日本、そして在日の関係の総体を視野に入れつつ、定住外国人としての生を民族的価値の再生と統一されるべき民族国家へと方向づけていくことを意味している」という対置が示される。

ただ、とはいえ、梁の議論は、定住という事実を出発点とすべきとしているものの、問題の射程を必ずしも日本社会にだけ閉ざしていたわけではない。この点もやや議論のすれ違いがみられる。そもそも姜は、すでに紹介したように、「人権・市民権獲得の闘い」が「朝鮮系日本市民としての在日を前提とするならば」としているが、この頃の「定住」を踏まえた権益擁護の取り組みや議論がみな「朝鮮系日本市民」を前提としていたわけではないし、論議の射程を日本社会にのみに閉ざしていたわけでもない。

実際、梁は、姜への再反論の文章（「共存・共生・共感姜尚中氏への疑問（Ⅱ）」『季刊三千里』45号、八六年）で定住という事実を踏まえ、反差別・人権擁護の連帯や取り組みを積み上げていくことが、本国にも影響し、全体として「〈エセ文明〉からの自由を獲得する手だて」ともなると論じた。「祖国との関係」についても「祖国の方から照らしてくる光によってのみ在日朝鮮人が輝いたり陰ったりする……太陽と月の関係ではなく在日朝鮮人も発光してこそ、本当の意味で祖国の人々とつながりあえると」とされる。そのうえで「在日を方法としてとらえることは在日が昇華されるべき仮の姿であることを意味する」。「私はむしろ〈事実としての在日〉を考えなくてはならない、と思う」、在日朝鮮人が存在するという事実から出発し、共生を目指すことが必要だとして、姜の議論に対置させている。

論争は、二度のやり取りを経て、本国指向か在日指向かという単純な二者択一論を越えた地点での双方の認識がそれぞれ提示される形で終わった。姜は、「在日における生は、いわばスペクトル状にさまざまな位相を伴って連続していることを認めたうえで、なおかつ「あるべき祖国との有機的関連の環を見失わ」ずに「自らの位相を克服・昇華していくこと」を主張した。これに対して梁は、在日二世にとっては確かに「祖国とのつながりを意識」し、「「朝鮮人」という入り口に立つことが「人間的」解放につながった」、だが、三世にとっては、「むしろ発想の入り口と出口を逆転させて「人間的」という入り口から入ることによって、歴史的存在としての朝鮮人という自己に向き合うことができるのではないか」と結んでいる。

◆

姜尚中・梁泰昊の論争があってすでに四〇年近い歳月が流れた。この論争の後も、尹健次が、ロンドンでの在外研究の経験を踏まえて「日本国在住特別市民」という考え方を示したこと（『世界』九〇年一月号、および『在日の精神史3』岩波書店、二〇一五年）や、徐京植が『半難民の位置から――戦後責任論争と在日朝鮮人』（影書房、二〇〇二年）などを通じて（私への批判も含めて）「市民主義的在日論」を批判したことなど、多様な〈在日論〉の展開があった。しかし、私の知る限り、在日をめぐる目立った論争はその後起きていない。在日の多様化・多元化がすすんで、論争を成り立たせるだけの最低限の共通の土壌さえ、在日社会は失ったのかもしれない。

ただ、それでも『朝鮮人』誌上での論争から姜・梁論争に至る一〇年余りの間に交わされた〈在日論争〉を通じて、在日を語る上で踏まえるべき一つの到達点が示されたこも確かなことのように思える。もちろん、いまどき「われわれには祖国がある」といわれてもピンとくる在日は少ないかもしれない。ジェンダーや多重国籍といった、在日をめぐってその後に登場する多くの論点もカバーされていない。そもそも、いまではあるがままの個人の思いに発する思索や取り組みが重んじられ、〈理念〉や〈方法〉といった「上から目線」で在日を語ること自体無理がある。

しかし、それでもこの頃の論争を通じて、私たち在日朝鮮人が、南北の本国であれ、日本社会であれ、そこに一元的に封じられることのない、開かれた系として存在することは確認されたのではないだろうか。梁泰昊が姜尚中への再反論を書くにあたって、「姜氏が念頭においておられることは、ひょっとして私との間にはさほど大きな距りはないのではないかという感想をもった」と述べているのもその点の確認に関連しているように思える。それは、今では、ある種の常識として在日を語る上での土台を形作っている。

＊引用に際して「　」は最低限のものに省略させていただいた。

（ムン・ギョンス　本誌編集委員）

特集 「在日」メディア史を語る

戦後「在日映画史」小論

崔盛旭

❖

「在日映画」[*1]とは何か。在日映画史を語るうえで、まずはその「定義」を考える必要があるだろう。これまでに作品論や監督論の形で在日を取り上げたアカデミックな研究はあっても、在日映画という一つの映画的カテゴリーを想定し総括するような試みは、ほとんどなかったと言わざるを得ない。実際「何をもって」在日映画と定義すれば良いのか、その明確な提示はきわめて難しい。

例えば、崔洋一の『カムイ外伝』(二〇〇九)と井筒和幸の『パッチギ!』(二〇〇五)を取り上げてみよう。前者は、江戸時代を背景に忍者カムイの闘いを描いた、在日とは無縁の物語であり、後者は、一九六八年の京都を舞台に在日高校生と日本人高校生との喧嘩や恋、和解を描いた青春映画である。ではこの二作品を、在日映画として一緒に扱うことは果たして可能だろうか。監督が在日であることを優先すると『パッチギ!』は外れ、在日をテーマにした物語かどうかを基準にすると『カムイ外伝』はあり得ない。ここにさらに俳優や製作者などが加わると、在日映画の幅はますます複雑さを増していく。

定義をめぐる問いに正解はない。物語上は在日と無関係の『カムイ外伝』でも、そこに在日映画監督としての崔洋一を絡めて論じるならば、作品は立派に在日映画となり得るだろう。だが、在日映画なるものの「歴史」を振り返ることを目的とする本稿においては、監督や俳優、製作者に関係なく、そして在日が主題であるかどうかにかかわらず、在日を描いてさえいれば「在日映画」と呼ぶことにしたい。そして、日本映画のなかでさまざまな形で描かれてきた在日、在日みずからが映画に描いてきた在日を通して、戦後日本という時空間に浮かび上がる在日という存在の変遷をたどってみることにしよう。

❖占領期〜一九五〇年代
——在日の「現実」を直視する

日本の敗戦とともに迎えた朝鮮の解放は、在日にとってもまた、抑圧され、奪われつづけてきた「朝鮮」を取り戻し、独立した主体としての朝鮮人を回復する契機となった。朝鮮への帰国支援や子どもたちに対する民族教育などを目的として、戦後直後に結成された在日本朝鮮人連盟（朝連）は、自らを取り戻そうとする彼らの動きを現実化するための具体的な一歩だった。そんな朝連によって製作された『朝連ニュース』（一九四五）は、在日を記録した最初のドキュメンタリーであるという意味において、戦後在日映画の原点と言える。

だが一九四九年、連合国軍最高司令官総司令部（GHQ）・日本政府によって朝連が強制解散させられたのに伴い、この『朝連ニュース』は中断を余儀なくされる。その後、朝連を受け継ぐ形で一九五五年に在日本朝鮮人総連合会（総連）が結成されるまでの間には、総連傘下の総聯映画製作所の前身といえる在日朝鮮映画人集団が組織され、『民戦ニュース』や『朝鮮の子』（一九五五）などを製作した。

とりわけ『朝鮮の子』は、朝鮮人の民族教育を否定し学校の閉鎖措置に乗り出したGHQ・日本政府に対する闘いであった一九四八年の「阪神教育闘争」の延長線上に位置付けられる作品だ。全国の朝鮮学校が次々と閉鎖され、日本の学校制度の中に編入されていくなかで、東京では朝鮮学校の都立化が行われた。ところが一九五四年、「教育の内容が偏向的」などの理由から、東京都が「一九五五年三月三一日をもって廃止」と通告[＊2]、これに反発して民族教育を守ろうと制作されたドキュメンタリー映画である。子どもたちの作文を元に、差別と貧困に苦しむ現実や、それを乗り越えるための民族教育の当為性が子どもたちの切実なナレーションで語られる。総連の結成によって、在日朝鮮映画人集団は総連に吸収され『総聯時報』やドキュメンタリー映画を製作していくことになる。

一方、左傾化する朝連から離れた右派勢力が結集し、一九四五年十一月に組織した朝鮮建国促進青年同盟（建青、在日本大韓民国居留民団＝民団の母体の一つ）も翌四六年には傘下に朝鮮映画協会を置き、『李奉昌先生遺骨還国記』や『朴烈先生園遊会』など、植民地時代の抗日運動家のドキュメンタリー映画を製作している。他にも朝鮮国際映画株式会社や国民文化映画社といった民団系映画会社は、『朝鮮国際ニュース』や『高麗村』などの文化映画や民団系のニュースをそれぞれ発信[＊3]した。こうして見ると、戦後から一九五〇年代にかけて見られる在日映画の多くは、総連や民団を問わず「在日の現実」を捉えたニュース映画、ドキュメンタリー映画であった。ＧＨＱ・日本政府の弾圧の中で、権利獲得のための闘いや朝鮮戦争に伴う在日社会のイデオロギー的分裂の激化など、急変する情勢を記録し伝えることが優先的に求められた結果と言えるだろう。このような、映画を用いた「運動」ともいえるドキュメンタリー製作の流れは現在まで受け継がれ、在日映画の形成において一翼を担っている。

一九五〇年代は劇映画においても、在日が描かれた「戦後初」の映画とされる、巣鴨拘置所の朝鮮人を含むＢＣ級戦犯たちの手記を元にした小林正樹の『壁厚き部屋』（一九五六）や、落盤事故が起きた炭鉱で懸命な救出作業に当たる朝鮮人労働者への差別問題を取り入れた内田吐夢の『どたんば』（一九五七）、同じく炭鉱を舞台に、朝鮮人労働者の親を亡くした四人の兄弟が貧しさにめげずに生きようとする姿を描いた今村昌平の『にあんちゃん』（一九五九）、また、朝鮮人のお婆さんに引き取られた孤児の日本人少年が次第に心を開いていく様子を通して差別と偏見を問う森園忠の教育映画『オモニと少年』（一九五八）など、在日が映画に登場するようになった。この時期、戦争における日本の加害性に極めて自覚的だった映画人は、日本の植民地支配が生んだ朝鮮人戦犯や炭鉱労働者、慰安婦を物語のなかに取り込み、貧困や差別、偏見など、在日が置かれている問題をヒューマニスティックに描き出した。後の在日映画に頻出する在日の表象やテーマを早くも扱ったこれらの映画は、まさに在日映画の「原型」と位置付けてもいいかもしれない。

この文脈においては、一九四六年に公開された千葉泰樹の『煉瓦女工』にも触れておく必要があるだろう。貧しい家庭の日本人少女と朝鮮人少女との友情を描いたこの作品は、戦時下の一九四〇年に作られたものの、出演俳優の多くが所属していた新協劇団をはじめ左翼劇団に対する当時の大規模な弾圧によって、俳優らが検挙されたため上映禁止になり、戦後になってようやく公開することができたと言われている。だがこの作品が上映禁止になった理由は、どうやらそれだけではなさそうだ。それは、日朝同祖論や内鮮一体が声高に叫ばれる厳しい植民地同化政策の下、朝鮮語使用が禁止されていた時代だったにもかかわらず、朝鮮人少女が日本人少女に「朝鮮語を教え」、日本人少女が「朝鮮語を話す」という、同化政策を正面から否定する場面からも垣間見える。

戦時中に製作された『煉瓦女工』が、在日の民族教育に対する要望が高まるのと時を同じくして公開されたのはあくまでも偶然にすぎない。ただし、この作品が奇しくも民族教育に対する予見性を持ち得たという、在日映画としての可能性までをも封じ込める必要はないだろう。いや、むしろこの作品を、民族教育をめぐる闘争の文脈のなかに、「戦後初」の在日映画として新たに組み入れるべきとさえ思う。

❖一九六〇～七〇年代
——運動とともに／運動として

一九六〇年代は、在日を取り巻く情勢が大きく変わっていく時代だった。とりわけ、一九五九年から始まった北朝鮮への帰国事業と一九六五年の日韓基本条約は、在日の「祖国」をめぐる国籍アイデンティティ問題から「在日する」法的根拠まで、日本における「在日とは何か」という問いを投げかける契機となった。

このような情勢の変化は、映画にもすぐさま反映された。今井正の『あれが港の灯だ』（一九六一）は、「李承晩ライン」[＊4]（日韓基本条約により解除）をめぐって激しく対立する日韓の狭間で犠牲になる在日青年を主人公に、在日の居場所（＝アイデンティティ）を追求した作品だ。在日の青年と売春婦の会話は、街なかに響き渡る帰国事業への参加を促す声に遮られ、彼らの居場所にさらなる亀裂をもたらす。浦山桐郎の『キューポラのある街』（一九六二）でも、主人公の日本人少女と親友の在日少女の別れの背景として帰国事業が描かれるが、映画が「在日は差別されるより祖国に帰るべき」というプロパガンダ的な一面も担っていることは否めない。

一方、国家間の動きのみならず日本社会の内部で起きた二つの事件によって、在日に重くのしかかる貧困や差別が相変わらず根強いということ、さらには日本生まれの在日二世が祖国との関係以上に「自我」としてのアイデンティティの葛藤を抱えていることが露呈した。一九五八年の「小松川事件」（死刑執行は一九六二年）と一九六八年の「金嬉老事件」である。

一九六〇年の安保闘争後、全国的な広がりを見せた市民運動の流れのなかで、この二つの事件の「犯人」となった李珍宇《イ・ジヌ》と金嬉老《キム・ヒロ》に対し、大勢の在日及び日本の知識人・市民が「助命運動」を繰り広げたことは注目に値する。こうした運動の社会的な高揚とともに、在日映画もまた作られていったからだ。その代表的な監督が、在日映画を語る上では欠かせない大島渚である。

『絞死刑』（一九六八）は、まさに小松川事件を土台に在日という「存在」を鋭く追究した作品である。死刑が執行されたにもかかわらず生き返った少年Rと、そんなRに死刑囚であることを認めさせ、再び死刑台に送ろうとする所長たち、そして虐げられてきた朝鮮民族としての自覚をRに促す空想のなかの朝鮮人女性を通して、国家と個人の関係を掘り下げていく。物語の後半、RをRとして認めることができるのは所長たち（国家）ではなく、R自身でしかないことが明らかになる。これは「在日であること」を認められるのは在日自身でしかないのであり、国家がそれを認めさせ、制度的な差別を助長するのは「死刑」に等しい、極めて残酷な暴力そのものであるという大島の強烈なメッセージに他ならない。

大島は『絞死刑』以前にも、日韓基本条約の締結前後、すでに在日をカメラに収めていた。一九六三年には元日本軍在日傷痍軍人の補償からの排除問題を取り上げたテレビドキュメンタリー『忘れられた皇軍』を発表、日本からも韓国からも見捨てられた在日傷痍軍人の現状を告発した。そして今度は韓国に渡り、テレビドキュメンタリー『青春の碑』（一九六四）と写真で構成した短編映画『ユンボギの日記』（一九六五）によって、政治的に不安定な韓国の実情や貧しい現実を赤裸々に映し出した。大島が暴き出した韓国はもはや、在日にとって自分たちを救済してくれる祖国ではなくなっていた。

こうした大島の在日への眼差しは『日本春歌考』（一九六七）や『帰ってきたヨッパライ』（一九六八）でも遺憾なく発揮され、在日を通して日本を他者化し、学生運動や慰安婦、ベトナム戦争などを糸口に日本の歴史と現実を問い直していった。金嬉老事件が起きた直後、市民運動家たちが大島に声をかけた[*5]というのも、大島の作品が発していたそうしたメッセージが広く認識されていたからに違いない。一九六〇年代の在日映画は大島渚なしには語ることができない。それほど、彼が遺した六〇年代の在日映画は在日映画史にとって重要なものとなった。

六〇年代に大衆的な娯楽映画の枠の中で在日を描き出したのは、岡本喜八と鈴木清順である。岡本は、太平洋戦争末期の中国戦線で弟の死の真相を究明しようとする元軍曹の活躍を描いた『独立愚連隊』（一九五九）で、日本軍と行動をともにする朝鮮人慰安婦を物語の中に組み込み、『血と砂』（一九六五）ではさらに、日本軍との運命共同体として朝鮮人慰安婦をヒロインに据えた。朝鮮人慰安婦の描き方に議論の余地はあるものの、これら二作を通じて戦場におけるその存在をはっきりと刻印した点は評価すべきだろう。鈴木清順監督も『春婦伝』（一九六五）で強《したた》かに戦場を生きる朝鮮人慰安婦を描いて見せた。

一九七〇年代は何よりも、在日監督として初めて劇映画を手がけた李學仁《イ・ハギン》を取り上げなければならないだろう。彼によってついに、在日による在日映画が始まり、そして「在日とは何か」を在日自らが究明、あるいは証明していこうとする一つの方向性が劇映画においても開かれたのである。デビュー作『異邦人の河』（一九七五）は、通名を使い日本人として生きようとする在日青年が、朴正熙《パク・チョンヒ》軍事独裁政権の暴圧的な政治や、それに抵抗して死刑を言い渡された詩人の金芝河《キム・ジハ》を知り、祖国の実態に触れていく中で民族意識に目覚める様子を描いた。続く『詩雨おばさん』（一九七七）は、朴正熙政権が捏造した「在日留学生スパイ事件」をモチーフに、ＫＣＩＡに逮捕されて拷問を受け無残に殺される在日留学生と、そんな息子を待つ母の物語である。

この二作に共通するのは、一九七二年に維新独裁体制を構築し、ますます強権的な政治に暴走していた当時の朴正熙政権への批判と告発である。当時、祖国の政治に積極的に関わり、その暴力性と不当性を生々しくあばき出して世に知らせるといった果敢な批判や告発は、維新独裁下の韓国人には想像すらできないことであった。さらに朴正熙政権による拷問や惨殺の様子をここまでリアリティを持って描写するのは日本人にも困難であることを考えると、まさに在日だからこそできた、在日にしかできない強烈な存在証明と言わざるを得ない。

この時期、ドキュメンタリー映画でも岡本愛彦・金慶植の『告発在日韓国人政治犯レポート』（一九七五）をはじめ、朴正熙政権に批判のカメラを向けた作品が作られた。これら一連の作品は、在日を通して浮き彫りになる祖国の実態を直視し、批判と告発の声を上げているという点で、運動としての在日映画の流れを汲んでいると言えるだろう。そして、一九六〇～七〇年代には加藤泰の『男の顔は履歴書』（一九六六）や山下耕作の『日本暴力列島　京阪神殺しの軍団』（一九七五）のように、ヤクザ映画の枠を借りて在日のアイデンティティに触れようとする作品が多く見受けられるのも忘れてはならない。

❖一九八〇～九〇年代——多様な展開

一九八〇年代のはじめに作られた、総聯映画製作所の『光州は告発する』（一九八〇）や西田哲雄・金慶植監督の『韓国　血の抗争の記録』（一九八〇）は、朴正熙暗殺後に、またもやクーデターを起こして権力を掌握した全斗煥《チョン・ドファン》新軍部が行なった韓国現代史上最悪の虐殺と言われる「光州事件」を捉えたドキュメンタリー映画である。ここでも在日映画は、新軍部の厳しい言論統制で隠蔽され、軍事独裁にがんじがらめになり、語ることも許されなかった光州事件に対して韓国人に代わり批判的な眼差しを向ける。七〇年代から続く在日映画の強さが発揮されていると言えるだろう。

八〇年代はまた、在日の被爆者の実状を収めた盛善吉の『世界の人へ　朝鮮人被爆者の記録』（一九八一）と『世界の友へ　朝鮮人被爆者　金在甲の記録』（一九八五）、関東大震災の朝鮮人虐殺の真相を追った呉充功《オ・チュンゴン》の『隠された爪跡』（一九八三）と続編の『払い下げられた朝鮮人』（一九八五）、在日に対する日本の国家権力の差別と言える指紋押捺撤廃のための闘いを記録した呉徳洙《オ・ドクス》の『指紋押捺拒否』（一九八四）

と『指紋押捺拒否2』(一九八七)など、在日の歴史的傷跡や終わることのない制度的差別に、在日自らカメラを向け、記録している。

ここで注目したいのは、小松川事件で収監された李珍宇との文通を重ね、助命運動を繰り広げたジャーナリスト出身の朴寿南《パク・スナム》の登場である。広島の在日被爆者の証言を集めた『もうひとつのヒロシマ　アリランの歌』(一九八七)でデビューし、日本国内だけでなく、戦後韓国に渡った被爆者にも日本政府の賠償を求める「運動」のきっかけを作った彼女は、在日初の女性監督として歴史に名を刻んだ。九〇年代に入ると朴寿南は、今度は沖縄に舞台を移して『アリランの歌　オキナワからの証言』(一九九一)を撮り、軍属として慰安婦として連れてこられた朝鮮人の証言を集めて新たな「アリランの歌」を日本列島に響かせ、現在に至るまで旺盛な活動を続けている。

劇映画では、総連結成30周年を記念して作られた、朝鮮新報分局長の祖国への熱い思いを描いた『銀のかんざし』(一九八五)や民団系の女性と総連系の男性が分断の壁を乗り越えて結ばれていく恋愛映画『春の雪どけ』(一九八五)といった日朝合作映画、そして幾分ステレオタイプ的ではあるが、在日少女がチマ・チョゴリや外国人登録証など「在日と日本人の違い」を恋人の日本人男性に「教える」、金佑宣《キム・ウソン》の『潤《ユン》の街』(一九八九)などが公開された。また、大阪を舞台に在日と日本人の若者たちの狂騒を描いた井筒和幸の『ガキ帝国』(一九八一)では、日本の風景の中に在日がいかに自然と成立しているかが提示された。少なくともガキたちの領域では、制度や偏見による境界線は存在しなかったという主張がそこにはあった。

一九九〇年代には、劇映画では崔洋一、ドキュメンタリー映画では呉徳洙の活躍が突出している。大島渚の下で助監督を経験したという共通点を持つこの二人は、日本映画界の第一線で活躍する在日監督の先駆と言えるからだ。在日のタクシー運転手とフィリピン女性との恋愛を軸にした『月はどっちに出ている』(一九九三)で崔洋一は、多民族国家になりつつある日本社会に在日を置き、より多様な角度から在日のアイデンティティを見出そうとした。日本と在日の二者だけでなく、その間に外国人を組み込むことで初めて見えてくる、新しい在日の姿が本作には浮かび上がる。続く『犬、走る』(一九九八)ではその方向性をさらに押し進め、国際化した新宿を背景に在日や日本人、中国人たちがひしめく日本を描き、もはや日本が単一民族の国ではないことをさらけ出した。

戦後の在日の歴史が五〇年を迎えたのを記念して、呉徳洙は日本で強かに生き延びてきた在日の足跡を追うドキュメンタリー『在日』(一九九七)を歴史編と人物編に分けて完成してみせた。これは膨大な映像記録が織りなす「在日史」の集大成に他ならない。

❖二〇〇〇年代——「俺は俺だ」の世界へ

新世紀が始まる二〇〇〇年代、在日映画もまた新しい局面を迎えた。李相日《リ・サンイル》、松江哲明、グ・スーヨンなど、若い世代の監督たちが活躍する時代が幕を開けたのだ。在日女性映画においては、朴寿南に次いでヤン・ヨンヒがドキュメンタリー映画だけでなく、劇映画においても監督としての確かな地位を獲得していくことになる。

李相日は、朝鮮学校の生徒たちが抱いているアイデンティティへの疑問や悩みを、野球を通して乗り越えていく『青〜Chong〜』（二〇〇一）でデビューした。作中の「日本でもない、朝鮮でもない」という、常に在日を悩ませてきたどっちつかずの存在という疑問に対して李相日は、「俺は俺だ」と明快な答えを出す。この自信に満ちた宣言とともに野球の試合が始まり、映画は終わる。つまり、宣言と同時に新たな生き方が始まるのだ。試合に勝つか負けるかが大事なのではなく、「俺は俺として」己の人生を歩めばいい。「日本でもない、朝鮮でもない」ということは、裏を返せば「日本でもあり、朝鮮でもある」ことでもある。両者の境界線に立つことがすなわち「在日」であり、いずれにしても「俺は俺」なのだ。そしてこの宣言は、在日高校生と日本人女子高生の恋愛を描いた行定勲の『GO』（二〇〇一）で再び高らかに謳われる。朝鮮人であることの告白を理由に一時は別れた二人が寄りを戻すとき、主人公は（在日としての）アイデンティティに対する迷いを吹っ切って自らを取り戻す。

グ・スーヨンはデビュー作の『偶然にも最悪な少年』（二〇〇三）で、自殺した姉の遺体とともに祖国の韓国に密航しようとする在日少年を描く。時に理不尽にも見えるその姿は、自分が置かれている現実を、国家的帰属のない「個人」の在日として、言い換えれば「俺は俺だ」という姿勢で受け入れようとする模索でもあることが浮き彫りになる。少年にとって在日であることは単なる偶然に過ぎないのだ。

松江哲明は、在日である自分自身のルーツを探るドキュメンタリー映画『あんにょんキムチ』（二〇〇〇）で、今までになかった「在日」のアイデンティティを提案する。それは「日系コリアン」という、朝鮮人か日本人かの二者択一に新たな選択肢を加え、その可能性を探ろうとする試みであった。松江は二〇〇六年には在日AV女優をカメラに収めた『セキ・ララ』を作り、ドキュメンタリーにおける在日映画の領域を拡大した。

このように、若い世代が新たな在日の在り方を主張している一方で、ベテラン監督たちは在日の歴史に眼を向けた映画を発表し続けた。崔洋一は、在日男性の生涯と彼に翻弄される家族を描いた『血と骨』（二〇〇四）を撮り、在日史の断面をカメラで書き下ろした。井筒和幸は先述の『パッチギ！』で、日本を生きてきた「在日物語」が重苦しい歴史の文脈や差別・偏見といった敏感な社会的言説の枠から離れても「エンターテインメント」として十分に機能しうることを証明した。また、映画監督としては新人だが、劇団新宿梁山泊の座長で演劇界では大ベテランの金守珍《キム・スジン》は『夜を賭けて』（二〇〇二）を作り、戦後の大阪で廃墟になった兵器工場から鉄屑を盗んでその日暮らしを送る「アパッチ」と呼ばれた在日の、懸命な生き様を撮り収めた。演劇界からはもう一人、演出家であり劇作家である鄭義信《チョン・ウィシン》が『焼肉ドラゴン』（二〇一八）で監督デビューも果たし、同じく戦後の在日一家が逞しく生きていく姿を、温かい眼差しで描いてみせた。

総連の幹部として人生のすべてを祖国・北朝鮮に捧げてきた両親と、帰国事業で平壌に渡った兄たちを一〇年にわたって撮り続けたドキュメンタリー映画『ディア・ピョンヤン』（二〇〇五）でデビューしたヤン・ヨンヒは、その後も「家族」に向けてカメラを据え続けた。平壌の兄たちと姪のソナの日常を追った『愛しきソナ』（二〇〇九）、帰国事業で北朝鮮に移住したものの、病気治療のために二五年ぶりに日本に一時戻った兄を迎える家族を描いた劇映画『かぞくのくに』（二〇一二）、韓国の済州島で起きた「四・三事件」の苦しい記憶をついに語り始める母親が、その後アルツハイマーを患う様子を記録した『スープとイデオロギー』（二〇二一）と、ヤン・ヨンヒの視線は、常に「家族」に向かっている。娘として妹として、在日女性としてヤン・ヨンヒが見つめる祖国と両親、祖国と彼女自身、両親や兄たちと彼女自身といった関係性において、あらゆるイデオロギー（とその暴力性）は問い直され、解体される。そしてその場所は、壮絶な歴史を生き抜いてきた家族に対するヤン・ヨンヒの愛情で埋め尽くされる。

この時期のドキュメンタリー映画としては、「朝鮮学校」をめぐる動きが重要であろう。朝鮮学校に対する嫌がらせや脅迫に屈することなく、堂々と民族教育を受ける子供たちの姿を追ったキム・ミョンジュン監督の『ウリハッキョ』（二〇〇八）、日本政府による朝鮮高校の無償化から除外されたことの不当性を取り上げた高賛侑《コ・チャンユ》の『アイたちの学校』（二〇一九）などは、民族教育を守るための朝鮮学校の闘いが、長年の時を経ても依然として続いている現実を、日本における在日たちの「戦後」がまだ終わっていないことを訴えている。

❖結び

以上、戦後直後から二〇〇〇年代までの在日映画を振り返ってみた。すべての作品を網羅したわけではないが、重要と思われる作品にはできる限り触れたつもりである。

考えてみれば、植民地時代の朝鮮映画はそのほとんどが、良い植民地とは何かを宣伝し、同化と排除を通して帝国に統合させようとする日本の植民地政策に協力または加担するものだった。当然、植民地の良し（同化）・悪し（排除）をわける映像イメージが作られ、帝国への統合の物語が構築されていく。主に戦時中に作られた『兵隊さん』（バン・ハンジュン、一九四四）や『君と僕』（日夏英太郎、一九四四）、文化映画の『朝鮮の愛国日』（朝鮮総督府、一九四〇）などがそういった植民地政策の下で撮られた代表的な作品だ。

敗戦後、「帝国」日本は消滅したかのように見えたが、在日に対して日本への統合のために同化か排除かを強要する本質はなにも変わらなかった。在日史が、その変わらない本質との闘いの連続の歴史であるという事実が、何よりの証拠だろう。当然、その歴史を映画に収め続ける在日映画もまた、同化か排除かに対して「映像をもって闘う」映画史を形成してきた。その戦いがいかなるものか、その表現がいかに多岐に渡っていたかは本論で述べたとおりである。いずれにしても「同化と排除をどう捉えるか」こそが、在日映画に共通する「核」ではないだろうか。

ベネディクト・アンダーソンによる想像の共同体[＊6]に従い、もし「在日」を一つの共通の歴史や言語、そしてそれを共有するメディアを持つ「ネーション」として考えることができるとすれば、在日映画もナショナル・シネマとして語ることが可能ではないだろうか。飛躍かもしれないが、今後の課題として残したい。

【註】

［＊1］　ここでいう在日とは「在日韓国・朝鮮人」を意味する。以下、在日と略す。

［＊2］　崔紗華「東京都立朝鮮人学校の廃止と私立各種学校化——居住国と出身社会の狭間で」『境界研究8号』北海道大学スラブ・ユーラシア研究センター、二〇一八年、一九頁。

［＊3］　丁智恵「占領期の在日朝鮮人による民主主義メディア——越境メディアとしての朝連ニュースと原爆報道」『東京工芸大学芸術学部紀要』東京工芸大学、二〇一九年、一四頁。

［＊4］　一九五二年に当時の大統領李承晩が、韓国の漁業保護などを理由に公表した海上境界線。韓国では「平和線」という。

［＊5］　鈴木道彦『越境の時——一九六〇年代と在日』集英社新書、二〇〇七年、一五一頁。

［＊6］　ベネディクト・アンダーソン著、白石隆・白石さや訳『想像の共同体——ナショナリズムの起源と流行』リブロポート、一九八七年。

（チェ・ソンウク　映画研究）

特集　「在日」メディア史を語る

戦後日本のTVメディアにおける「在日」像[＊1]

梁仁實

はじめに

日本では一九八〇年代から「在日」が登場するテレビ番組は増加したが、そうしたテレビ番組にアクセスしようとすると制限があった。そのため、テレビ番組を時系列的に追っていく、あるいは一つのテーマを通史的に分析していく研究も多くは行われて来なかった。しかし、二〇一〇年からNHKが始めたNHKアーカイブ学術利用トライアルでNHKのアーカイブにアクセスできるようになった。また、在日韓人歴史資料館にも限定的ではあるが、「在日」が登場する番組が所蔵されており、番組を見ることができるようになった。さらに、映像ではないが、テレビドラマのデータベースもでき、放送日とドラマの粗筋、出演者を検索することができるようになった。

テレビ番組はその時代の文化的想像力を示す一つのツールであり、いわゆる「語り部」の役割を果たしてきたといえる[＊2]。ここではこの「語り部」の視点から、戦後日本で作られたテレビ番組がどのような役割を果たしてきたのかについて探る。

1　ヒューマニズムと友好の「語り部」[＊3]

戦後日本のテレビ番組のなかで最初に「在日」を取り上げた番組は何だろうか。一九五七年一〇月からNHKで放送されはじめた『日本の素顔』（一九六四年四月終映）シリーズは日本社会の問題を扱うドキュメンタリー番組として好評を得た。このなかに猪飼野が紹介された「日本の中の朝鮮」（一九五九年一月一八日放映）という編があった。ここでは李承晩ラインや大村収容所、帰国事業や子どもの教育問題などが取り上げられていた。李承晩ラインについては『日本の中の素顔─二つのライン』（一九五九年六月二一日放映）でも取り上げられ、「在日朝鮮人の北鮮帰国問題の妥結以来韓国政府は厳しく取り締まっている」とした。ここでいう二つのラインとは李承晩ラインと華東ラインであるが、日本の海は強硬になりつつあった冷戦体制のなかに編入されたのである。

また一九六〇年代になると「在日」が登場する番組はドキュメンタリーからドラマへと拡大した。一九六一年三月三一日には「小松川事件」の李珍宇をモデルにしたドラマ『口笛が冬の空に…』[＊4]がＮＨＫで放映された[＊5]。この番組は同年二月三日の放送予定であったが、その二日前に起きた嶋中事件のため、約二か月後の三月末に放映された。シナリオを書いた木下順二はこの作品が放映された三月三一日は「この作品を感じ取ってもらうには、残念ながら少し気温があたたか過ぎた」[＊6]と述べている。主人公の少年は「帰国事業」で活気のある「祖国」に自分のアイデンティティを見つけることができず、鉄道自殺してしまう。

また、製作されるも未放送になったものもあった。例えばＴＢＳが劇団民芸に依頼して製作したドラマ『こちら社会部』シリーズは「新聞社という窓口を通して、いろいろな社会問題と、そのなかの人間群像に光を当てる」目的で作られた。「集団就職や炭鉱離職者、人種差別、非行少年、混血児など」（『朝日新聞』一九六三年八月一八日付）をテーマに、二三回放送される予定であったが、一二回で打ち切られた[＊7]。「在日」篇は未放送となった。新聞社の社会部を背景にして、矢尻という新聞記者と彼の後輩である商社マンの柴田、そして柴田の恋人である幸子（朴恵子）の話を中心に「帰国事業」や（国）籍の異なる者同士の恋愛とそこにかかわる問題が展開される。幸子と彼女の母は帰国事業で北に帰り、二人の恋愛は結ばれない結末となった[＊8]。

この時代に作られた「在日」が登場する番組の全体的な特徴を見てみると、ドラマもドキュメンタリーも朝鮮戦争や帰国事業、被爆者の問題、李承晩ライン、密航などが主なテーマとなっていた。映像メディア研究者の丁智恵は五〇年代のテレビ番組や映像が「理想の『祖国』を望郷する人々の空間」として大村収容所を描き、帰国事業がクローズアップされていたと分析している。また、六〇年代は「帝国や植民地支配の歴史が忘却され、『普遍的』なヒューマニズムやロマンスに置き換えられた」とした。日韓国交正常化（一九六五）や北朝鮮への帰国事業（一九五九～）を控えた時代に「朝鮮半島との関係を悪化に導くような政治的な内容はいわばタブーであり、友情や愛情を描」くようになった[*9]。

❷ スポーツや文化、生活人としての語り部

一九八〇年代になると、一九八六年ソウルアジアン大会と一九八八年ソウルオリンピック、また一九八二年韓国プロ野球リーグの始まりを受け、スポーツ関連番組が増加した。『映像80　甲子園の異邦人』（ＭＢＳ、一九八五年一〇月一九日）や『ドキュメント86　ソウルで燃えた在日三世少女～ハルモニとの約束』（ＮＨＫ、一九八六年十一月九日）などはスポーツにかかわる「在日」二世や三世の話である[*10]。とりわけ、韓国のプロ野球リーグの始まりに大きな影響を与えたとされる張本勲の話（『ＮＨＫ特集　ソウルの空に白球が飛んだ─韓国プロ野球開幕』一九八二年五月八日放映）には韓国で作られた映画『張り裂けるが如きこの胸を』が一部挿入されるなど韓国とのつながりが強調されていた。一九八一年六月一四日に朝日テレビが放映した『ある手紙の問いかけ』は張本勲が差別されてきた話をある講演でしたところ、日本人の視聴者から届いた手紙から番組が始まる。ここでは日本人だからといって誰でも豊かなわけではないとした上で「勝手に日本に来た朝鮮人たちが勝手に権利を要求している」とし、「そんなに日本がいやなら帰ったらどうですか」という文章で手紙は終わっている。この「在日」に対する誤解に衝撃を受けたという司会者の話から植民地の支配と被支配の歴史、「在日」社会の形成過程などが盛り込まれた。今日行われるヘイトスピーチは急に始まったものではなかったのである。

一九七〇年代は「在日」二世たちが日本社会のなかで可視化された時期でもあった。この一九七九年の末に『アリランの歌　シンパラム』でデビューした白竜のライブから始まり、彼のライブで終わる『猪飼野─新アリランの歌』（ＭＢＳ、『映像80』、一九八一年二月六日付）が放映された。この番組は「在日」二世たちの文化活動がテレビドキュメンタリーの中心になっていくことを示している。さらにその一か月後に福岡のＲＫＢ毎日放送（ＴＢＳ系列）では『鳳仙花─遥かなる歌声』（ＲＫＢ、一九八一年二月二五日）[*11]が放映された。朝鮮半島の「鳳仙花」という歌が植民地時代に生まれ、今も「在日」の間で、韓国の教育現場のなかでよく歌われていることを示したのち、日本の演歌の源流も韓国にあることを説明する。このなかで小説家の李恢成が『他郷暮らし』を歌い、京都大学出身でありながら「在日」であるがゆえに就職ができない「在日」の若者がその悔しさから『木浦の涙』を歌う。「在日」の人々が寂しいときや悔しいときに日本の歌ではなく、朝鮮半島の歌を歌っていることを示している。

これらの映像は「在日」をテーマにしながらも多様な被写体を登場させている。例えば、『ＮＨＫ特集　国境の船関・釜フェリーの人々』（一九八二年一二月一七日）は戦前開通していて多くの人々の足となっていた日韓の間の航路が戦後閉ざされたのち、ようやく一九七〇年に復活した下関と釜山との間のフェリーの話である。ドキュメンタリーはこのフェリーに乗っている人々の表情や職業に注目しつつ、このフェリーで日韓を往来する人々が実際「陸」に着いた後どのような生活をしているのかについて密着取材を行なっている。

一人暮らしの「在日」一世たちに焦点をあてた生活人としの「在日」を捉えた『どこかで何かが中国路　ハルモニたちは、どこへ　山口県下関市』（一九八九年九月二八日放映）はＮＨＫのローカル局で作った番組である。日本滞在が長くなるにつれて、朝鮮半島にいる親戚や友人、家族との連絡が切れてしまい、一人になっていく「在日」一世たちは相互に助け合いながら暮らしている。「在日」の高齢者問題はすでに一九八〇年代に始まっていたのである。

3　多層な「密航」像の「語り部」

ところで、「密航」に関するいくつかのテレビ番組をみると、時代毎に語り口が異なっていくことに気づく。例えば、一九六五年十一月七日に日韓国交正常化の直後に朝日放送で放映された、『金在元の告白』（以下、『告白』）は済州島から日本の様々な地域を経由して大阪へ移住した金在元が入管に自ら(?)出頭する話である。ここで告白とは入管に出頭し、自分が密航してきた「不法滞在者」であることを語ることを指す。東京と大阪で放映され、特に東京では「ある密入国者の苦悩」というタイトルのもと、番組の内容が紹介されるなど、その日の注目すべき番組の一つにまでなっていた（『朝日新聞 東京版』一九六五年十一月七日）。番組は彼の密航が決して「成功」したものではなく「失敗」の始まりだったと語りつつも、金在元の家族が日本で生きてきた「証明」のために、近所の日本人が「親切」に協力する姿や子供の将来のために在留許可を下すヒューマニズムに満ちた法務省の審査過程が美談として描かれる[*12]。

また、一九六四年六月二四日NET（日本教育テレビ）で放映された『特別機動捜査隊』の第一三九話は「密航」という副題のもと、密航で韓国から日本に渡ってきた崔が登場する。崔を演じたのは「在日」の俳優孔美都里であったが、同シリーズの演出家の一人は「在日」の龍伸之介だった。ここでも「密航」は政治的なテーマではなく、日本人男性との恋愛の障害でしかなかった。

この一九六五年の『告白』から一五年経った一九八〇年にもう一つの密航をテーマにした番組『密航』（一九八〇年五月一六日、『NHK特集』）が放映された。ディレクターの萩野靖乃の「密航という言葉を皆さんは聞いたことあるでしょうか」という問いから始まるこの作品は日本のメディアでは初めて撮影許可を得て大村収容所の中に入った。萩野は「なぜこんな危険を冒してまで密航者たちがやってくるのか、これが私の素朴な疑問です」といい、「私」の視点から密航について考えていく。日本にくる密航者の九七%は韓国からだが、偶然にも取材日が韓国の朴正煕大統領の国葬日でもあり、萩野はテレビの前に集まっている人々とインタビューができた。

前述した丁智恵は萩野とのインタビューを通して、当時在日朝鮮人をテーマにする番組がいかに作りにくかったのかについて述べ、この番組も「当初、デスクの承諾を得ることができなかったが、ディレクター本人がリポーターとして登場し、問題が起こった際には自身が責任を取るという条件で、企画を通すことができた」[*13]という。彼は大村収容所の収容者や密航者をみながら「足元をみつめたとき、もう一つの存在が浮かび上がってくることを私は感じた」とし、番組を締める。一九六五年「子供たちの将来のために」「在留許可を下した」密航者と法務省（入管）との「友好な」関係は一九八〇年になるともう描かれなくなった。

一方、玄武岩によると、密航、大村収容所、済州は密接な関係にある[*14]が、この三つを繋げた番組は一九八〇年代にも多く作られていた。一九八〇年代に日本から韓国に行くときはまだビザが必要であったが、済州はノービザ地域として指定されたため済州を訪問する「在日」が増加したためである。こうした背景のもと、初めて韓国を訪れた高校生たちの姿が映される『ドキュメント人間列島　オモニナラ・母の国　金剛学園の韓国修学旅行』（一九八四年一〇月三一日放映）は、植民地支配と朝鮮半島の分断、そして日韓、日朝の歴史に翻弄されながら生きてきた「在日」の家族の離散を映し出した。修学旅行に参加した学生二四名のうち、済州が故郷である学生は参加者の半分以上の一四名である。しかも一部の学生は親戚の拒否で済州に行っても親戚には会えない。

このなかに済州で生まれ育った兄は祖父母に育てられ、弟は大阪の生野区で育てられたため、一度も会ったことがない兄弟の話が出てくる。ソウルで弟と兄が遭遇したとき、片方は韓国語、片方は日本語しか話せず、二人は通訳を介しながら会話を交わす。離散は南北のみならず、同じ親を持つ済州の兄弟でも起こり得、しかも言語の壁も作ってしまった。さらに小学校五年で済州に戻されてしまった少女の話も登場する。彼女は日本で生まれ育ったが、親が密航者であることで大村収容所に連れて来られ、見知らぬ済州に送還されたのである。日本語を忘れないようにと、金剛学園の先生が日本語の本を送ってくれており、そのお陰で日本語を忘れずに生きることができた。

二〇〇〇年代初めに話題になった二つのドキュメンタリー『海女のリャンさん』と『HARUKO』ももともとテレビドキュメンタリーから始まった。前者は『53年ぶりの済州島』(二〇〇二年六月一六日、NHKBS1放映)から、後者は二〇〇三年九月二八日にフジテレビ系で放映された『ザ・ノンフィクション　母よ！　引き裂かれた在日家族』というドキュメンタリーから始まる。映画『HARUKO』の主人公である鄭さんもやはり密航により大阪に渡って来た[*15]。

テレビ番組のなかで「密航」と「在日」の歴史をつなぐ試みは二〇一〇年代以降も続いた。二〇一〇年十一月六日『NHK特集ドラマ　大阪ラブ&ソウル　この国で生きること』は「不法滞在」したことで入管に拘束されたミャンマーの女性ネイチティーンとその恋人である「在日」の大学四年生の金田の物語[*16]である。金田はソウルオリンピックが開かれた一九八八年生まれ、彼の父は朝鮮戦争が勃発した一九五〇年生まれという設定である。金田の父と祖母は「済州4・3」から逃れ、「密航」で大阪にきており、苦労しながら焼き肉屋を経営するに至った。金田は普段理解できなかった父の言葉や生き方を、恋人が入管に捕まえられたことでやっと理解することになる。金田は父と済州に行き、通訳を介して親戚たちと話し合いながら、また父と祖母が密航船に乗るために出発した海辺をみながら、大阪へ帰るときは船で帰ると決心する。彼が祖母の生き方や自分のルーツについて理解する方法は、渡日する多くの在日済州人が体験した移動ツール、つまり船に乗っていくことであった。密航と船は在日済州人三世の金田が父と祖母の生き方を理解する重要なツールとなる。

終わりに

「在日」を登場させたテレビ番組は時代が経つにつれてミ

クロな「在日」史からマクロなものへと変わってきた。とりわけ、二〇〇〇年代以降、多くの映像資料の発掘や歴史資料アーカイブの公開などはテレビ番組の製作にも大きな影響を与えている。こうしてテレビ番組は「在日」の歴史を戦後日本史、日韓関係史、朝鮮史などへの多様なアプローチの上に位置づけることになった。例えば、二〇〇五年六月二二日のハイビジョン特集は日韓国交正常化40周年特集として『そして僕は日本で生まれ育った　在日コリアン家族の100年』を放映した。この番組は日韓国交正常化と「在日」を結び付けながら、ドキュメンタリーを作る「在日」の視点がドキュメンタリーの被写体(対象)にもなっていた。

さらに、このなかには友人であり、またドキュメンタリーを作る側でもある日本人が登場し、二人の視線とカメラの視点、台詞、ナレーションなどから「在日」の一〇〇年の歴史のなかで日韓国交正常化がどのような意味を持つのかを考える。番組の企画段階から製作過程までが示され、「在日」としてのアイデンティティ、さらに祖父母の歴史や親の歴史、また自分の歴史や子供のこれからがここに組み込まれる。

また、ここでは朝鮮戦争時に出征しようとしていた「在日学徒義勇隊」の結成式や朝鮮戦争特需で敗戦の廃墟から立ち直り、「豊か」になってきた日本の話も出てくる。さらに、様々な思いや異なる世代や職業を持った「在日」が登場し、各々の立場から「在日」のアイデンティティについて語り出す。また、帰国事業で北朝鮮に帰った人々が再び日本に戻ってきたことも番組のなかで語られる。タイトル通り「在日」の一〇〇年史が一つの番組に圧縮されたのである。

ここでは主に一九五〇年代から九〇年代までのテレビ番組と二〇〇〇年代の代表的なものを一部だけ紹介した。もちろん二〇〇〇年代以降も多くの「在日」関連番組は作られている。しかし、二〇一〇年代以降日本のテレビ業界はナショナリズム、ジェンダーバックラッシュ、嫌韓論(と北朝鮮バッシング)、ヘイトクライムの影響を受け番組を製作する状況となり、製作環境はますます厳しくなりつつある。Ｋ－コンテンツを消費するファンの横に「在日」に向けてヘイトスピーチをする人々が「共存」している(映画『ある男』〔二〇二二、石川慶〕のエンディングシーンはまさにこうした「共存」を表している)。一九六〇年代の多くの放送中止(未放送)事件や一九八〇年『密航』の製作過程の様々な出来事はまだ生きている。

【註】

［＊1］　本稿は筆者の博士号請求論文『戦後日本の映像メディ

アにおける「在日」表象――日本映画とテレビ番組を中心に』（二〇〇四年、立命館大学大学院社会学研究科）及び二〇二二年ＮＨＫ番組学術トライアル１期の「映像にみる日韓関係――『在日』像を中心に」の調査結果（二〇二二年九月）の一部を大幅に加筆・修正したものである。

［＊2］ Fiske, John&Hartley John, 1978, *Reading Television*, Routledge（＝一九九一、池村六郎訳、『テレビを読む』未来社）

［＊3］ 映画監督大島渚の『ノンフィクション劇場　忘れられた皇軍』（一九六三年八月一五日放映、日本テレビ）も一九六〇年代を代表するテレビ番組であるが、すでに多くの研究があるため、ここでは取り上げない。ちなみに、この『ノンフィクション劇場』は日本の民放史上初のドキュメンタリー番組であった。

［＊4］ 丁智恵はこのドラマを帰国事業とのかかわりで分析している。詳しくは丁智恵、二〇一八、「テレビドラマ『口笛は冬の空に』（ＮＨＫ、一九六一）に描かれた小松川事件と北朝鮮帰国事業――植民地的記憶の「周縁化」に抗う痕跡」東京工芸大学芸術学部紀要『芸術世界』（24）、十一－二一頁。

［＊5］ 「小松川事件」をモデルにし、ドラマ化の予定にあった作品に『他人の血』がある。作家の白坂依志夫は『シナリオ』（一九六二年四月）のなかで「キャスティングとフィルムの部分のロケハンを終えたところで、突然、雲の上から声がかかり、製作中止に」になったとした。この作品は「現代という怪物のなかで理由なき殺人―絶望の淵に追い込まれた異国青年の心理の壁に鋭いメスを入れた問題作」であった。

［＊6］ 木下順二、一九六二『木下順二作品集Ⅳ』未来社。

［＊7］ 『こちら社会部―罠』や『こちら社会部―18年目の戦死』が問題となり、放送中止となった。詳しくは松田浩・メディア総合研究所編、一九九四『戦後史にみるテレビ放送中止事件』岩波ブックレット。

［＊8］ 映像がないため、ここでは片岡薫、一九八五『片岡薫シナリオ文学選集』第4巻、龍渓書舎を参考にした。

［＊9］ 丁智恵、二〇一六『ドキュメンタリー「密航」（一九八〇）と日韓現代史表象の「転換期」』東京大学大学院情報学環紀要『情報学研究学環』三一―四六頁。

［＊10］ 一九八〇年代には「在日」二世関連番組も様々な切り口から作られていた。『11ＰＭ　在日韓国・朝鮮人』（一九八二年一月二五日）と『11ＰＭ　差別の壁を乗り越えて　日本と韓国・朝鮮の新世代の連帯』（以上、日本テレビ、一九八二年三月八日）、『映像80　マッパラム、日朝混血児と名前』（ＭＢＳ、一九八八年三月三〇日）などテーマも内容も多様化していた。

［＊11］ 『鳳仙花―遥かなる歌声』はＲＫＢ毎日放送のディレクターである木村栄文の韓国3部作シリーズの一つである。ほかの二つは『ふりむけばアリラン峠』（一九八七年一二月二九

日放映）と『草の上の舞踏』（一九七八年十一月八日放映）である。『ふりむけばアリラン峠』は数少ない「在日」女性のディレクター李水香もかかわっており、一九八八年日本民間放送連盟賞の「テレビ教養」部門の最優秀賞を受賞、一九八九年には放送文化基金賞も受賞した。

［＊12］『金在元の告白』については、梁仁實、二〇一三「済州四・三と密航、そして家族物語——日本の映像における在日済州人の表象」『アルテス・リベラレス』92、一—二〇頁を参照されたい。

［＊13］丁智恵、二〇一六年、三九—四〇頁。またこのインタビューのなかで萩原は『密航』という番組が在日朝鮮人側からも批判的な電話を受け、これ以降「在日朝鮮人に関するテーマに再び取り組むことはなかった」という。

［＊14］玄武岩、二〇〇七「密航・大村収容所・済州島」『現代思想』35（7）、一五八—一七三頁。

［＊15］済州と大阪を往来するため六回密航をしたと、インタビューのなかで答えている。また、彼女は大阪では密航者を密告するという話を聞いたため、生活の場を大阪から東京に移したと答えている（鄭秉春「わが青春の思い出」『ウリ生活』一九九〇年五月号、一四二—一五九頁）。

［＊16］「在日」を主人公にした恋愛物語は以前にもあった。例えば、一九九〇年代初めにNHKが作ったドラマ『李君の明日』（五月三日放送）は大阪で英語塾の教師をやっている李康浩という青年と東京に住んでいる日本人の恋人との物語であるが、帰国子女やほかの「在日」三世の少女を登場させ、排他的な日本社会の一面を映し出した。また、二〇〇七年三月三一日に関西テレビで放映された『僕と彼女の間の北緯38度線』は一九八八年大阪を背景に韓国籍の「在日」三世の男子高校生と朝鮮学校に通う朝鮮籍の女子高校生との恋物語である。さらに、二〇〇四年七月五日から九月一三日までフジテレビで放映された『東京湾景』は「在日」女性と日本人男性の恋物語で、日本のドラマ史上初の「在日」を主人公にした「月九ドラマ」である。

（ヤン・インシル　日韓メディア論／岩手大学）

辛基秀さんの想い出

趙 博

◎出会い

一九七九年三月、大阪の御堂筋に面した朝日生命ホールで『江戸時代の朝鮮通信使』の初上映会が開催された。私は、制作者・辛基秀の名を季刊『三千里』のフォトエッセイ「在日朝鮮人」（初出は一九七七年八月発行の11号で、終刊の50号まで四〇回続いた）で知っていたし、「朝鮮通信使」の概要については同誌に連載されていた李進熙「通信使の道をゆく」（1〜6号）で学んでいたので、心躍らせて参加した。

映像は、圧倒的な説得力で迫ってきた。また、ナレーション・西村晃の抑制された渋い声と高橋悠治のアバンギャルドな音楽が全編に響いて、「埋もれていた歴史が今掘り起こされた」というサブテキストを観る者が感じ取るに十二分だった。その後も、各地で催された上映会に数度足を運び、チラシに載っていた「映像文化協会」宛てに「神戸外大で上映と講演をお願いしたい」と依頼の手紙を書いた。すぐに快諾の葉書がきて、同年十一月に『江戸時代の朝鮮通信使』上映会&辛基秀講演会が実現した。辛さんは、16㎜のフィルムと上映会宣伝用のチラシを持って六甲の学舎まで来てくださり、百名以上の参加者を得て会は成功を収めた。

終演後、国鉄六甲道駅までお送りした際に「趙君、いっぱいやって行こう」と誘われて、居酒屋へ入った。初対面で、しかも自分の息子のような若輩の私を酒席に誘ってくださったことに驚きと戸惑いを感じながらも、私は、それまでに知り合った「在日」の諸先輩とはまったく違う印象を受けた。呑みながら語りながら、対話の中に「権威主義」や「啓蒙主義」の匂いが微塵もないのである。更に、辛さんが神戸大学経営学部出身で大学院を中退されたこと、全学連の傘下組織である兵庫県学連の活動家であったこと、元は朝総聯の文芸同で映画作りをしていた経歴があること、等々を知ってより親しみを感じた。

当時、私は学部の五回生（つまり一年落第した）で大学院への進学が決まっていたのだが、科学者協会（朝総聯内の組織）所属の金某から「韓国で革命運動に参加せよ」とオルグされていた（この事情については拙著『在日無頼控』を参照されたい）。遠回しにそのことを辛さんに打ち明けると、「韓国の民衆から爪弾きにされるか、徐兄弟のように弾圧されるのがオチだ。我々はこの日本で闘う、そのうえで連帯すべきなんだ。在日の小賢しい智恵で、革命が輸出できるか？　馬鹿な！　韓国の民主化運動を舐めたらアカン」と諭してくれた。そして、植民地時代の在日朝鮮人運動を映画にするつもりだから、「趙君も興味があったら手伝ってくれ」と言った。

因みに、「在日」世界の不文律からすれば「先生」を付して然るべきなのだが、私はその後もずっと「辛さん」と呼んでいた。封建主義や民族主義の「臍の緒からも」解放された、気さくで穏やかな人柄……いま思い返すと辛さんは、要するにそういう人だった。

改めて、辛基秀さんの略歴を記しておく。

一九三一年、京都市生まれ。神戸大学経営学部卒業、同大学院中退。記録映画『江戸時代の朝鮮通信使』『解放の日まで』『タチソ（高槻地下倉庫）作戦』などの作品を発表、高い評価を受ける。一九七四年から映像文化協会代表、天理大学非常勤講師などを歴任。一九八四年「青丘文化ホール」代表を務め、朝鮮通信使研究の第一人者として活躍。一九九七年、その功績によって第三三回「大阪市市民文化賞」受賞。主著『大系朝鮮通信使（全八巻）』『映像が語る「日韓併合」史――一八七五年―一九四五年』『朝鮮通信使――人の往来、文化の交流』『わが町に来た朝鮮通信使』『アリラン峠をこえて――「在日」から国際化を問う』『金達寿ルネサンス――文学・歴史・民族』など。二〇〇二年一〇月逝去、享年七一。

◎人　脈

「総評・社会党ブロック」が死語になって久しいが、六〇～八〇年代、大阪はまさにその「ブロック」の中心地であった。官公労はじめ、運輸一般、全金（全国金属労組）、全港湾（全国港湾労働組合）など、大小の労働組合が「総評大阪地本」に結集し、多くは社会党支持派で、地方・国会議員も多く輩出する実力を有していた。そして、そのブロックをより強固にしていたのが部落解放運動である。部落解放同盟と共産党が決定的に対立しつつも、各単産や地域では「部落解放共闘会議」が結成され、運動は横断的に展開されていた。労働組合は解放運動から「反差別・人権擁護」を学び、解放同盟は労働組合を足場に闘いを拡げていった。更に、大阪軍縮協を中心に反核・反戦・平和運動が、また、大阪日朝共闘を軸に「韓国の民主化と朝鮮の自主的平和統一」を目指す大衆運動が大胆に展開されていた。ここで記すべきでことではないが、総評と社会党の解体は労働運動だけではなく、大阪の様々な民衆運動にも決定的な打撃を与え、今の「維新地獄」への道を開く結果となったのである。

ともあれ、辛さんは「総評・社会党ブロック」の中に様々な、しかも太い人脈を持っていた。言い換えれば「全学連」人脈である。そのキー・パーソンの一人が小寺山康雄（一九四〇–二〇二〇年）さんで、当時は『社会主義理論政策センター』事務局次長の職にあって「社会主義と労働運動」という月刊誌を発行していた。小寺山さんは六〇年安保闘争時の兵庫県学連委員長で、辛さんは神戸大学の大先輩であった。理論政策センター内には「教育問題研究会」「朝鮮問題研究会」「公害問題研究会」「労働問題研究会」の専門部会があり、大学院生になった私は辛さんの誘いで月一回「朝鮮問題研究会」に顔を出すようになった。朝問研は辛基秀、梁永厚、朴慶植の三方が中心になって、主に戦前の「在日」活動家の話を聞き、その体験談を月刊誌に載せていた。私は「テープ起こし」を担当して、数人の元活動家の語りを文章にする恩恵に浴した。

辛さんは、その頃から『解放の日まで』の構想を錬りはじめ、事あるごとに私を取材に誘ってくださった。一九二三年「岸和田紡績労働争議」春木工場の跡地、一九三〇年「三信鉄道争議」が起こった現場、そして、東京大学新聞研究所、日本近代文学館、等々、時には長旅になることもあった。東京に行くと、必ず古美術店に立ち寄り「ここに通信使の絵があるのや」と言って、現物を見ていたものだった。それを後日購入されたかどうかは、私に知る由もなかったが……。

辛さんの人脈が大阪だけに留まらなかったのは言わずもがな、特に、初代全学連委員長・武井照夫さんとは生涯に亘る友情を交わした。その縁だろうか、活動家集団「思想運動」とは深い関係があって、辛基秀作品のほぼ全てのキャメラマンを務めた高岩仁さんもそのメンバーだった。また、辛さんと同じ時代に京都府学連の委員長だった大島渚との交友は知る人ぞ知る事実で、一九六三年に大島が製作した『忘れられた皇軍』に辛さんは衝撃を受け、後の自分の映画作りの励みになったと言う。

◎三本同時進行

一九八三年、大学院を卒業した私は「映像文化協会」の仕事を手伝うようになった。作製するドキュメンタリー映画は『タチソ』『이름（イルム）・なまえ／朴秋子さんの本名宣言』の二本である。

タチソ（たちそ）は、太平洋戦争末期の一九四四年十一月より大阪府高槻市大字成合の山中で掘削と建設が進められた地下坑道と工場の跡地である。当初は中部軍司令部の地下壕だったが、川崎航空機の高槻地下工場として建設が進められ一九四五年八月からの稼働予定だったが、日本の敗戦によって未完・未稼働のまま放棄された。タチソという呼称は、この設備に陸軍が附したコードネームで、「高槻（タカツキ）地下（チカ）倉庫（ソウコ）」の頭文字から取られた。この歴史を「地域史」の視点から長く研究してこられた宇津木秀甫さんが中心になって、映画『タチソ』の撮影が始まり、私はカメラマンの高岩さんと一緒に機材を担いで、なんどもロケに行った。

もう一つの映画『イルム』は、大阪育ちの在日二世である朴秋子さんの記録である。秋子さんは大学四年の時に初めて本名を名乗り、「本名宣言」のビラをキャンパスで撒いた。ところが「本名では採用しない」と就職差別を受け、裁判に提訴する。「本名」に誇りを持って生きる彼女と家族の姿を捉えたドキュメンタリーだ。私は、撮影現場には余り行かずに「製作進行」を担当した。この映画の脚本・監督は『江戸時代の朝鮮通信使』の滝沢林三氏で、約一ヶ月間、大阪で寝食を共にした。

そして、その二本の映画撮影の合間に『解放の日まで』に使える映像のスポット撮影が入るという、超過密スケジュールだった。

この頃の辛さんは、映像文化協会の傍ら経営していた食堂チェーンの切り盛りや、貸した金の回収困難なども重なって、資金繰りに四苦八苦していた。そんな時、めったに怒らない辛さんが電話口で声を荒げたことがあった。後で聞けば『タチソ』の制作収入でフィルム代を支払う予定だったのに百万円の入金がない。何度電話しても留守電だった……とのことだった。それで、一時撮影が中断したこともあったが、後日、責任者の宇津木秀甫さんと仲良く酒を飲んでいたから、金銭トラブルには至らなかったのだろう。

◎『耳塚民衆法要』の快挙

一九八三年、「(財) 大阪21世紀協会」という官民一体となったイベント屋どもが「大阪城築城四〇〇年祭」をぶち上げた。すぐさま、朝鮮侵略を棚上げにして秀吉を顕彰するとは言語道断！　とばかりに「社会主義理論政策センター・朝鮮問題研究会」が中心なって各界各層に呼び掛け、『耳塚民衆法要』を企画した。辛さんは「趙君、宋斗会さんに会って法要に参加するように説得してくれ」という。宋さんが京都市東山区豊国神社前にある「耳塚」の説明板の文言を書き改めさせ、また『広辞苑』から「朝鮮征伐」という項目を削除するようはたらきかけていたことは伝聞で知ってはいた。「やめておけ」「あんな奴と付き合うな」「トラブルになるぞ」等々という雑音が周囲から聞こえてきたが、何のことはない、二つ返事で宋斗会さんの快諾を得た。実は、耳塚の掃除やその他のお世話は周辺住民の方々が日頃から行なっていたのだが、宋さん自身も足繁く通って日頃から「地域の輪」に加わっていたのだそうだ。

　同年九月、『耳塚民衆法要』が豊国神社前の広場で行われた。図らずも「京都仏教会」の全面的な協力で、日本・中国・韓国の僧侶らが塚前で読経、隣接する「耳塚公園」では新屋英子の一人芝居『身世打鈴』が演じられた。岡部伊都子さんの挨拶、在日女性有志による「カンガンスルレ」舞など、盛りだくさんのプログラムで、千人以上の人々が耳塚周辺を埋め尽くした。宋さんも朝鮮古式の麻の喪服《サンボク》に身を包み、厳かに祈りを捧げた。

　辛さんと宋斗会の親交がなければ、我々の対抗イベントは成功しなかっただろう。私は「文化で闘う」という思想を学び、そのセンスの良さと鋭さに敬服した。

●「在日メディア史」の中の辛基秀

「朝鮮と日本の善隣友好関係が二六〇年も続いたことをきちんと伝えることで、日本の誤った朝鮮観を正す一助にしたい」。この想いが、辛さんを通信使研究に駆り立てた。しかし、その研究は学者・研究者のそれではなく、あくまで「活動家」の立ち位置にあったと言うべきだろう。今でこそ有名な朝鮮通信使行列の華麗な絵巻物も、日本と朝鮮の「善隣友好」の大切さを説いた雨森芳洲《あめのもりほうしゅう》の存在も、辛さんが映画を通して初めて世に知らせたのだった。

　そして、朝鮮通信使の存在が、一部の学者以外ほとんど知られていなかった一九七〇年代、朝鮮通信使の史料や遺跡発掘のために日本全国を歩き回る辛さんの心中には、既に、強制連行と労働争議を主なテーマにした映画『解放の日まで――在日朝鮮人の足跡』の構想があった。近世と近代を貫く「日朝・日韓」の歴史を、映像というメディアで「対抗文化」たらしめた彼の業績は、残念ながら「在日」文学者ほどの評価を得ていないのではないだろうか？

　前掲の「思想運動」が発行した『社会評論』創刊号（一九七五年一月）に、辛さんは「映画作家の責任――日帝支配下の朝鮮映画人の活動を通して」という論文を寄せている。

その中で――

……なによりも機械・カメラ・技術と彪大な資金を要する映画は、製作・上映ともに日本人の手中にあり、朝鮮総督府の「検閲」政策は朝鮮人による真の民族的な朝鮮映画の出現を困難とした。したがって映画は日本の興行師や投機業者たちにとって思うざまの稼ぎになり、安直な通俗映画の上映によって始めて映画に接する朝鮮人の好奇心と驚きを金にかえた。まさに「映画産業の最大の利益は大衆に、映画を観せるところから生まれるのであって映画の製作からあがってくるのではない」（ローズン）の原則は植民地朝鮮で貫徹された。／したがって朝鮮における民族映画が生まれるには、他国の映画の歴史にはみられない困難と苦痛が伴った。日本の映画も興行師の手に握られて発達してきたが、朝鮮ではより一層いびつな形で日本の興行師に掌握されていた。そのうえ朝鮮総督府の検閲と民族映画の発達を阻止する政策のため、朝鮮映画は、特殊な道を歩まざるをえなかった。

（同誌、一八二頁）

――という総括をしていることに、改めて注目したい。辛さんは、植民地時代の朝鮮映画が背負った苦悩を俯瞰し、自らの映画製作の指針に刻み入れていたのである。それが「映画作家の責任」だと言う。

映画というメディアの持つ圧倒的な力に、辛さんは自分の「文化運動」を見いだした。そして今、たくさんの後続がドキュメンタリーであれドラマであれ、多様で様々な「在日」をカメラに収めている。雑誌、書籍、絵画だけではなく映画も「在日メディア史」に含まれるのだとすれば、辛基秀の名と業績を大文字で書き記すべきだと言いたい。奇しくも評論『金達寿ルネサンス――文学・歴史・民族』が最後の著作となってしまったが、「『解放の日まで』は未完成だ。取り上げるべき題材は、まだまだある。パート2を作りたい」と語っておられたことを思い出すと、最後の映画をどのように構想されていたかを詳しく聞かずして逝ってしまわれたことが悔やまれる。

（チョウ・バク　本誌編集委員）

エッセイ

『抗路』と私
――在日の未来を見据えて

金 鍾太

✤

『抗路』10号に書いた文章の序文最後に私は、「私達の人生を翻弄してきた歴史に対して、視界不良の既存の観念から脱し、未来を切り開く道筋の模索を始める」と書いた。七〇歳を過ぎた今、学者でもない自分に与えられた機会がそうそうあるものではないと思うと後輩たちに対したとえ中途半端ではあっても、現在の自分の模索を書き残す意味はあるのではないかと考える。

一九七〇年に母国留学した私は七五年、卒業間近に学園浸透スパイ事件に連座して一〇年の刑を受けた。幸い、特赦により六年に満たない刑期を経た後、日本に戻ることが出来た私は、偶然の機会を得て韓国企業の日本事務所を立ち上げる仕事を手伝うことになる。それ以来、私は東京に移り、駐在員生活とその後に自分で興した貿易商社の下、この年までほぼ半世紀近く日韓貿易に従事してきた。

論を進めるにあたって、私の家族と友人関係についても少し書いておかなくてはならない。私は、偶々、東京に留学していたフランス人女性と出会い結婚した。私たちの一人息子は、日本の高校を卒業した後、パリに留学し、同じく同地に留学していた日本女性と出会い、今はパリ郊外に居を構える。関西には、私の兄弟や甥や姪が多数いるし、日本に帰化していようがいまいが、私の貴重な肉親達の健康と幸せは、常に私の関心事だ。

一方、母国留学以前の「在日」や日本人の友人達との関係は、様々な理由で未だに再建できずにいる。歳を思うと、今後も難しいのだと思う。その代わりに、韓国にいる母国留学時代の同窓生や友人達とは、今も緊密に連絡を取り合う仲だ。彼らとは、暗く中途半端な時代であったとしても貴重な青春の一部を分かち合っており、私にとって互いに許せる貴重な仲間だ。また、駐在員時代の本国にいる同僚たちとも苦労と情熱を分かち合った故に互いに尊敬しあう関係が今も続く。

日本での結婚がなければ、私は、幾つもあった本国でのチャンスに賭けていたかもしれない。日韓貿易を生業とする以上、私は、日常の大半に於いて長期にわたり韓国語を常用語として来た。ビジネス相手の日本人にとって私は、長年、韓国企業の駐在員であったし、その後も日本に住み着いたニューカマーでさえあった。そして、そのような環境の中で、私自身、「在日」を殆ど意識せずに生活をしてきたことは、以前の論稿にも言及したとおりである。こう言うと、現在、私を知る人たちには少し奇異に思えるかもしれない。しかし、これは私だけに限ったことではなかった。本国留学から戻り韓国企業に勤めた留学仲間達には、私同様の意識を持つ者は決して珍しくない。

「在日」の多様性をテーマとした『抗路』2号には、まとまった形としては取り上げられてはいないが、韓国政府が、北朝鮮系の民族教育に圧倒されていた民団系の民族教育を補完する目的で設けた母国留学制度から始まり、韓国の急激な発展と共にますます多様化され増大する母国での学びと活動の機会が、様々な世代の「在日」に新たな可能性と多様性を広げている状況がある。北朝鮮系の民族教育と日本政府の帰化制度に基づく「在日」の二つの大きな流れに対峙して、現在、益々大きく可視化されつつあるこの流れの中に私自身を捉えることは可能だと思う。

勿論、大きな括りが常に意味をなすものでもない。帰化する中でも多様な生き方があるし、また、そもそもこのような括りの枠外に、日本政府だけでなく南北の両政府に対しても良しとせず、様々な理由で難民の生に甘んじるか、或いは意識的に民族国家の枠にとらわれない生き方を追求する中で求心力のある「在日」文化を作り上げてきた人々もいる。更には、同じ社会に住む少数者としての「在日」の存在を拒否し続ける日本の地を離れて、新しい国へと移住する人たち、又、「在日」のハンディを克服し圧倒的な才能をもって国の枠組みを超え活躍する人たちも少なからずいる。

「在日の生」は、泥沼に絡み取られ動くことも叶わない宿命のようなものであると同時に、もがきながら一歩を踏み出さざるを得なかったことで、このような様々な「在日」の多様性が作り出されてきた現状を、私は必ずしも悲観的なものとしてではなく、世代を超えて様々な未来を胚胎し得る可能性として肯定的に受けとめたい。

✣　✣　✣

半世紀近くに及ぶ母国への包摂過程を経て、韓国人としての強いアイデンティティが確立された自分ではあるが、韓国民主化に伴う過去事清算の歴史的な動きの中で実現した十数年前の再審裁判の経験が私の人生に大きな転機をもたらした。

私は、再審の準備を進める中で三六年前のほこり掛かった自分の供述書を始めとする裁判記録に向き合いながら、留学前の一〇代の自分の過去を毎晩のように思い起こし、目前に迫った再審の為に陳述書を作成しなければならなかった。その頃、私にとって母国留学に至った一〇代の彷徨に向き合うことは、取りも直さず、忌まわしい事件の思い出に繋がる封印された「在日の生」に立ち返ることであった。

思春期と青年期、人は自我の成長と共に社会人となる心の準備を始める。人の「社会化」は、個人の人生における決定的なイベントである。しかし、このようなイベントに対して当時の私は、自己意識と知性が成長するに伴い、出自にまつわる劣等感とアイデンティティの曖昧さに苛まれ、社会に出ていく前向きのビジョンを何一つ描けずにいた。

小学生高学年時に運動会の鼓笛隊訓練の影響を受けて笛吹小僧となっていた私は、中学校で順当に吹奏楽部に入ると、先輩の思わぬ誘いでアマチュアのオーケストラでの演奏を経験する。私は、いつの間にか、クラシック音楽の世界へとのめり込んでいった。一方、中学時代から幾何の面白さに取りつかれ、私は高校に入ってからも数学だけでなく天文地学や分子生物学の入門書を図書館で貪り読む。知力の成長と共に、様々な知的世界に関心を持ち始めた自分には、しかし世界へと通じる思春期の知的成長はここまでだった。

高校一年の後半、私は通名を本名に変えた。高校の先輩たちのグループの誘いを受けて本名を名乗り民族的自覚と誇りをもって生きる大切さを理解したからであった。しかし当為と現実の乖離は甚だしかった。「在日」の日常の中にいた私には、自分の出自を自覚することに問題はなかった。問題は、出自の自覚を民族の誇りに昇華するだけの十分な文化的環境が、成長する自意識にとって余りにも希薄であったこと。その一方、民族の誇りを否定する偏見と蔑視が隅々まで織り込まれた幾世代にもわたる支配的な日本文化を避けて成長する術はなかったことにある。

私の自意識は誇りとは裏腹に自己の存在価値の否定へと急速に傾かざるを得なかった。学年が上がるにつれ増えてくる社会的場面での身分の露出は、心理的な緊張と葛藤を否応なしに増大させる。遂に思春期の孤独な魂は、難解な虚無主義哲学の中に逆説的な自己肯定を求め逃亡すると、いつしか勉学の日常は崩壊していた。

日本文化を内面化する中で社会化され成長せざるを得ない在日青年にとって、支配民族の文化以外を劣等なものとして貶める近代民族国家の宿痾のような日本の排他性が、成長と共に内面化された日本的価値規範を通して思春期に目覚めたばかりの脆弱な自我を容赦なく傷つける、「自己否定の罠」を避けることは難しい。人は、自己を受け入れ肯定する自我の確立なしには、一歩たりとも前進することは叶わない。一〇代の私は、沼地のようなこの罠から這い出ようと人知れず悩みもがく哀れな存在であった。

確かに、私だけではない。ただでさえ厳しい「在日」の家庭環境と前途が閉ざされた社会環境の下、「自己否定の罠」に陥り、孤独と彷徨の中で青年期の貴重な時間を浪費しただけでなく、深く傷つけられた心の痛みをその後の人生に引きずり、晩年になってもその回復が深刻な課題となって残っているのが、我々世代の「在日」の実態ではないだろうか。例え外向きには「成功」のような果実を得た者であっても、敗北感と疎外感、孤独と自己嫌悪の暗い闇から心は容易に自由になることはない。女性たちの傷は、更に深いとも言える。在日家族の根深い因習に強いられた男尊女卑と家族への自己犠牲の強要が、彼女たちの自己（自我）の発達に常に耐えがたい進路の強制と過剰な負担を与えてきたからである。

還暦も過ぎ人生の後半期に入ったにもかかわらず、再審を終えて自分の「在日性」について改めて自覚し人生を見つめ直す必要に迫られた時、偶然、出会った『抗路』の中に、私は同世代の在日が私同様の悩みを広く共有していることを知る。それ以来、私の模索は、我々世代以外の様々な世代の「在日」を意識しつつ『抗路』に支えられてきたと言える。

✣ ✣ ✣

内外地に分けられた民族間の位階秩序の下、統合された多民族帝国を近代民族国家として発展させた日本にとって、敗戦は、外地の植民地を放棄し、内地の日本民族による「単一民族国家」として再出発させるものだった。その際、日本に残留する外地出身民族との共存は、将来に於ける少数民族問題を嫌った戦後政権により原点から拒否されたと言われる。吉田首相がマッカーサーに対して手紙で許可を求めたように、朝鮮人は日本の再建に必要な財源を割いてでも全員日本から追い出したい存在ではあっても、共に社会を作る共生社会の未来は論外であった。

むしろ、「国民」の基本権を保障する新憲法制定の直前に本人たちの意思を問うことなく、一方的に「国籍」を離脱させ憲法的権利の枠外に追いやり、一時的に日本社会に滞在する法的存在として外国人管理体制に強引に組み入れたことに戦後政権の少数民族との共存を拒否する強い意志が働いていたとみるべきである。それ故、戦後の「単一民族国家」では、戦前の「多民族帝国」の民族政策が「同化政策」であったのに対して、むしろ「民族的純化と排他性」が基本政策となり、残留朝鮮人には「帰化」による民族性の放棄か、本国への「帰還」以外の途は、原則として制度的には閉ざされていた。

主に戦後の為政者たちが好んで唱えた「単一民族国家」が単なる神話であることは、多くの論者によっていち早く指摘されてきた。それは恰も階級社会の現実を覆い隠すイデオロギーのように、戦後社会の「支配的」イデオロギーとして社会の真実の姿を覆い隠す「虚偽意識」の役割を果たしてきた。このイデオロギーの下で、「在日」は長い間、社会の表舞台から消し去られ「透明人間」のような存在として扱われた。社会に貢献する時は日本人であり、問題を引き起こした時だけ表社会にわざわざ本名で取り沙汰される。至る所に居るが、「透明人間」のように手で触り確認できる時だけ存在する。いつしか「在日」は隠語で「第三国人」というような言葉をもって陰でこそこそと囁かれることがあっても、社会的に又、公に社会的共存の脈絡で議論されることなく、むしろその存在を口にすること自体がタブー視されるようになる（二〇一〇年前後から始まった新右翼によるヘイトデモによって皮肉にもこのタブーは破られることになるが）。一時的に滞在する外国人はいても日本社会を構成する文化や出自が異なる異民族はいないとする「単一民族国家神話」がこのタブーに支えられ、平等で平和な「和」を保つ日本社会の美徳として戦後の政治家達に一貫して喧伝されてきた所以である。

しかし、一方で「在日」の自己認識は、戦後社会の民族純化＝異民族排除の現実からは程遠いところにあった。実際、制度的には国籍離脱により帰化か帰還の切迫した二者択一の状況であったにもかかわらず、明確な選択をしないまま「在日」は、長期にわたり存在してきた。日本政府の方針とその意図が本人達に明示的に示されなかっただけでなく、通名を始め「日本籍」を有する戦前からの生活実態が表面的にはそのまま引き継がれてきたことで「在日」の危機意識は高まることはなかった。そして、そのような状態は将に日本政府の望むところであり、恐らく意図的に手を付けずに放置されてきたのだと思う。日本政府は、国籍離脱に伴う法的手続きを長い期間をかけて一つ一つ確実に実行に移すことで、この政策転換がもたらす深刻且つ広範囲の影響が社会的混乱と反発に繋がらないよう細心の注意を以て管理する必要があったからである。このため、「在日」の厳しい実際の法的地位と以前からの生活実態が生む日本社会に対する帰属意識は大きく矛盾することになる。一〇代の私が悩んだ「曖昧なアイデンティティ」は、日本社会から排除された法的存在であるにも拘らず、日本人同様の生活を営むことから生じる帰属意識の混乱が生んだものであった。

長い前置きになったが、六〇を超えた社会的経験をそれなりに積んだ「韓国人」として、一〇代における自分の帰属意識の混乱を理解するには、日本社会に対するそれなりの省察が必要であった。その為に私は「在日」について書かれた様々な文献を改めて手にすることになる。『抗路』を知ることになったのもそのような関心と必要性からであった。しかし、日本政府の戦後の民族純化政策への転換とそれを「在日」社会に押し付けるやり方は、日韓の間で長く日本企業の行動を見てきた私には、むしろ馴染みのあるやり方であり、経験的に理解し易いものだった。

戦後社会の本音が「単一民族国家」のような象徴的な言辞の裏に隠される中で、既成事実を積み上げ時間をかけて人々を慣らしていく社会変容の在り様は極めて日本的である。日本社会は、本質的に社会的葛藤から生じる緊張やストレスを極度に嫌う。高い理想や目標を掲げ、ハイリスク・ハイリターンによる現状打破と「革新」を常に求める韓国企業あるいは韓国社会とは対照的に、日本企業又は日本社会は常にリスク分散を考え漸次的な変化の積み重ねの中で、都度、様々な外部条件の変化を利用しながら巧みに現実適応してきた。

戦後の「在日」組織が、戦前の同化政策によって抹殺された民族性回復の緊急性の為、既に過去のものになっていた「同化政策」に対抗することを余儀なくされたことも日本の方針転換に有利に作用した外部条件であった。また、南北の政府が、互いに対抗して残留朝鮮人の管轄権を日本政府に要求し続けてきたことも日本にとって極めて有利な状況であった。日本政府は、その本心を特に隠すことなく、過去の反省に立って恰も朝鮮人の権利を認めるがごとく、これらの状況をその都度、利用して戦後の「純化政策」を有利に進めて来たことに思い至る民族組織は未だに余りないのではないか。

同様に「在日」エリート達の強烈な政治的母国志向も又、日本の「純化政策」に与する側面があったことも否めない。しかしながら、母国の分断状況と政治的混乱の解決への実存的「投企」が、唯一許された「自己実現」の為の社会関与であった時代は過去のものになって久しい。一世とは異なり母国での生活経験がない二世以後の在日にとっても母国は海を隔てた単に想像するだけの世界ではなくなってきた。少なくとも日本と韓国は、国境を越えて日々密接に相互浸透する隣国社会を形成し、母国社会との関係は様々な面で「在日」の日常に深く入り込む時代となった。その意味で母国は、「在日」社会にとっても現実的な可能性を提供する場となった。

一方、日本社会も又、戦後の「純化と排除」の民族政策から半世紀にわたる長い調整期間を経て、「在日」以外の外国籍移住者との共存をも模索せざるを得ない新しい時代に入った。一九六五年の日韓条約の提携に伴う「協定永住権」によって在日朝鮮人の「定住」を法的に認めることで始まった日本社会に於ける異民族定住者との共存の枠組みは、少子高齢化に伴い外国人労働者の流入促進が社会的課題となっている現在、入国管理制度の技術的な手直しの範囲を超えた、戦後の民族政策そのものの転換を迫られる状況になったと言える。

✣　✣　✣

我々の時代、民族の自覚と誇りを取り戻すことは、人として前向きに生きる為に必要な「自己肯定」の殆ど唯一の処方であると考えられた。民族の尊厳を取り戻すことは近代国家建設を目指す解放後の本国社会において真っ先に解決されねばならない至上命題であったし、終戦後に日本に残った朝鮮人達にとっても人としての尊厳をかけた戦いの唯一の方向性であった。そして、それは様々な意味ある変容を遂げた現代日本に生きる若い世代においても、未だに有効な処方の一つであることも否定しがたい。

しかし、時代は急速に変わりつつある。既に「在日」は四世代から五世代の時代を迎える。子供たちに民族の自覚と誇りを、我々世代と同様に唯一無二の方向として要求することは、彼らの自然な感情を傷つけ否定することで、むしろ我々が経験した「自己否定の罠」を彼らに強要することになりかねない。「在日」に対する偏見がすべて払しょくされたわけでも、また、半島の国に対する傲慢な差別意識が完全になくなったわけでもないが、世代を重ねた「定住」と日本社会での「共存」の歴史が、「在日」に対する日本人の意識と日本に対する「在日」の意識を確実に変化させてきたのも事実である。

更には、他民族との共存を推し進めなければならない日本社会の変容が可視化される中で、日本の停滞とアジアの成長、特に母国である韓国の成長が日本に定住する「在日」の環境を根本から変えつつある。現在、先進社会へと変貌した韓国と日本は複雑に絡み合った隣国社会を形成しつつあると私は考える。「在日」にとっての「生まれ故郷」としての日本と父母、或いは祖父母の国としての韓国が成熟した隣国関係に発展する未来は、現実的には、それほど遠くないのかもしれない

近代民族国家が、パッチワークのように地球を覆い始めた一九世紀以来、世界はこのパッチワークが、近代化・文明化を強力に推し進める機能的な枠組みを提供してきたのを見ただけでなく、この枠組みに無理やり組み入れられた様々なレベルの集団間の軋轢が生む絶望的な不幸も又、見てきた。或いは、現在進行形で見ていることから「民族」への過度な執着に対して世界は、懐疑的にならざるを得なくなっている。一方、地球規模の近代化の急速な進展は、越境する民の増大により、それぞれの民族社会の相互浸透が促進されることで国家の民族的属性は将来的に薄まり、主権国家は様々な集団を対象にした統治の枠組みとして益々機能的なものになると展望することもできる。

これら全てを踏まえて、「在日」のアイデンティティが、一つの民族国家への帰属である必要はないし、二つの社会、或いは、他の社会であっても良いと考える。私は、子供たちが納得し、自己実現できる社会、あるいは国家間の関係こそが何よりも大事であると考えたい。

（キム・ジョンテ　実業家）

小特集　世界の中の「在日」

「在日」との出会い
――在米同胞のひとりとして

シャロン・ユン

牧師の道を選んだ父

私の父は幼少の頃から病気がちで大学生の時には結核に罹りました。一九七〇年当時、韓国の田舎にあって結核患者になることはそのまま死を意味します。まともな治療が受けられず特効薬も手に入りません。死を意識し、死ぬことを怖れ、手持ち無沙汰に死を待つしかない。毎朝遠くから鳴り響く教会の鐘の音がふと気になり、父はクリスチャンの友人に頼んで聖書を差し入れてもらいました。人々の罪を背負い罰を受けるイエスの物語は二十歳の青年に強い印象を残し、死の恐怖の克服へと導きます。

ところがあるとき結核から回復します。医者は奇跡と言い、父は神がチャンスをくれたと考えました。父はこれを契機に自分にとって意味ある人生を模索します。大学を出て就職したら営業、接待、取引といった利益のために誰もが当然のこととして求められる世事が肌に合わずほどなく会社は辞め、思い切ってアメリカへ留学することにしました。韓国からは留学どころか渡米できる人すらほとんどいないような時代です。父はニューヨークの大学院ではエンジニアリングの博士号を取り帰国後は大学で職を得るつもりでした。その一方で彼は韓国系教会の青年会活動に熱心に取り組みました。研究者になることより、困っている人たちを助け信仰に導くことこそ死の床から生還した自分と神との約束を果たすことになると考えもしました。

父は全羅道で自分の両親と一緒に暮らしていた母を、生まれたばかりの息子とともにニューヨークに呼び寄せました。すでに若き父は牧師になると心に決めていました。母は未来の大学教授と結婚したつもりでした。結婚してすぐに長く離れて暮らし、ようやく再会した夫が教会の活動に没頭していることに困惑します。

各地で体験したコリアンアメリカンの暮らし

私が生まれたのは、父がニュージャージーの教会へ初めて正牧師として赴任した一九八二年秋のことです。母は私をみごもるなり「この子はイエス様のために育てよう」と誓いました。私の名シャロンは、ムグンファと、聖書にあるイエスを象徴する花を意味します。

私は幼い頃から父母が白人に対して緊張するのをいつも看て取り、私たちは歓迎されてない、と居心地悪く感じていました。韓国名で学校に通った兄は「見た目がちがう」「へんな名前だ」などといじめられていたために両親は私のことを家では「知賢（チヒョン）」、外では「シャロン」と呼び分けました。外の世界にいると私たちは嫌悪され邪魔者として扱われているようでした。幼稚園では白人の子たちには遊んでもらえないし、侮蔑的に「チャイニーズ」と呼ばれることもある。泣いて家に帰っては「私はまちがったことをしたのか？」「私にはダメなところがあるのか？」「私はなぜこれほどつらい目に遭うのか？」と母に訴えました。すると母は「あなたはコリアンです。あなたの見た目、肌の色は変えられないし、アメリカ人にはなれない」となだめます。

一九八〇年から二〇〇〇年頃までのおよそ二〇年、父と私たち家族はアメリカ中の小さな教会を転々としました。韓国系住民の人口が急激に増えた二〇〇〇年代以降はさておき、当時の小規模の教会はちょっとした弾みでたちまち経営がたちいかなくなります。信者たちは精神的にも経済的にも余裕がなく、特に男性は政治的な意志を表現する機会を求め人の集まる場所で自分の考えを強く主張する。いびつな人間関係のなかで起こる諍いのためにしばしば教会は分裂し時には存続すらできなくなり、牧師家族は引っ越します。

私たちが暮らしたのはアジア人すらほとんどいない白人中心の街ばかりでした。私がまだ五歳のころ父はニューヨーク州立大学バッファロー校近くの教会に勤めていました。日曜日のたびに礼拝に集まる信徒のほとんどは留学生でした。彼らは母語を話す同胞たちと白人社会に埋没する孤独な気持ちを共有し束の間でも心のやすらぎを取り戻したら、次の日には自分たちが含まれていない日常の世界へ帰っていきます。

父の収入はとても少なく私たちは明日の食べ物にも困るほどでした。小さな教会の牧師家族の生活は貧しいものでしたが、母は自分たち同様に異国の地で苦労する留学生たちには機に触れて故郷の料理を振る舞いました。冷蔵庫の中にある少ない食材はたいてい食料品店でアメリカ人が棄てた野菜をただで分けてもらったものです。あるとき母は白菜やキャベツの外側の葉っぱをきれいに洗いそれ以外にはまったく具のないシレギスープ（野菜の端材のスープ）を作りました。小さな家のせまい食卓を囲う貧しい牧師家族と留学生たちはわずかながらの温かい食べ物をともにわかちあいます。両親は教会に通う人々に献身的でした。

黒人が多く集住する地域に小さな個人商店を営む夫婦がいました。世界中の移民がそうであるように韓国からの移民もまた貧困地域に集住し商売を行うのは普通です。妻がまだ夜も明けないうちにいつも通り開店準備をしていると若い黒人の強盗が押し入り彼女は射殺されました。パニックに陥った夫は牧師に電話しました。父は英語を話せない夫に代わって警察で事情を説明し、そして夫と、殺されてしまった妻のために祈りました。犯人は一八歳でした。彼は逃走の後警察に自首し刑罰を受けました。二人の息子は当時十一歳だった私と同じ年頃です。父の教会で葬儀が行われ喪服を着た小さな兄弟は茫然としています。嘆き悲しむ自分たちを慰めてくれる母親がいなくなってしまったのです。私の母は二人の名を呼び彼らを抱きしめました。男の子たちはわっと泣き出し母も涙を流しました。私は、家の窓からその様子を見ていました。いつか自分の母が殺されるかもしれないという不安で胸が苦しくなりました。それから、アメリカ社会でコリアンが殺されることがどういうことなのか考えずにはいられませんでした。

ワシントン州の小さな教会では信者の多くが女性でした。彼女たちは礼拝のたびに一時間も二時間もかけて遠くから教会に通いました。多くが韓国の米軍基地周辺で働いた元セックスワーカーであり、駐留する米兵と結婚し移住した人々でした。朝鮮戦争の悲惨な体験、家族との死別、身内からの性暴力など韓国で経験したトラウマから自由になれずにいました。米兵と結婚し夢を抱いて移住したものの、夫やその家族からの差別、息子の身に起きた不慮の死、離婚、アル中、孤独、精神的破綻、それぞれがそれぞれに深刻なトラブルを抱えていました。牧師の存在は信徒たちにとってカウンセラーでもあり彼女たちは私の父に対し話を聞くことを求めます。彼女たちはつらい記憶から、現在直面する苦痛から逃れたがっていたが牧師に話をしたからといって永遠の安らぎがもたらされるわけではない。

ミシガン州デトロイトにいた時期はちょうど一九九二年のロサンゼルス暴動が起きた頃に重なります。教会に集まるのはやはり犯罪率の高い貧困地域で商売をする韓国人たちでした。やがて再びニュージャージーに戻ると韓国企業の支社で働く人や自営業で成功した人々が多く住む地域の教会に移りました。私たちが経験したなかでもっとも大きくもっとも豊かな教会であり、それが父の最後の赴任先になります。

父の失業

ワシントンで出会ったのは、鈍い刃物で剔《えぐ》られたかのような心の傷痕を隠せずにいる女性たちでした。デトロイトやニュージャージーには銃で撃たれ生命を落とした人たちがいました。厳しい環境の中で生きることを在米コリアンは強いられました。切羽詰まった同胞たちが真夜中に父を、私たちを、呼び起こします。住む場所を失った人が私や兄の部屋に寝泊まりすることもあります。父と母は彼らの話に耳を傾け食事を与え、時には寝る場所や着るものを提供する。シェルターのようなわが家にあって私には「自分の生活」というものがありません。自分の服を買ってもらえない、自分の部屋がない、いやがおうでも常に他人の存在を気にせざるをえず、私の生活の中に私自身の自由を感じる余地がどこにもない。父はなぜ大学の先生にならなかったのかと恨みました。父親は自分の人生を信仰に捧げることに決めたのでしょうが、私が同じことをする理由はどこにもない、と子ども心に思ったものでした。

私は父母と教会からできるだけ遠く離れたい一心で必死に勉強しダートマス大学に進学します。アメリカの学生は大学に入るとたいてい寮で生活します。

時期を同じくして父は失業します。最後に赴任したニュージャージーの大きな教会は分裂し、その後できた教会では五十代のベテランではなく若い牧師さんが望まれました。父は文字どおり「居場所」を失いました。収入だけでなく将来の年金も住む家すらも。

母は家計のためにニューヨークのペットショップを行商して回る仕事を始めました。しかし、ペットビジネスで成功した伯父（父の兄）の力を借りて商品を安く仕入れたもののの彼女は英語が流暢ではないうえにアジア人への差別もありうまくいきません。サンクスギビング（感謝祭）の日に両親のもとへ帰省してみると母にセールスの手伝いを促され、私は仕方なくブルックリンのペットショップを訪問して回りました。「これ買ってください」と売り込んでもほとんど相手にされません。

サンクスギビングに大学生が帰省するのはそこに団欒が待っているからです。温かい食事、楽しい会話、心の安らぎ、そういったものを期待して帰路に着くものなのですがそういった人並みの家庭はいつも私の手の届かないところにありました。私には安心できる場所はない、大学で必死に勉強し成功しなければ将来の私を待つのは貧しい生活です。

ある時父は自分の親から財産分与を受けました。訪問販売だけでは今日明日の生活すらも立ち行かず、これを元手にニュージャージーの白人の街で店を構え、一年も経たずに廃業します。

❀「在日」との出会いと社会学者への道

大学三年生の二〇〇二年、私は在日コリアンと韓国の華僑の比較をテーマに申請した奨学金が認められ調査のために日本に七ヶ月滞在しました。大阪のコリアタウンを訪ね、民族文化センター（後のコリアNGOセンター）の相談員だった金光敏氏や民団スタッフの方の話をうかがいました。東京・新大久保にある在日教会の青年会にも行きました。東京YMCAの金弘明氏は日本語が不十分な二十歳の私に在日コリアンが直面する差別や疎外について詳しく教えてくださりました。

私は大学で学んだばかりの日本語と数少ないつてを頼りにあちこち電話しインタビューの約束を取りつけました。時には受話器の向こうから冷淡な声が聞こえてくることもあり、実際に話を聞く際に辛辣な態度を取る方も少なくありませんでした。在日の事情をよく知りもしない外国人の学生から突然「あなたの話を聞かせてほしい」と連絡がきて——それはしばしば友人知人の紹介であるために断れない——しかも聞き手の日本語理解がおぼつかなければ無理ない話です。でもたいていの人は私の質問に対し真剣に考え自分の体験を語ってくれました。

あるハーフの女性は母が在日であることを恋人に告げると彼は何もいわずに去っていったと話しました。ある日本国籍の男性はルーツが韓国にあることを同僚どころか妻すら知らずに、そのことでいつも孤独を感じると述べました。東京近郊に住む、貧しいシングルの家庭に育った日本名の青年は母親はいつも不在で日々の食事すらままならなかったと云い、インタビュー当時も貧困に苦しんでいました。調査に協力してくれた彼、彼女たちは聞き取りを終えた次に、名刺と大学の肩書きこそあれ本当のところどこの誰ともわからない初対面の私に対して質問を投げかけ答えを求めます。

来る日も来る日もインタビューを行ない、それぞれが自分の抱える複雑で暗い生い立ちや差別体験を私に向かって証言する。しかし、多い日には三人の話を長い時間をかけて聞くうちに、私はそれを研究成果として形にする以前に彼、彼女たちの重い告白を過不足なく理解し論文に転化できるほど語学力も分析する力も追いついていないことに焦りを感じました。在日が直面する問題や歴史への浅い理解のためにしばしば的外れで傲慢な質問を投げかけているかもしれないとの不安がよぎります。自分のやっているのが方法論に適っているとの自信もなければ、大学で聞きかじったあやふやな知識に基づく拙いデータでもうまくまとめて説得力ある報告書を書いてやろうなどと居直ることもできません。

しかし私は話者たちの視線や声や身振りのなかに沈殿す

る、その生存にすら関わりかねない暗い感情の塊のようなものをいつも感じていました。語り手たちはそれまで誰にも打ち明けたことのないエピソードを「コミュニティの外側」にいる私に伝えようとする。なかでも母親が留守がちで食事にも満足にありつけないと述べたあの青年の眼差しは、どこに出口があるのかどうすればそこに辿り着けるのか切実に答えを求めているようでした。しかし社会学の理論も日本の社会状況をもろくに知らない私には彼、彼女たちに差し出せる答えなどあろうはずがない。彼らは何らかの希望を求めて私のインタビューを受けてくれただろう、でも彼らは落胆しただけだろう。

その暑い日も、私は脆い足元で気持ちがぐらつくのを堪えながらもどうにか二つのインタビューを終えて東京の新大久保を歩いていました。どこかから韓国語の讃美歌が聞こえてきました。日曜日でもないのに、と不思議に感じながら私の足は無意識に歌声の流れてくる方に向かっていました。通りに面したその教会の扉は開け放たれています。私はとても疲れていました。がらんとした空間の会衆席の後ろの方に腰かけ人々が礼拝するさまを眺めると、伴奏に合わせて讃美歌を歌うアジュンマたちや、涙を流し祈りを捧げるハルモニ、感情をたかぶらせ歌うように祈りを唱える牧師がいました。それは移民たちにとっての安心の場所——父の、私たちの教会がそうであったように。私の目の奥から不意に涙が込みあがります。私は彼や彼女たちの大切な話を聞こうとしているけれど言葉の理解はままならず、二十歳を過ぎたばかりのただの大学生でしかなく、生まれ育ったアメリカにいようと家族といようと、遠く離れ日本にいようとも、孤独な存在に過ぎず、何かを成し遂げるには足りないものが多すぎる。ようするに、未熟な自分の力では何もできないのです。私は声を上げて泣きました。そして、父のことを思いました。牧師である父のために避けられなかった家族のつらい過去を思いました。それなりにいい大学に入り努力して勉強しようと今この時も生活の苦しい父母を助けることもできない。インタビューの中で語り手たちが感情と言葉を振り絞り伝えようとした差別のひどさを慮りこそすれ、私の浅はかな知見などなんの役にも立ちません。

私は大学院に進むと北京に住みながら数年かけ朝鮮族を調査します。二〇一三年に再び日本に戻ったのはこれを論文にまとめて博士号を取得した後のことで、一〇年前に果たせなかった在日研究にもう一度取り組むためです。調査方法に関する厳しい訓練を受けたし二年滞在した中国での経験もあります。語学力も以前よりはるかに充実しています。

意気揚々と大阪で在日の自営業者へのインタビューに取り掛かろうとした矢先に、鶴橋で在特会のヘイト街宣に遭遇しました。在日コリアンの集住地域で仕掛けられた差別者たちのそれは衝撃的でした。「在日は特権を使い我々の税金を食い物にしている」「日本は在日に支配されている」「日本人は差別されている」あげくは「在日は寄生虫」「いい朝鮮人も悪い朝鮮人も殺せ」等々、差別者たちは幾度となく反証され否定されてきたデマと妄想を無限に再生産し在日コリアンへの迫害を煽動していました。警察機構——公安及び大阪中から動員された警察官と機動隊——によって手厚く保護されたレイシストたちは、巨大なスピーカーから爆音を轟かせ在日コリアンの人間としての尊厳の無効を宣告します。言葉では言い表せないほどの悲惨な光景に私の心も体も硬直します。

鶴橋の歩道をカウンター、警察、地域住民が埋め尽くす。駅の壁に貼りついたような古い新聞売店の前に、腕組みして屹立する中年の男性の姿が私の目に止まります。白髪まじりの頭頂は少し髪が薄く五十代の終わりを迎えつつあるようないでたちでした。近くの個人商店の店主だか町工場の経営者だかで何度も大きな危機を乗り越えて事業や家庭を守り抜いてきた、そんなタフな人物に映りました。彼は差別者を睨みつけていました。心のなかで楯を構えているかのように。しかし同時に彼の頬に涙が流れるのも私にははっきり見えました。私は一〇年前に出会った在日の語り手たちのことを思い出さずにいられませんでした。私の記憶の中には、心を開いて悩みを打ち明けた語り手のひとりひとりの表情やそれを聞いた当時の私の沈んだ気持ちがしっかり根を下ろしていました。彼らに苦しみをもたらしたものを私は鶴橋の路上で目撃していました。

その夜、知人である日本人の社会学者に電話をかけ鶴橋での事件を話すと「そんなのは特殊な人がやることで普通の日本人は関係ない」「日本ではアメリカみたいに差別はひどくない」「銃がないだけまし」などと無知、偏見、無関心がないまぜになった無責任な感想を軽くぶつけられ私はさらに嫌な気持ちになります。ワシントンポストやニューヨークタイムズでは在特会の活動が日本社会のなかの極端な事象に過ぎず平均的日本人の支持は得ていないと楽観的に報告されていました。私はヘイト問題に取り掛かることを決めます。

調査は二〇二三年の現在も継続しています。

かつて大学生だった私の質問に耳を傾け、私に向かって問いを投げかけた在日の語り手たちの疑問に答えているかどうか常に自問しながら。

（日本語構成・白川裕史）

（Sharon Yoon　米ノートルダム大学准教授）

小特集　世界の中の「在日」

揺れ動く幸せ
――ひとりの在韓「在日」が思うこと

鄭　聖　希

大阪の生野区出身で本名しかない。学校は韓国学校と公立の日本学校に通った。と自己紹介をすると、「バリバリの在日ですね」と言われることが多い。バリバリの在日とは何なのか。そもそもバリバリの在日なんて、存在するのだろうか。

◈

「注目」されることがどうも苦手だ。高校時代、朝鮮文化研究会に所属していたり、民族講師として活動する機会もあり、色々なところでお話しすることがあった。また韓国へ来てからも、大学の授業の一環で一日講師として在日のこと、自分のことを話す機会があった。にもかかわらず、自分の話をすることは、できれば避けて通りたい。もっというと、人前に立って何かをすることが苦手だ。だが、そんな私の性格と関係なく、韓国では大学の教壇に立っているし、韓国伝統芸能公演の舞台にも立っていたりする。最近は、これが私の「パルチャ（運命）」なのだと自分に言い聞かせている。

『抗路』への寄稿のお話をいただいた時、ありがたい気持ちと同時に何を書くのかということで随分悩んだ。結局、書いては消し……を繰り返し今に至る。「明日までにお送りします」といったものの、ほぼ白紙な上、講義の準備もあり、なかなか原稿に集中できない。いや、原稿に集中したくないのか。自分の記憶をたどるということは、その時その時の自分と向き合うということだと思う。特に私の場合は、記憶をたどるとき「痛み」「苦しみ」「悲しみ」……そういう「負」の感情と向き合わなければならない。それが「在日」だからという理由ではなく（もちろん在日だから経験したこともあるだろうが）、たぶん嬉しい記憶よりも、辛かった記憶が鮮明に残っているからなのだと思う。

「白菜キムチ五〇〇円ください」「並肉二〇〇円のもの五〇〇グラムください」。幼い頃の記憶と言われると真っ先に思い浮かぶフレーズだ。オンマにおつかいを頼まれ、朝鮮市場や近くのお肉屋さんに行っていた。キムチ屋さんでは、わかめをムッチョした（あえた）ものや、チャンジャなどをおまけしてもらうことも多々あり、おまけをもらった日は、家へ戻る足取りが軽かった。そんな朝鮮市場の路地ではハルモニたちが集まるたまり場があった。ハルモニたちは、だいたい朝鮮語で話していたので、言葉が聞き取れず、なぜか怖いと思っていた時期もあったが、いつも前を通ると穏やかな瞳でにこにこ見守っていてくれていた。秋になると、クェンガリ（鉦）やチャンゴ（杖鼓）の音が家まで聞こえてきて、居ても立っても居られず、音のなる方へ引き寄せられるように行っていた。幼い頃の写真を見ると、一九八三年に始まった「生野民族文化祭」にチョゴリを着て、ソゴ（小鼓）を持ってパレードに参加している写真が何枚もある。週末ごとにあった練習の内容は全く覚えてないが、練習が終わるとアイスクリームをもらえたので、それを目的に行っていたことを覚えていることを考えると、良いようにいえば「食」に関心があった幼少期であった。話が少しそれるが、私は口の横にいつの頃からか「ほくろ」がある。韓国で占いに行くと、「（ほくろを）取りなさい」と言う占い師と「取ってはダメ」という占い師に分かれる。ほくろに否定的な占い師は、クァンサン（観相）的に不吉だと言い、肯定的な占い師は「口の横にあるほくろは、食べる運や福を意味するからおいておきなさい」という。今は食べることが好きなので、そのままにしている。

話を戻すと、久しぶりに大阪に帰り、「生野コリアタウン」を歩くと何ともいえない寂しさが押し寄せる。かつてのような風景が見られないからなのか。あまりにも変わってしまったからなのか。その理由はわからない。だが、研究の一環でコリアタウンを歩き回り、インタビュー調査を行なった時に、昔からあるお店の方々は地元出身だというと、とても喜んで色んな話を聞かせてくれた。そして、昔、おつかいでいただいていたおまけのように「これ食べなさい」と、果物やらお菓子やら、たくさん頂いた。幼い頃に戻ったようで、少し恥ずかしくもあり、嬉しくもあり様々な感情が交差した。

韓国で暮らすことになったきっかけは就職だった。働きたい会社があり、面接を受けると、合格し働くことになった。三年ぐらいは働きたいなと思っていたが、三年ももたなかった。その後、フリーランスで雑誌の記事を書いたり、コーディネーターの仕事をしたりした。それらの仕事は楽しかったが、経済的には余裕がなかった。アイドルや芸能人、事業家などたくさんの人と接する中で「自分には、これは負けないというようなものがあるかな」と考えるようになった。そして、勉強をしたいと思った。

三〇歳を過ぎた頃、大学院に進学した。当たり前のことだが、韓国語で進められる講義は、ハードだった。本や資料を読みながら、辞書で単語を調べて予習・復習をした。グループ発表をするとき、「一緒にやろう」と声をかけると「あなたと一緒にすると成績が下がるから」と断られた。驚いたし悔しかったが、韓国語ができないことは、どうしようもない事実なので一人でこなした。

また、大学院に進学した頃、外国語の講義の受講に関する規定を見て驚いた。記憶があいまいではあるが、「韓国籍者は、英語を受講するか、もしくは大学内で実施している英語の試験を受けること。外国籍者は、韓国語能力試験を受講し資格を取得すること」とあった。この規定でいくと、私は韓国籍者であるため、外国語が英語に該当するが、私は二〇年以上も日本で暮らしていたのに、韓国籍者に該当する事実について理解ができなかった。あまりにも簡単に国籍で分けられたこの規定から「在日」という存在が無視されていると感じたのだ。

二、三日考えた後、ある在日の研究者の方に相談すると「理不尽だと思うことは十分理解できるよ。でも残念なことに、それがこの国の今の状況なんだよ。可能であれば、事務所に行って話してみたらどうかな。もし今この状況が変わらなかったとしても、君が動くことで、いつか在日の後輩たちにとって、良い環境が生まれるかもしれない。ただこの国は、在日にとって理解がないし無知だ。だから声をあげていかないと、闘っていかないと、何も変わらない」と言われた。悶々とした日々を過ごした私は、結局、校内の事務所を訪れ、一生懸命つたない韓国語で在日について説明した。この規定はわかるけれども、せめて選択できるようにしてくれませんか、育ってきた背景が異なるのに、こんなに簡単に国籍で分類するのは違うと思いますと話した。職員の方は判断ができず、役職のある方に話すように言われ伝えたが、返ってきた答えは「国籍でしか分けられない」の一点張りだった。そして、話しながら感情が抑えられず、涙が出てきた私を見て「泣いても何も変わらないよ。帰りなさい」と言い放った。涙で訴えたら変えてくれるだろうなんて、これっぽっちも思っていなかった。ただただ、この国は本当に私のルーツがある国なのだろうか、本国の文化を大切にし紡いできた人たちがいるということを知っているのだろうか、という疑問と失望だけが残った。

国籍についてもう少し書くと、韓国では、二〇一九年七月より、六カ月以上韓国内に滞在する在外国民と外国人には健康保険の加入が義務付けられている。地域加入者の場合該当するのは主に、留学、一般研修、ワーキングホリデー、在外同胞などの在留資格を持つ人である。この原稿を書くために、韓国国民健康保険公団に問い合わせてみたのだが、現在の一カ月あたりの金額は、一四万三八四〇ウォンだ。ちなみにこの健康保険、国籍に関わらず、在外国民は外国人と同じカテゴリーに属する。

あるときは、韓国人ですよと言われ、あるときは、外国人ですよと言われる。大学の成績評価に関しても、各個人のルーツを考慮する要項がある大学もあれば、そうでない大学もある。また、それは卒業資格においても、同じことがいえる。在日に関して無知で、矛盾したこの状況は、今もなお変わることがない。そして、今もそんな状況の中で、韓国で暮らす在日がいる。


韓国に居住して一〇年目である二〇二一年は、感情が忙しかった。

春に、大学院の博士課程を卒業し、二、三カ月「充電期間」と称し、ぼーっと生きてた私は貯金がそろそろ底をつきかけている現実よりも、何もしたくないという感情で覆われていた。当時の私は体力的にも精神的にも疲れきっていた。頭の隅に常に大阪に戻ろうかな……という選択肢があり、自分の未来を描く力さえも残っておらず、懸命に生きようとしていなかった。学位を取得したという充足感よりも、韓国生活に疲れたのか虚無感に苛まれていた。頑張ることに、闘うことに疲れていたのだ。そんなふうに過ごしていても、仲の良い知人たちは何も言わなかった。今思うと、私が一歩ずつ歩き出すことを待ってくれていたのだろうと思う。

ふとした時に、東国大学校日本学研究所の研究員募集要項を目にした。大学院在籍時から、ホームページをちょこちょこ見ていたので在日の研究をしているということを知っているぐらいだった。絶対にここで働きたいというより、働けたらよいなというふんわりとした希望があった。梅雨の頃、研究員として働く機会を得た。南山のすぐ近くに位置し、四季が感じられるこの場所と人は、温かかった。自分が在日だということ、在日とは何かを説明しなくても良かった。韓国で初めて、在日を説明しなくても良いということは、こんなにも楽ちんなのかと思った。そして、運が良いのか、それとも運命なのか、当時同僚であった三人の研究員の先生方、そして所長は所謂うわべだけの在日研究者ではなかった。在日と寄り添い、関係を構築し、研究対象ではなく人として在日と真っ直ぐに向き合っていた。嬉しかった。ただただ嬉しかった。そしてもう少しこの国で暮らしてみようと思った。

秋冷の頃、イモブ（伯母の夫）と高校時代の恩師の悲報が届いた。イモブは、いつも大きな声でにこやかに笑っていたのが印象的で、知的な方だった。六〇歳を過ぎてから大学で絵を学ばれ、「自己を磨かなくては、技巧だけでは良い絵が描けない」とおっしゃっていたイモブは、私が韓国で暮らすことを応援してくれていた。数年ぶりに会うと「韓国どうや」から始まり、「お前がどんな（結婚）相手連れてくるのか楽しみでしょうがない」、私が韓国伝統芸能を趣味で学んでいるので「死ぬ前に早く舞台に立ってもらわなアカン」と、にこにこ笑いながら冗談めかして言う。ただいつも真面目な顔で「自分の子どもじゃないから言えるのかもしらんけど、俺は、お前一人ぐらい、韓国で暮らしても良いと思ってるねん。孫、一人ぐらい、韓国におっても良いんちゃうか。（ハルベとハンメ〔祖父と祖母〕が）生きてはったらすごい喜んではると思うで」と、そっと背中を押してくれる。優しくて賢い方だった。

高校時代の恩師は、書道の先生だった。芸術の選択科目で書道を選択したことがきっかけで出逢った。小柄で温和な方だったが、怒るときは怒る先生だった。先生の人柄もあり、書道部にも入った。書道部といっても、学園祭の前に、展示の準備しないと……と言って書くぐらいで幽霊部員に近かったように思う。ただほぼ毎日と言っていいほど、書道室には顔を出していた。「書」を書く時間より「話す」時間が長かった。家族の話、恋愛の話、在日としての葛藤……そんな話をしながら、先生がいれてくれる紅茶が何よりおいしく、その時間が心地よかった。卒業後も、親友とともに年に一度は会っていた。また、韓国で暮らし始めた後も、日本から宅配便を送ってくださった。書道の筆や額縁、日本の食べ物や衣類……その宅配便と手紙はなぜかいつも、私が落ち込んでいるときに届くことが多く、笑ったり泣いたりしながら手紙を読んでいた。先生が還暦を迎えたときに、プレゼントを渡すと「あなたたちは、生徒というより私の大切なお友達だわ」と微笑みながらおっしゃったとき、なんだかくすぐったかった。先生はよく「いつも一〇〇％の力で頑張ってはダメよ。良い意味で手抜きをしないと」と言っていた。ちゃんとしないと……と完璧主義な側面がある私は、その手抜きが、今もなかなか上手くいかないけれど。

去年から、大学の教壇に立つ機会に恵まれている。授業の内容はもちろんのこと、言葉が常に私を悩ませた。というか、今も悩ませている。わからない単語が多く、パワーポイントのスライドノートに韓国語と日本語を併記したり、時間に余裕がある場合は、事前に練習をしていく。それでも生徒を前にすると、悲しいことに頭が真っ白になる。語学的な言語能力があるかといわれると、自信をもって「ない」と言える。韓国語は、知人と話したいがために聞き取りを中心に覚えたし、疲れがたまると韓国語が出てこないこともある。主語・述語を適当に飛ばして話すことも多いので、私の韓国語はわかりにくいのではないかと思う。

韓国語については、考えだすとキリがない。もっと上手くなりたい。もっともっと上手くなりたい。でも私の言語センスを考えると「韓国人と同じように」は無理だろうなとも思う。ある日、研究所の方に「上手くきちんと話せないから学生に申し訳ない」と韓国語への不安を吐露したことがあった。すると、「上手く話す必要はあるのかな？韓国語が上手く話せないことも、ソンセンニムのアイデンティティの一つだと思うけど？」という返事が返ってきた。

ふと気がついた。韓国語、下手でも良いんだ。上手くないといけない、上手くならなければいけないとずっと思っていた。私はどこかで韓国人になりたかったのかもしれない。もしくは、韓国語が完璧な在日になりたかったのかもしれない。私は私の育ってきた環境や私自身をどこかで否定してきたのかもしれないなと思った。言葉ができない私も私であるのに、向き合ってこなかったと思った。そう思ったら気持ちが軽くなった。その日から、新学期の一番最初の授業では、自分自身のことを話すようにしている。ほとんどの学生は在日のことを知らないし、関心もないように思う。でもごくたまに「在日の友達がいます」だとか「ディアスポラに関心があります」と話す学生と出逢うと嬉しい。

二〇一三年から大阪で韓国国楽グループ「テハンサラム」の伝統芸能公演の企画者のうちの一人として活動している。何もわからないまま始めた公演企画は、今年10周年を迎えた。七月に大阪の大槻能楽堂で開催した公演で、「テハンサラム」のリーダーが観客のみなさんにクンジョル（御礼のあいさつ）をしているのを見ながら、この一〇年間が走馬灯のように駆け巡った。予算がないので、お好みやたこやきのご飯の差し入れをいただいたり、オンマにおでんやカレーを作ってと頼み込んだり、楽器を貸していただいたり……本当に多くの方に支えていただいた。そして、笑顔で帰っていくお客さんや出演者を見るのが好きだ。

公演については、今年の10周年に寄せてパンフレットに挨拶文を掲載したため、こちらを引用する。

「自分が何者なのか」。私たちは今までの人生の中で何度も問うてきました。そして、今の自分があるのは、民族学級、サマーキャンプ、高校の頃のクラブ活動、ハルモニたちが暮らす場所、民族文化牌マダン、練習場……

様々な場で出逢った人たちが根本にあります。そして、朝鮮半島の伝統芸能もまた私たちを紡いでくれています。

この一〇年の間、テハンサラムと私たちが何かを約束したわけではありません。ただただ「つながり」そして「つづける」ことを大切に進んできました。韓国・日本、そして在日……小さな種であったそのつながりが、韓国伝統芸能公演をつづけることにより、少しずつ広がりはじめています。

今年、手探りの中で始めた公演企画は、一〇年を迎えます。現在まで私たちを支えてくださった皆様、また、公演にご来場いただいた皆様に心より御礼申し上げます。そして、これからもこの旅程を皆さまと共に歩み続けることができれば嬉しいです。

（二〇一三年七月二三日開催「金星勲の不惑 no.6 トヌム4」公演パンフレットより）

幼い頃から韓国の伝統芸能が好きだった。なぜ？　と聞かれると困るのだが、李良枝の小説『由熙《ユヒ》』を読んだ時、どきっとしたのを覚えている。

대금 좋아요　대금소리는 우리말입니다
［テグム　好きです　テグムの音は　母語《ウリマル》です］

（李良枝『由熙』より）

日本でも韓国でも多くの人に出逢い、育った。そして今も育てていただいている。何か大きなことができるとは思っていない。私ができることは、ゆっくり一歩ずつ、次の世代に文化を紡いでいくことだ。韓国の伝統芸能は私が私であるための、私を探す過程の一部だと思う。

「韓国と日本どちらが住みやすい？」「韓国と日本どちらが好き？」と聞かれることがある。正直よくわからない。大阪に行くときは、大阪に帰りますと言うし、韓国に行くときは、韓国に帰りますと言う。帰るところが二つあるということは、待ってくれている人が二倍いるということだ。幸せなことだ。どちらに住んでいても「韓国」と「日本」の境界に立ち「自分は何者なのか」と自問自答する。境界に立ち止まり、あっちに行ったり、こっちに行ったり。揺れ動く。これもまた幸せなことだ。

（チョン・ソンヒ　東国大学校日本学研究所）

小特集　世界の中の「在日」

ヨーロッパで〈在日〉するということ

キム・スギ

私は現在、スイスに住んでいる。スイスに来てもう一〇年以上が過ぎている。振り返って見れば慣れるのに精一杯で、この一〇年は実りもないままあっという間に過ぎ去ってしまった。本来、自分自身について書くことはあまり気が進まないが、私自身〈在日〉であり、また〈在日〉文学等について批評・研究しようとしている立場から、自分自身がその素材となることに〈在日〉史からも、そして〈在日〉表現史からも多少の意義があることを願い、今回自分の人生を振り返ってみることにした。しかしながらマイノリティの生は入り組んでおり、全体を整然と語ることはできない。ここではかいつまんだ部分に全体を語らせる他ない。

■日本にて

したがって、先ずは私の生い立ちから始めざるを得ない。私の父は日本生まれ・日本育ちの〈在日〉二世、母はネイティヴの韓国人で、私は韓国生まれ・日本育ちの〈在日〉三世ということになる。韓国で生まれているので特別永住権を取得する資格はなく、少年時代は特別永住者の家族、長じてからは一般外国人という扱いであったが、いわゆる韓国人でもなく、況や日本人でもないのでやはり〈在日〉コリアンということになる（よくわからない存在は全てマイノリティのカテゴリーにぶち込まれる）。生後八ヶ月のときに日本に渡って来た（父からすると「戻った」ことになる）。母は当然日本語がわからないので、家では韓国語が使われた。しかし母が次第に日本語を解するようになると、両言語の高い類似性もあり、家庭内ではそれらが混ざったものが使われるようになった。比重としてはそれでも韓国語の方が大部分を占め、それは「韓国語のようなもの」であったと思う。そしてそれが私の最初の母語となった。

母も私も近所の幼稚園に通うことを望んだ。園内で楽しそうに遊ぶ同世代の子どもたちを柵の外から眺め、いつも独りで遊んでいた私は羨ましく思い、自分もその輪の中に入りたいと思った。私の母も韓国の典型的な教育熱心な母親であったのでそれを望んだ。父は反対だったように思うが、結局私たちはそのキリスト教系の幼稚園に入園願いを出すことになった。しかしクリスチャンである女性園長との面談で、私が日本人でない、そして韓国語を話すということがわかると「今からみんなについて行けるかどうか？」と言われ、入園を断られたそうである（後に私はこの話を聞かされ、愛を掲げる普遍宗教といえども、人間がやる以上は異民族への差別心の方が先行し得ることを思い知った）。母は教育で遅れを取ると気を揉んだようだが、父は「小学校では最初から教えるから」と全く意に介していなかった。私は独りで遊び続けた。つまり私は「韓国語のようなもの」を話し続けた。このことは、小学校に入ってからの私に暫くのあいだ苦難を強いることになった。

民族学校には縁がなく、長じるまでそんな学校があるということすら知らなかった。いずれにせよ私の生活圏には存在しなかった。私は小学校から修士課程まで全て日本の学校に通うことになった。学部と修士では西洋哲学を専攻した。高校時代に出会ったニーチェを読みたかったからである。それで第二外国語も母が勧める韓国語ではなく、ドイツ語を選んだ。これは失敗だったと思わないでもないが、その後私は一応のドイツ語圏であるチューリヒに住むことになったので、人生はわからないものである。大学では素晴らしい先生方や諸先輩方に会い、古代ギリシア哲学からフランス現代思想まで学ぶことができたが、ハイデガーの原書講読から一番の刺激を受けた。これは自分が必ずしもハイデガーの思想に共感したということではないし、今ではむしろ批判的であるが、先生の深い哲学史の知識と緻密な原文読解に魅せられたのである。また、現役批評家の授業からも刺激を受けた。文化と政治がどれだけ緊密に接続しているかを知ることができた。何でも効率や金儲けばかりが称揚される中、このような〈非生産的〉で〈非効率〉な経験ができたのは幸運だったと思っている。

修士時代は、朝鮮奨学会から奨学金を支給していただいた。返済義務もなく、貧乏学生の私には有り難かった。同会には今も感謝している。

修士号取得後は、主に東京の韓国系企業で働いた。概して苦しい日々だったが、素晴らしい上司と出会い、仕事を離れてお付き合いさせていただいた。そこで上司のパートナーでいらっしゃり、後に『贈与と共生の経済倫理学』を上梓される折戸えとなさんとも面識を得ることができた。

■スイスへ

スイスには三〇歳頃、スイス国籍者である妻との婚姻を機に来ることとなった。東京とチューリヒのどちらに住むべきか悩んだが、彼女の日本語と私のドイツ語とでは私のドイツ語の方がマシであったし、何より差別を考えると日本という選択肢は外さなければならなかった。また日本では諦めてしまい、働きながら通うのは事実上不可能な博士課程進学がスイスでなら可能かも知れないという算段もあった。そのときちょうど勤務していた会社が存続の危機を迎え、契約期間もそろそろ満了となる時期に当たっていた。そして父から引き取った母との同居生活も破綻を来たしていた。更に決定打となったのは、その頃からインターネット上で「朝鮮人は出て行け」等と盛んに言われ出したことであり、私の居場所はもうここにはなく、いや最初からなかったのであり、それなら私は日本人が言うように出て行ってやろうと思った。もう戻る気はなかった。もし自分が〈戻る〉とすれば、それは日本ではなく韓国だと思った。これには是が非でも日本居住に固執することへの反発もあったのかも知れない。現実的な生活条件を考えればそう軽々しく言えることでないのは重々承知している。しかしそれを言い訳のようにして、差別を受け入れる生を送り続けるのは本当に正しいのか？　という思いがあった。むろんヨーロッパに差別がないなどとは全く思っていなかった。もしかしたらより苛烈な差別が自分を待っているかも知れない。しかし日本で「チョーセン人」として差別されるのと、スイスでアジア人や黄色人種として差別されるのとでは少し違うのではないかと思った。

そしてやはりスイスにも人種差別はあった。悔しい思いを何度もしたし、今もしている。しかし、卑しむべき下等な「チョーセン人」として蔑まれることは一度もなかった。正確に言うとあったが、それはスイスに住む日本人からだけであった。

日本にいる頃は再入国を取って出入国していたが、この時はしなかったため、スイスに住み始めてしばらくして私の再入国は期限切れとなった。また日本を一年以上離れ、一般永住権を自動的に喪失した。私は、特別永住者ではなくとも幼少期より日本名を持って日本に三〇年住み続けた紛れもない在「日」韓国人であったが、やはり我々は、日本政府からすればただ「在日」しているだけの異族・本来あるべきでない存在・厄介者に過ぎない、ということを身を以て知った。永住権を持って日本に住んでいた頃は何の心配もないと錯覚していたが、〈非正常〉な地点からその真の姿をまざまざと目にすることができた。日本における我々の身分の安定や保障など最初からどこにもなかったのだ。

■スイス・ドイツ語

スイスに来た当初は、自分のドイツ語力ではまったく歯が立たなかった。そしてもう一つ大きな問題は、ドイツ語圏スイスでは実はドイツ語が話されていないということであった。この言い方には語弊があるかも知れない。読み書きは確かにドイツ語で行われ、公式文書や新聞などもドイツ語で書かれるのだが、会話は実はスイス・ドイツ語で行われるのである。かなり強い方言の一つと言うこともできるかも知れないが、標準ドイツ語から遠く隔たった感覚を抱くのは否定しがたい。私が大学・大学院で学んだ思想テクストを読むドイツ語は、スイスではほとんど役に立たなかった。

スイス・ドイツ語は標準語が確立されていないため、学習するのも困難である。もし習うとすれば、例えばチューリヒ方言など自分の住む地方の方言を覚えるしかない。しかしながら、前述したように読み書きは標準ドイツ語でなされるので、汎用性を考えると、教科書なども出揃っている標準ドイツ語を磨くのが自然である。つまりスイス・ドイツ語は非ネイティヴには習得がほとんど不可能な〈特権的〉な言語なのである。こちらが標準ドイツ語を話すとドイツ語圏のスイス人はこちらの言っていることを全て理解してくれる。しかし返答はスイス・ドイツ語でなされることが多く（それもそのはず彼らが自国で外国語であるドイツ語を話す義務はないのだから）、場合によっては英語で返されてしまう。しかしここで生きてゆこうとするなら（スイス）ドイツ語は必須であるため、諦めてしまうわけにもいかない。これは、ドイツ語圏スイスに来た多くの移民が経験する典型的な困難の一つである。

■意志の社会

スイスでは何もかも勝手が違った。来て早々、特に驚いたのは病院であった。例えば腹痛で病院に行った場合、日韓では医師が病状を聞いて必要な検査方法を決め、検査結果を見て治療をしてくれる。いわば患者は受動的でいられる。しかしここではそうでなかった。患者の方が能動的でなければならなかった。医師に病状を訴えると、開口一番「それであなたは私にどうして欲しいのか?」と問われ、私は固まってしまった。しどろもどろになりながら、私は検査をして適切な薬を処方するようお願いした。

また役所や企業でも同様であった。日韓であれば、業務等に軸が置かれ、ある手続きを進めるためには○○が必要だ、という非人称的な言い方がされると思う。しかしここでは担当者が「私がそれを必要とする」と言った。これは表現や語彙の違いだけには還元できない問題であるように思う。私は、ヨーロッパ社会は自我や意志が前提とされている社会であることを知った。

意志を強く表出し合う社会なので、日韓に比べて摩擦が生じ易いように感じた。若い頃にその全ての小説作品を読み、しかし「満韓ところどころ」という紀行文なども書いたために相反する感情を抱き続けて来た漱石の、恐らくヨーロッパ体験に関するであろう、「二個の者が same space ヲ occupy スル訳には行かぬ」という断片を幾度となく想起せざるを得なかった。その断片は「勝つと勝たぬとは善悪、邪正、当否の問題ではない――power デある――will である」で終わっていたはずである。しかしながら多少慣れて来ると、ヨーロッパ社会は多種多様な人間が集まっているので必然的に物事を明確化せざるを得ない点もあることや、確かにジャブを打ち合っているもののそんなに傷つく必要もないことが頭では理解できるようになって来た。

■〈在日〉文学

チューリヒ大学には、一般開放された日本語図書室がある。私はそこで勉誠出版の『〈在日〉文学全集』に出会うことになった。行くまではいわゆる日本文学しかないのではないかと思っていたので、見つけたときはこんなものまで揃えているのかと驚き、ずっと何となく関心があった金石範が入っている第三巻を手に取った。目次を見て早速借りて帰ることにした。そして家で「鴉の死」を読み、特にクライマックスのシーンに震撼させられた。「震撼」とはよく読書体験等で目にする表現であり、そんなことあるのかと疑わしくも思っていたが、本当に魂が震える思いをした。そしてこんなに優れた〈在日〉文学があったのか、と自分の無知を恥じた。私は「鴉の死」に関する文芸評論を書くことに決めた。〈在日〉文学について書くことは鮮烈な体験だった。私はこのとき初めて、書くことが生きることと繋がっているような感覚を覚えた。ついに向き合うべき時が来たと思った。

私は哲学だけでなく文学にも関心があり、学部生時代は先述した漱石や李恢成を読みなどもした。しかし鼻っ柱の強過ぎる青二才に育っていた私は、小説などは後でいくらでも読める、先ずは難解な外国語のテクストを読めるようになることが先決だと思っていた。また私は、在日は在日の研究をしなければならない、といった考えを当時は受け容れることができなかった。私自身が否応なく〈在日〉を生きているのだから、私の生こそが〈在日〉文学の源泉なのだから、敢えてやる必要はないと思っていた。既存のカテゴリーに無理矢理入れ込まれたり、政治化させられることに反感を持っていたのだろう。そういった制約を脱して、自由な主体として振る舞えるし、振る舞わなければならないという幻想を抱いていた。しかし同時に、自分はいつか向き合わなければならないとも心のどこかで感じ続けていた。また姜尚中の、在日こそ日本のエキスパートにならなければならない、という言葉が頭の中で響き続けていた。金石範に出会うまでは政治哲学や日本政治思想史などにも関心があった。スイスの大学の哲学科の中には、驚いたことに、政治哲学部門があった。大変関心を引かれたけれども、そこで研究される古典的な思想家というのは自分のような非才がやらなくとも他の人がいくらでもやってくれる、しかしマイノリティの文学はそうではないかも知れない、論文の材料にされることはあっても例えば漱石や大江健三郎や中上健次のようには決して愛読されていない。おこがましい言い方をすれば、私が拾わなければならないと思った。そしてそれは自分を拾うことでもある、と。また、学んで来た哲学や思想史なども、〈在日〉という生の現場から問い直したいと思った。私は〈在日〉文学について批評・研究しなければならない、大袈裟なようではあるがこれこそが自分の生きる意味だと確信した。私は日本学科博士課程に入ることを決めた。

私は、一区切りついた「鴉の死」論を作者に読んでもらいたいと思った。批評や研究はそもそも作者からの承認などを必要としないのはわかっている。しかしそれでも実作者がどう読むか、是非知りたいと思った。生まれて初めて書いた文芸評論への評価が知りたかった。それで岩波書店に返信用の封筒と切手と手紙を添えて試論を送った。結論で主人公の丁基俊を批判してしまったこともあり、そうでなくとも返信など期待できないだろうし、そもそも岩波書店が届けてくれるかも心許なかった。しかし一ヶ月後ぐらいだろうか、金石範先生よりご返信を、論への過分な賛辞と一緒に頂戴した。私は自分の文章を批評と呼ぶ勇気がなく「感想文」と言ってお送りしたのだが、先生のお手紙には「批評」とあって感激した。その後数度文通をさせていただくこととなり、この経験は一生の宝物となった。いただいた手紙は今も大事に保管してある。

■チューリヒ大学

〈在日〉文学を、特に私の視角から研究するとなると、やはり日本学科ということになる。私の知る限り、スイスの大学で日本学科を擁するのはチューリヒ大学とジュネーヴ大学しかない。しかしジュネーヴはフランス語圏であるし、何より私はチューリヒに住んでいる。入学前からチューリヒ大の講義を密かに聴講してもいた。志望先は自然に同大に絞られた。

しかしチューリヒ大に入るにあたっては、手続きでかなり苦労した。日本の大学にはない証明書の提出を求められたからでもあったが、特に困ったのは、証明書に記載されている私の名前であった。修士は韓国名で取得したので問題なかったが、学部時代の私はまだ日本名を保持していたのである。したがって証明書は日本名で発行される。この歴史的経緯まで含んだ日韓の事情をスイス側に理解させるのは困難である。母校に状況を説明して韓国名で出してくれるようお願いしたが、にべもなく却下された。諦めかけたが、最後の手段として私は文学学術院の院長先生にお願いしてみることにした。これは実に幸運であったが、当時の院長は東洋史学者の李成市先生であった。メールをお送りするとすぐに事情を理解していただき、一面識もない一卒業生のために骨を折って下さった。まもなく韓国名での卒業証明書が発行された。これで問題なく入学手続きが進められることになると思った。

しかしここでまた別の問題が発生した。私の最終学歴は人間・環境学修士であり、日本学ではなかった。チューリヒ大始まって以来、該当分野・類似分野の修士号を持っていない人間をいきなり博士課程に入学させた例は一度もない、ということであった。こちら側からできることはもうなかったが、審査の結果、日本学に関する単位を追加で取得するという条件付きで入学が認められることとなった。特例を認めていただいたRaji Steineck先生には大変感謝している。

大学の授業では、Steineck先生の神話の哲学から大きな感銘を受けた。これは堅固な方法意識に貫かれた新しい日本文化論でもあり、一種の権力論でもある。Simone Müller先生によるバフチンのクロノトポス論応用からも大きな刺激を受けた。またMüller先生と我々学生たちで、泉鏡花「妖僧記」をドイツ語訳したのも得難い経験であった。

入学していろんな学生たちを見、彼らと交流することになった。ほとんどの学生たちはもちろんスイス人を始めとするヨーロッパの学生たちであり、その他少数の日本にルーツがある学生、ニューカマーの日本人を含むアジア人学生たちによって構成されていた。そしてここでも私は自分の特殊性を自覚せずにはいられなかった。これは私の印象でしかないので偏見の可能性もあるが、多くの学生たちはアニメや漫画などの愛好者で、それが嵩じて日本研究をしたいと思っているように見受けられた。そうでなければ、仏教や文学など「エキゾティック」な日本文化について学びたいということのようであった。いわば自分とは関係のない、外の世界にある日本。客観的に観察・分析できる、自分を傷つけない対象。興味深く、場合によっては愛でるべきものとしてのヤーパン。しかし私の場合、日本はもはや逃れ去ることのできない自分の一部でありながら、私を否定し、私の存在を脅かすものとしてある。日本を離れ、語義からするともう「在日」していないはずのただの韓国人となってなお私は未だ日本語で考えている。彼らは日本を知り、私は日本を生きている。スイス社会では一アジア人として過ごせたが、日本学科では私は外地においてなお〈在日〉している自分を認識せざるを得なかった。日本（文化）は私にとっては〈対決〉するものとしてある。そこが最大の相違点であった。私は彼・彼女らが悪いと言っているわけではない。そこに善悪や優劣などはない。むしろ研究態度としては客観的で、余程正しいのかも知れない。しかし私はそうはできない、ということなのだ。これは通訳不可能な決定的な差異であるように思われる。

そんな私が批評・研究においてやりたいことは、大別して三つある。自分の能力を度外視して抱負を述べることが許されるなら、先ず日本精神史をあくまで〈在日〉の視点から批判的に検討すること、そこで剔抉されるであろう差別や神話を乗り越える原理を練り上げること、そして何よりも〈在日〉文学やマイノリティの表現から、虐げられ、殺されていった者たちの声を聴取し続けることである。一言で言えば、文による抵抗を試みる、ということになる。

■スイスでの仕事

ドイツ語の問題もあり、移民でもあり、仕事はなかなか見つからなかった。どうせ仕事が見つからないのなら、どれだけ馬鹿にされようとも博士課程に入った方が入らないでいるよりはまだマシだ、と思ったのも進学の動機であった。いずれにせよ博士課程進学後当初は授業に出るためフルタイムの勤務はできないということもあり、アルバイトを掛け持ちせざるを得なかった。慣れない肉体労働をしながら勉強するのは骨が折れた。日本にいる頃は仕事選び等において母語話者の恩恵を受けていたことを思い知った。母語を活かせ、一番性に合ったのは、やはり日本語を教える仕事であった。しかしながら母語であるが故に却ってわかっていないことも多く、しかもそれをドイツ語で説明するのは想像以上に難しい。だが日本語を教えるだけでは食べてゆけなかった。この点でも、妻からは一生返すことができないほどの恩を受けた。

■終わりに

振り返ってみれば、私は迷走ばかりし続けて来たように思う。スイスでは無数の大小の石に躓き続けなければならなかった。これからも躓き続けるだろう。だがユートピアはどこにも存在しない以上、これは致し方ないことである。自分が選んだ道でもある。ここは完全に異国なのだ。せめて進行方向へと転がり続けてゆくしかない。もう不惑を過ぎてしまい、自分がこれから先どこに辿り着くのか見当もつかない。日本にいる父も、韓国にいる母もかなり老いた。残り時間は少ない。それでも何かを書き残すべきなのだろうし、書き残したいと思っている。

（Kim Sukwi　チューリヒ大学日本学科博士課程）

小特集　世界の中の「在日」

旧ソ連のコリアン、コリョ・サラム（高麗人）

李　眞　恵

◆「コリョ・サラム」とは誰か

ロシアと中央アジアが属する旧ソ連地域には、コリアン系の人々が住んでいる。韓国では彼らを主に「コリョ・イン（高麗人）」と呼び、日本では主に旧ソ連という地域名を付けた旧ソ連の「朝鮮系」と称し、自らは自分たちを高麗人や朝鮮系ではなく「コリョ・サラム」と称している。「コリョ・サラム」とは、旧ソ連地域に住むコリアン・ディアスポラの自称である。一八六三年に朝鮮半島からロシア極東に移住し、一九三七年にスターリンにより強制移住させられ中央アジアに定着し、ソ連解体とともに独立した旧ソ連諸国の国籍を持つコリアン・ディアスポラ全般を指す。コリョ・サラムの「コリョ」とは漢字で表記すると「高麗」であり、「サラム」は日本語に訳すなら、「人」という意味である（李、二〇一七、一七七頁）。コリョ・サラムという名称はその用例は少ないが、韓国と日本、そして英米圏にも知られている。私は二〇一三年に来日しコリョ・サラムについて研究を始めた。彼らを指す呼称が韓国も日本も旧ソ連社会によってそれぞれ異なることを発見し、各呼称が受け入れられる社会の特性について検討する中で、最初に持ち上がった質問は、彼らを指す最も適切な呼称は何かということであった。

コリョ・サラムという自称の含意が得られた過程は非常に興味深い。彼らの歴史的祖国は韓国と北朝鮮である。厳密には、彼らの最初の移住が始まった一九世紀の朝鮮半島である。現在、彼らの祖国としての朝鮮は、歴史的に存在しない国であり、移住一世代の祖国は現在分断されて北朝鮮と韓国になった。ソ連末期の八六年から始まったペレストロイカ、八八年のソウルオリンピック、九〇年の韓国とソ連の国交正常化により、韓国訪問や交流の道が開かれ、彼らの祖国についての認識は変化することになった。冷戦のイデオロギーと日本統治時代の残滓、そして南北の分断状況という社会的変動の中で、彼らは自らを北と南のいずれかにも属さない者として認識するようなり、それはまさに彼らのアイデンティティとなった。また、これまでの筆者の呼称に関する研究によると、主に日本による「朝鮮人」、韓国による「韓人」と「コリョ・イン（高麗人）」を使用することは日本、韓国、コリョ・サラムそれぞれのコミュニティの人々に違和感を与えていた。したがって、日本でも韓国でも北朝鮮でもないコリョ・サラム社会の内部から始まった「コリョ・サラム」という呼称を使うことが韓日両国で混乱を避けるだけでなく、コリョ・サラム社会の自発的な対応に注目する筆者の研究の観点からより意義があると考えるようになった。それらの経緯が筆者の彼らをそのように命名し呼称している理由である。

コリョ・サラムは朝鮮半島という出自を同じくしながらも、世代を重ねながら居住国社会によって言語と文化的起源などが変容されてきた。帝政ロシア期にロシアの沿海州に移住した彼らは、ソ連時代とソ連解体、そして旧ソ連諸国の独立期を経て、現在は旧ソ連各国の市民権者として暮らしている。旧ソ連におけるエスニック・マイノリティ集団であるコリョ・サラムの人口は、各国による民族別人口現況を発表しておらず、正確に把握することは難しいが、韓国の在外同胞現況によると、旧ソ連を含むヨーロッパには約七〇万に近い在外同胞が居住している。在外同胞とは、大韓民国国民で外国に長期滞在し、または外国の永住権を取得した者と出生により大韓民国の国籍を保有していた者（大韓民国政府樹立前に国外に移住した者を含む）またはその直系卑属で大韓民国国籍を有しない者をいう。そのうち在外国民を除く外国国籍同胞の数は約一七万がウズベキスタンに、約一六万がロシアに、そして約一〇万がカザフスタンに居住している（재외동포재단, 2021, pp. 36-38, 205-211, 253-258, 263-265）。旧ソ連各国の市民権を持つ彼らは、ロシア語を母国語とし、旧ソ連諸国の基幹民族中心の国民統合に対応し、各国におけるエスニック・マイノリティ・グループとして変容している。

◇コリョ・サラムの移住と定着

ソ連解体から三〇年以上経った現在、筆者の長年の現地調査先である中央アジアのカザフスタンにおけるコリョ・サラムのコミュニティには多様な社会的および経済的な背景をもつ人々がいる。例えば、ソ連時代の三七年にスターリンによる強制移住によってカザフスタンに定着した者、それより後のソ連時代からそこで暮らし始め比較的安定した生活を送る者、九一年のソ連解体後に経済活動の目的でロシア極東または旧ソ連諸国から移住してきた者などがいる。また、サハリン朝鮮人のルーツを持つ者、一九一〇年代から朝鮮の独立運動のために移住した者、五〇年代からロシアなどに留学して帰国せずに亡命した北朝鮮ルーツを持つ者、ソ連時代に居住国以外に移住した後、ソ連解体後新しい継承国の国籍を取得しないまま無国籍状態で滞在している者などがおり、彼らはそれぞれ社会内で異なる存在として認識される各自の呼称があり、彼らが持つアイデンティティも異なる。それは時期的にソ連時代を経て現在に至るまで残存している概念とソ連解体後に新しく形成された概念で説明することができ、この二つの概念は現代のコリョ・サラム社会に共存している。このようにコリョ・サラム内部に居住地域または出身地によって異なる呼称が出現したのは、彼らが経験してきた移住の歴史とソ連解体および旧ソ連国家の独立と密接に関係している。すなわち、帝政ロシア時代の朝鮮半島から沿海州への移住、ソ連時代の中央アジアへの強制移住、スターリン死後に得られた自由による移住、ソ連解体後から現在まで進められている移住過程での移住と定着の繰り返しや旧ソ連帝国独立後の各国で国民統合などが、彼らが多様なアイデンティティを持つようになった理由である。それぞれの経緯について以下に述べる。

◇朝鮮半島から沿海州への移住

一九世紀半ば以降、朝鮮人がロシア沿海州に移住し、沿海州コリョ・サラムの歴史が始まった。沿海州コリョ・サラムの祖先は、朝鮮王朝時代の一八六三年に初めて沿海州のチシンへに定着した朝鮮人である。移住の理由は、当時朝鮮が専制下の苛酷な政治体制と、特に朝鮮北部の人々が経済的に非常に困難な状況に置かれていたためであった。さらに移住初期の六〇年代の後半から七〇年代の初期に、収穫の大部分が失われ深刻な飢餓が始まると状況はさらに悪化した。朝鮮の農民らは生きる道を求めて沿海州の無人の土地を目指すようになった。その後、移住した朝鮮人の人口は徐々に増加し、彼らの共同体には学校と師範大学、新聞社、劇場などが新設され始め、これらは極東に移住した朝鮮人の社会的および民族的な基盤を強固にすることとなった。

その一方で、ロシア沿海州に渡ったコリョ・サラムの一部が、サハリンに移ったケースがあった。朝鮮人の沿海州への移住と彼らの強制移住の経験から、沿海州コリョ・サラムのアイデンティティを説明することができる。しかし、サハリン朝鮮人は強制移住の経験がないため、強制移住を経験した沿海州コリョ・サラムとは異なるアイデンティティを形成したと言えるであろう（李、二〇二一、一一一頁）。つまり、双方のアイデンティティの違いには強制移住の経験の有無が関係している。サハリン朝鮮人とコリョ・サラムの歴史を一括して見ることには異論を唱える余地があるが、彼らは現在、旧ソ連諸国のコリョ・サラムコミュニティの一部のグループとして存在しており、韓国に帰還したコリョ・サラムは、同国内のサハリン同胞と同じロシア語圏同胞のグループと想定されている。

◘中央アジアへの強制移住

沿海州に移住した朝鮮人たちは一九三七年スターリンによって中央アジアに強制移住させられた。その理由は、中央アジアの労働力のためだという意見もあるが、朝鮮人が極東における日本のスパイになる可能性があったため、政治的犠牲になったという意見が支配的である。強制移住は三七年秋に始まり、三八年春に完了した(Манатбеков, 2012 : 6)。カザフスタンのウシトベに強制移住させられた後、職業や専門などに関係なくコリョ・サラムの九割は集団農場に配置された。最初の定着地であったウシトベでは、生活のための施設が十分ではなかったため、移住民が再配置されることもあったが、臨時の定着地から離脱する者も頻繁にあった。その結果、カザフスタンに移住したコリョ・サラムの六割が再移住を経験し、カザフスタンのコリョ・サラムの人口が減少し、近隣国のウズベキスタンのコリョ・サラムの人口が増加することとなった。それは、農業従事者が多いコリョ・サラムにとって重要な自然的要因が理由であった。一九五三年のスターリン死亡後に得られた移動によってコリョ・サラムのウズベキスタンへの移住はさらに増加した。ウズベキスタンは現在も、中央アジアと旧ソ連地域のコリョ・サラムの最大居住国である。コリョ

■強制移住後、最初の定着地のカザフスタン・ウシトベの記念碑　（2015年 9月）

■ウシトベのコリョ・サラムの墓地　（2015年 9月）

＊収録写真はすべて筆者撮影

・サラムが中央アジアに強制移住させられそこに定着した経験は、中央アジアのコリョ・サラムのアイデンティティを論じる上での必須なキーワードである。

◇ポスト・スターリン期の移住

中央アジアに強制移住させられたコリョ・サラムはポスト・スターリン期に都市化を経験するようになった。彼らは指定された区域を離れて都市に集中していった。コリョ・サラムが都市に集中した理由は次の二つである。先ずは、スターリンが死んだ後、コリョ・サラムに移動の自由が許され、自由な移動が始まったことである。スターリンの死後、政権を掌握したフルシチョフによって五六年七月にソ連最高会議を通じて公布された「特別移住民居住制限解除法」によってコリョ・サラムは都市部に移住し始めた。また、移動の自由によって多様な職種の専門職従事者が増え、これらの社会の都市化は急速に進むことになった。このように六〇年代までコリョ・サラムの主な居住地は農村地域の集団農場であったが、七〇年代からコリョ・サラムの人々は都市地域に集中するようになった。次に、移住の自由化によってより安定的な生活基盤を確保したコリョ・サラムの間で「ゴボンジル」という季節農業方式による移動が行われたことである。これは土地を所有することが不可能な状況で、適切な農地を探して季節ごとに移動しながら作業する農業方式である。コリョ・サラムはこれを通じて高収益を上げ、中央アジアで確実な生活基盤を築くことに注力した。これは生活基盤が居住地を越えて拡大し、コリョ・サラムの都市化が促進する契機になった。ポスト・スターリン期にはコリョ・サラムが都市化を経験し始め、以前とは異なる都市を基盤とした新しいアイデンティティが構築されていく（李、二〇二一、八四－八六頁）。

◇ソ連の解体とその後

一九九一年、ソ連は解体を宣言した。ソ連解体とともに、旧ソ連諸国は独立を宣言し、各国の基幹民族を中心としたネーション・ビルディングを実施してきた。これに伴い、旧ソ連地域は政治的・経済的混乱を迎えることになり、ソ連時代に形成されてきたコリョ・サラムの特性は分化した。ソ連期にはソ連のエスニック・マイノリティとしてのコリョ・サラムであったが、ソ連解体後にはカザフスタンのコリョ・サラム、ウズベキスタンのコリョ・サラム、ロシアのコリョ・サラムなどの新しい概念が生成され始めた（이, 2021 : 265）。また、ソ連時代に旅行許可証を発給され、他の地域に移住したが、ソ連解体後、継承国の国籍を取得せずに移住先に滞在している無国籍状態のコリョ・サラムも生

まれた。ソ連解体前後に発生し始めた無国籍コリョ・サラムの問題は、コリョ・サラムの内で異なる下位アイデンティティが構築される要素となった。

旧ソ連各国の基幹民族中心の民族主義の台頭とロシア語ではない民族語の国家語や公用語としての法令や規定により、非基幹民族であるエスニック・マイノリティたちが社会的差別を認識するようになった。ソ連解体直後、コリョ・サラムには次のような生存と結びつく三つの選択肢が存在した。ソ連時代から生きてきて現在は独立国となった居住国に残るか、政治および経済的環境がより安定した旧ソ連地域のいずれかの国に移住するか、歴史的祖国に帰還するか。彼らの選択は、居住国の環境的条件、個人的な民族的起源または状況によって異なって現れた。

◇最近の移住、韓国への帰還

旧ソ連地域の少数民族はソ連時代にはロシア人の下の少数民族として位置づけられたが、旧ソ連各国の独立により各国の基幹民族下で新たなエスニック・マイノリティとなり、いわば二度にわたるマイノリティ化を経験せざるを得なくなった。その状況の中、前述した少数民族に生存する選択肢の中、ソ連解体後にソ連のドイツ人はドイツに帰還することができたことに比べて、コリョ・サラムが歴史的祖国に帰還することを選択できたのは、韓国の在外同胞法が改正された二〇〇七年以降となった。訪問就業制の導入後、韓国に移住したコリョ・サラムはウズベキスタン出身が最も多く、現在も増加する傾向にある。最近急激に増加しているウズベキスタンのコリョ・サラムの韓国への移住の要因をウズベキスタンのプッシュ要因と韓国のプル要因を中心に見てみると、まずは、同国の非基幹民族を排除した基幹民族中心の民族統合政策に対する反発であると要約することができる。その中でも特にウズベキスタン独立前後の言語改革は人口の大多数のロシア語使用集団に対する考慮なしにウズベク語を唯一の公用語として採択し、ウズ

■グァンジュ・ウォルゴクトン、ロシア語による幼稚園の募集広告　（2023年 2月）

■アンサン・テッコルマウル、ハングル・ロシア語併記による小学校の予備招集日の案内　（2023年 2月）

ベク語による公教育を採択する激しく迅速な過程を経てお
り、この過程で非ウズベク語使用集団の海外流出が現れた。
次に、コリョ・サラムの帰還移住に対する韓国のプル要因
として韓国政府がコリョ・サラムを同胞と認定する過程と
関連法の制定が挙げられる。また、帰還移住したコリョ・
サラムを中心に形成されてきたアンサン、インチョン、グ
アンジュ、アサンなどの韓国内におけるコリョ・サラム集
住地は全国的に拡大および増加しており、これらを基盤に
移住するコリョ・サラムの人口はますます増える見通しで
ある。ロシア語使用集団であり、韓国文化に慣れていない
人々を同胞として受け入れた韓国社会が、統合と共生のた
めにどのようなビジョンを提示するかが重要であり、現在
はその岐路に立たされている（Lee forthcoming)。

【参考文献】

Манатбеков,Ж 2012. Кәрі схалқ ының Жеті суға қонысаударуының қазіргі уақытпенбайл анысы. Өскеменқаласы:Өскеменқаласых имиябиология бағытындағ ыНазарбаевЗияткерлі кмектебі.

김기영, 2022 국내 거주 고려인 체류자격과 변경에 관한 사례연구：경기도 안산시 거주 고려인을 중심으로. 다문화평화연구소 16(3)：28-49.

이진혜, 2021 카자흐스탄의 민족, 고려인의 국가. 아시아리뷰 11 (1)：261-289.

재외동포재단, 2021 재외동포현황. 재외동포재단.

李眞恵、二〇一七「ペレストロイカ期におけるコリョ・サラムのアイデンティティ形成——1986年〜1991年の『レーニン・キチ』の分析から」『イスラーム世界研究』10、一七七－一九一頁。

——、二〇二一「中央アジアにおけるコリアン・ディアスポラ研究序説——呼称とサブアイデンティティの問題によせて」『コリアン・スタディーズ』9、一〇四－一一七頁。

——、二〇二三『二つのアジアを生きる：現代カザフスタンにおける民族問題と高麗人（コリョ・サラム）ディアスポラの文化変容』ナカニシヤ出版。

Jinhye Lee. 2023（forthcoming). *Why do Diasporas Re-Emigrate to their Historical "Homelands"? A Case Study of Koryo Saram's "Return" from Post-Soviet Uzbekistan to South Korea*, Journal of the Asia-Japan Research Institute of Ritsumeikan University Vol. 5（ページ未定).

（イ・ジネ　立命館大学衣笠総合研究機構・助教）

在日とヒップホップ
――Jin Dogg「街風(feat. REAL-T)」試論

韓光勲

はじめに

こちら大阪生野区朝鮮人部落
プルルル　電話がひっきりなしになりまくる
そろそろ仕事だ
プルル　プルルってる場合じゃないよまったく
（Jin Dogg「街風（feat. REAL-T）」）

二〇二一年三月、ある曲がYouTubeにアップされた。「こちら大阪生野区朝鮮人部落」で始まるその曲の名前は「街風（feat. REAL-T）」。韻を固く踏んだラップ。得体のしれない二人がサグライフ（不良生活）を赤裸々に語っている。

僕は、この曲の出だしから、ものの見事にくらってしまった。「こちら大阪生野区朝鮮人部落」である。人気マンガ「こちら葛飾区亀有公園前派出所」のタイトルを引用しつつ、「こちら」に続くのが「大阪生野区朝鮮人部落」。どストレートだ。ミュージックビデオは大阪市生野区のコリアタウンで撮影されている。夜中に撮られているが、撮影許可を取ったとは思えない。ゲリラ撮影だろう。この二人が在日コリアンが集住する生野に生まれ育ってきたこと、それを誇りにしていることが一瞬で分かる曲だ。

くれるだけくれよ　ありのままの
嫌味ありがたくいただけるかも　今の気分
なんだか気は張ってる　四六時中

いつ何時でも　己の敵は自分
（中略）
尻尾見せたら潰される　きっと
そんなしっとりしたパンチラインじゃ
俺の心響かせん　ちっとも
もう面倒　妬みと嫉妬
疲れ困る　結構いいところ
クリティカルヒット　お前にピンポイント
お前よりいってる　結構いいところ
お前　今も探す　拠り所
離れなかった薬の売買
ヤク中生活とも　これでバイバイ
我忘れ街を徘徊
でもぶら下がってぶんどった
このライフスタイル

Jin Doggの韻は固い。耳に残る。しかも聞き取りやすい。基本的なラップスキルが高い。中毒性が高く、何度もリピートして聞いてしまう。「こちら大阪生野区朝鮮人部落」と口ずさんでしまう。二〇二三年六月時点ですでに八〇〇万回以上再生されている。Jin Doggの代表曲として、ライブでも盛り上がる曲になっている。

ただ、正直に言うと、僕はこの曲を聞いたとき、端的に「困ったな」と思った。Jin Doggは「薬の売買」に従事していたこと、さらには「ヤク中生活」を送っていたことを明かしている。「この曲を聞いた人は在日コリアンへのイメージが悪くなるのではないか」と思ったのだ。当事者自ら、犯罪に手を染めたことを赤裸々にカミングアウトしている。本稿はJin Doggのリリックを考察するものなので、十分に論じられないが、REAL-Tの「悪さ」は群を抜いている。在日コリアンとアウトロー社会は一筋縄ではいかない関係がある。それをまざまざと見せつける格好になっている。

僕は、三一歳になったばかりの在日コリアン3世。韓国でいうところのMZ世代の若者だ。これまで、諸先輩方がものした豊穣な「在日論」を読んで育ってきた。『季刊三千里』から『季刊青丘』、『ほるもん文化』へと至る「在日雑誌史」の後継である『抗路』に原稿を書けるのは素直に嬉しい。ヘイトスピーチに独りで傷つき、十円ハゲが頭にできた大学四年生のころ。二三歳だった。書店で『抗路』を手に取った。すぐにレジへ走った。多くの人がヘイトスピーチに怒り、傷つき、それへのカウンターと対話を始めていることを知った。

僕は、分厚い蓄積のある「在日論」に何を付け加えることができるだろうか。表から正々堂々とやるのは難しい。そうであれば、地べたから対抗する文化としてのヒップホップの方法に習おう。そして、「在日論」を紡いできた先輩方に敢えて問うてみたい。「このヒップホップが聞こえますか？」と。

コリアンルーツをもつラッパーたちは独特の存在感を放ってきたにもかかわらず、これまでの「在日論」で取り上げられることはなかった。それは「インテリの読み物としての在日論」の陥穽だったと思う。在日ラッパーの生き様をこの原稿に刻みつけたい。彼らの存在を論じることで、「在日論」はさらに豊かになる。僕はそう確信をもって言える。

在日コリアンの先輩たちが金時鐘の詩に感動し、梁石日の小説を我がことのように受け止めてきたのならば、僕はいまを生きる在日コリアンとして、Jin Dogg の「街風（feat. REAL-T）」を肯定する。

あえて断言しよう。今、在日の表現の最先端はヒップホップにある。そして、Jin Dogg は日本社会から撃ち込まれるヘイトの弾丸を弾き返しながら、マイク一本で戦場の最前線をガツガツと突き進んでいる。在日と日本の若者を熱狂させている。それに気付いているか。彼らの声が聞こえているか。

①　僕のプロフィール

本論に入る前に、僕のプロフィールについてもう少しだけ述べておきたい。「在日論」を書くうえで、やはり「誰が書いているか」は問われると思うからだ。それに、ヒップホップの形で自らをさらけ出しているラッパーたちについて書くのだから、僕自身が自己開示しておかないと、フェアじゃないだろう。

僕の名前は韓光勲（はんかんふん）。男性。一九九二年、大阪市生まれ。小学校と中学校は建国（白頭学院）に通った。大阪府立高津高校を出て、一浪して大阪大学外国語学部中国語専攻に入った。中国語の勉強にいまいち馴染めず、二年生のときに法学部国際公共政策学科に転部した。法学部では政治学を学んだ。そのまま阪大の大学院で勉強し、オランダへの留学を経て、修士課程を修了した。

二〇一九年四月、全国紙の新聞記者になった。一時期は先輩に恵まれ、やりがいのある仕事ができた。しかし、三年目になって上司たちが変わると暗黒期に突入。ある上司からのハラスメントと、月に二日しか休めないという激務が重なり、うつ病になった。辛く苦しい闘病生活は、家族と彼女のサポートがなければ乗り越えられなかった。

九ヶ月間の休職の末、二〇二二年夏に退職した。フリーのライターとして半年間活動した後、二〇二三年四月からは大阪公立大学大学院文学研究科博士後期課程（社会学専修）に在籍しながら、ライター稼業を細々と続けている。大学院での主な研究テーマは「関東大震災朝鮮人虐殺をめぐる市民運動」だ。在日朝鮮人の歴史家（姜徳相、朴慶植、姜在彦など）についても関心があり、論文を書いている。ちなみに、現在はうつ病から回復し、心身ともに健康な状態を維持している。もし闘病記に関心のある方は、『精神看護』二〇二三年五月号と七月号に原稿が載っているので、そちらを読んでほしい。

日本語ラップとの出会いはいつだったか思い出せない。兄の影響でDragon AshとZeebraの「Grateful Days」は好きだったし、大阪生まれ育ちということもあり、SHINGO☆西成やチェホンは自然と聴いていた。ヒップホップを特に意識して聴くようになったのは、「フリースタイルダンジョン」が流行していた二〇一五年頃だ。本格的に日本語ラップにハマり、本稿で紹介するような在日のラッパーたちを発見し、大きな影響を受けてきた。

② コリアンルーツをもつラッパーたちの系譜

ヒップホップについて教科書的な説明をしておこう。ヒップホップとは、ＤＪ、ＭＣ（ラップ）、ブレイクダンス、グラフィティアートによって構成される音楽文化である。一九七三年、ニューヨークでジャマイカ移民のＤＪ、クール・ハークによって始まった。音楽がいつどこで誰によって始まったのか、はっきりと確定できる珍しいジャンルがヒップホップだ。ヒップホップは一九八〇年代に商業的な成功を収め、世界中に広がった。日本では一九八〇年代にいとうせいこうや近田春夫らによって輸入され、九〇年代には「Ｊラップブーム」が起きた。日本への輸入当初、ラッパーにはインテリが多かったが、二〇〇〇年代以降は幅広い層のラッパーが数多く登場している。

コリアンルーツを明らかにしているラッパーたちの系譜について紹介しておこう。すべて本人が自ら明かしており、資料の裏付けがあるケースのみを述べる。

まず、一九九六年に活動を始めた般若を挙げたい。韓国人の父親との葛藤を吐露した「家族 feat. KOHH」（二〇一四年）は圧巻である。著書『何物でもない』（幻冬舎、二〇一八年）では父親が韓国人だったと明かしている。日本語ラップの世界で、般若は最も代表的な人物の一人である。シーンを引っ張ってきたことは明らかだ。彼ほどの存在感を持つラッパーが在日のルーツを持ち、それを明かしていることは特筆すべきことである。

一九九〇年代後半から活動を始めたグループ「m-flo」には、やはり在日韓国人であることを公言するVERBALが所属している。m-floの日本、ひいてはアジア圏における存在感は改めて言うまでもないだろう。

僕と同世代だと、二〇〇七年に放送されたＴＢＳ系番組『リンカーン』に出演した「練マザファッカー」を覚えている人は多いはずだ。中川家・剛と交流するラッパーのなかに、川崎市出身のbay4kがいた。彼は番組中で、自身が在日韓国人であるというルーツを語っている。僕は当時、中学生だったが、すごく驚いたことを覚えている。bay4kはHIPHOPユニットSCARSのメンバーでもあり、日本語ラップ史の中でも重要人物だ。

　そして、絶対に名前を外せないのは、二〇一〇年代前半に登場したKOHHだろう。韓国のKeith Apeとの「잊지마(It G Ma)」(二〇一五)が世界的なヒットを記録し、「88rising」のツアーにも参加。文字通り世界的なヒップホップ・アーティストだ。世界で最も有名な日本語ラッパー、それがKOHHである。先述の般若との「家族」では、「ねぇ黄達雄／聞いてるか俺の音楽を／日本人だけど韓国のお父さんの名前俺も使うよ」と述べており、KOHHというアーティスト名はいわば「本名宣言」だったことがわかる。

　ここまでに挙げた人物はいずれも、日本のヒップホップ史において重要人物ばかりである。コリアンルーツを持つラッパーたちの存在感がいかに大きいかがわかるだろう。

「街風(feat. REAL-T)」はこれらの系譜の最先端にあるだけでなく、コリアンルーツを持つラッパーとしての表現の一つの完成形を示している。なぜそう言えるのか。

③「難死」の思想と関東大震災

「街風(feat. REAL-T)」のリリックに戻ろう。以下の、Jin Doggのフック(サビの部分)がこの曲の中で最も重要である。

石ころ蹴り飛ばし歩いた
この道端にツバ吐き　肩で風を切る
身内は身内で　よそはよそ
福は内で鬼は外　でも世間は鬼
限られた仲間たちと生きる
でもくたばる時ぐらい一人で死ぬ
おい、調子に乗るなよクソガキ
You better listen
If you don't wanna messin' with my squad

正直に告白すると、僕はこの部分のリリックは当初、よく意味がつかめなかった。独特の美学を披露していてかっこいいとは思った。綺麗事や理屈を超えた得体のしれなさ、危険な香りのするカッコよさを感じた。でも、なぜこのリリックはこんなにかっこいいのか、心をつかんで離さないのか。

「くたばる時ぐらい一人で死ぬ」というリリックに注目したい。僕の考えだが、これは作家の小田実がいうところの「難死」を拒否する言葉ではないか。ある日、僕は留学先のソウルの道ばたを歩きながら、ふと、そう考えるようになった。

小田実のいう「難死」について説明しておこう。「難死」は小田実の造語である。一九六五年一月の『展望』に掲載された「『難死』の思想」のなかで初めて使われた。岩波同時代ライブラリーに小田実による同名の本がある（小田実『「難死」の思想』岩波書店、一九九一年）。ここでは、『難死の思想　被災の思想【小田実全集】』（講談社、二〇一四年）から引用する。

小田実は、「難死」という言葉は、「空襲の火焔のなかで、人びとはあたかも『天災』にでも出会ったようにして無意味に虫ケラのごとく黒焦げの死をとげて行ったという私の実感に基づいて考え出した」という。その死は「あまりにも悲惨な死に方」であり、「人間はこのようなかたちで殺されてはならない」。「もうひとつ悲惨なことがあって、それはその死がまったく無意味な死であったことだ」。戦争末期の空襲は、日本の敗戦が必至な状況の中でのことであり、「それはどうまかりまちがっても、日本の勝利に結びつくはずのない死」であった。

私たち日本人は、あのころ、戦場で天皇陛下のために名誉の戦死をとげることが至高の名誉であり、日本国民たる者、すべてそうすべきであることになっていた。空襲のなかで黒焦げの死体になって死ぬことは、どう考えてみても、天皇陛下のために名誉の戦死をとげることではなかった。空襲のなかで、人びとは論理的にも倫理的にも、まったく無意味な死をとげた。それは、まったく、「天災」のなかの死――「難死」だった。

（小田実『難死の思想　被災の思想【小田実全集】』）

小田実はそのように述べたうえで、「もちろん、戦争は「天災」ではない。「人災」である。人が「難死」することは、「難死」を強いる他方の人間がいることだ」と鋭く指摘している。

ここで、Jin Doggのいう「くたばる時ぐらい一人で死ぬ」というリリックを考えてみる。ここで拒否されているのは「一人で死ぬのではない死」、つまり、「集団死」である。「ジェノサイド」と言い換えてもいいが、つまりは小田実がいうところの「難死」である。Jin Doggは「くたばる時ぐらい一人で死ぬ」と言うことで、「難死」を拒否しているのだ。

そして、在日コリアンにとっての「難死」とは何だったか。言うまでもなく、関東大震災時に起きた朝鮮人虐殺である。

一九二三年九月一日午前十一時五八分、東京、神奈川を中心に大きな地震が襲った。相模湾を震源とするマグニチュード七・九の巨大地震。死者、行方不明者は合計約一〇万五〇〇〇人にのぼる。関東大震災が起きた後、関東地方の各地で、「朝鮮人が井戸に毒を投げた」や「朝鮮人が日本人を襲う」といった流言が広がり、日本の軍隊・警察・民衆によって、多くの朝鮮人が虐殺された。

虐殺された朝鮮人の数は、司法省の発表では二三三名、朝鮮総督府の資料では八三二名、吉野作造の調査では二七一一名であり、朝鮮人留学生らが「罹災同胞慰問団」の名目で行なった調査では六四一五名である（姜徳相『関東大震災』中公新書、一九七五年）。各種の調査によって大きく数字が異なるのは、警察の捜査がまともに行われなかったことを示している。さらに、犠牲者の多くは現在でも名前や埋葬地が分かっていない。朝鮮人虐殺の調査を長年続ける西崎雅夫は、朝鮮人犠牲者の名前を様々な資料によってリスト化したが、七〇～八〇人の名前しか把握できなかったといい、「数千名が殺されているのに、名前や遺骨の行方がわかっている人はほんのわずかしかいないのだ」と述べている（関東大震災90周年記念行事実行委員会編『関東大震災記憶の継承――歴史・地域・運動から現在を問う』日本経済評論社、二〇一四年）。

名前や遺骨の行方すら分からない集団死はまさに、「人が悲惨、無意味、一方的に殺される、殺戮されること」としての「難死」だろう。Jin Dogg が「くたばる時ぐらい一人で死ぬ」と言ったことは「難死」の拒否であり、それは彼の意図にかかわらず、関東大震災朝鮮人虐殺をどうしても連想させるのだ。

④ある「殺害予告」

Jin Dogg が大阪市生野区のコリアタウンで生まれ育ったことを考え合わせると、ある「殺害予告」が想起される。二〇一三年二月二四日、「在日特権を許さない市民の会」に参加する一四歳の少女が生野区の鶴橋駅前で次のように叫んだ。ヘイトスピーチそのものなので、読む人は注意してほしい。だが、Jin Dogg のリリックを考察するうえで必要なので、一部をそのまま引用する。

> 私は韓国人が憎くて憎くて耐えられないです。ああ、本当に殺してしまいたい。
> 最後までそんなに傲慢に振る舞うのなら、南京大虐殺ではなく、鶴橋大虐殺を起こしますよ！

これは、在日コリアンに「難死」を強要する叫びだ。文字にして読むのもおぞましい叫びだ。僕は当時、この少女の叫びを記録した動画を見て、心の底からショックを受けた。冷静ではいられなかった。気分が悪いのを通り越して、実際に具合が悪くなった。僕は生野区に住んではいないが、在日コリアンにとって、コリアタウンは集住地域であるだけではなく、特別な場所であることは言うまでもないだろう。そして、あえて言うならば、当時一四歳の少女が参照すべきは「南京大虐殺」ではなく、関東大震災時の朝鮮人虐殺ではなかったか。「南京大虐殺」を参照するまでもなく、日本近代史には、朝鮮人を集団として虐殺した歴史があるのだ。この少女が「虐殺を起こしますよ！」と叫ばずとも、一〇〇年前に虐殺はすでに起きていたのである。無知というのはかくも恐ろしい。

なぜここで少女のヘイトスピーチを紹介したかというと、Jin Dogg のリリックは、少女の叫びへのカウンターとして読めるからだ。「石ころ蹴り飛ばし歩いた／この道端にツバ吐き／肩で風を切る／身内は身内で／よそはよそ」とは、まさに「傲慢な振る舞い」ではないか。肩を怒らせて歩くJin Dogg の姿が目に浮かぶ。

もう一度、次のリリックを見てほしい。

> でもくたばる時ぐらい一人で死ぬ
> おい、調子に乗るなよクソガキ
> You better listen

If you don't wanna messin' with my squad

この「クソガキ」というのは、「鶴橋大虐殺」を叫んだ一四歳の少女を指す言葉ではないだろうか。「難死」の拒否と合わせて考えると、そう読める。

その後に続く英語の歌詞を訳すと、「聞いといたほうがいいぞ／俺たちにぶん殴られたくなけりゃあな」。つまりは「言うことを聞いといたほうがいいぞ」と忠告をしているのだ。「my squad」とは「一番仲のいいグループ」や「いつも一緒にいる仲間」を指す。ここでは一緒に曲を作ったREAL-Tや、その他の気のおけない仲間たちを指しているのだろう。「もし、また『鶴橋大虐殺』なんて言ったら、ただじゃあ済まさないぞ」というわけだ。

僕が先に「日本社会から撃ち込まれるヘイトの弾丸を弾き返しながら、マイク一本で戦場の最前線をガツガツと突き進んでいる」と書いた所以である。Jin Doggのリリックは、ヘイトスピーチへの強烈なカウンターとなっているのである。

おわりに

僕が指摘したようなことは、Jin Doggがどこまで意図していたのかは分からない。この曲にまつわるインタビューや動画を全て確認したが、僕が取り上げた箇所について深くは語っていなかった。

僕の考えるところでは、「街風（feat. REAL-T）」は「難死」を拒否し、あの「殺害予告」への強烈なカウンターになっている曲だ。ヒップホップは、その時代を見事に映し出す音楽である。

「街風（feat. REAL-T）」はヘイトスピーチ以後の社会を生きる在日コリアンのためのアンセム（応援歌）だ。あの時ヘイトスピーチに傷ついた僕は、いまは「街風（feat. REAL-T）」を聞きながら、自分の足で立っている。「くたばる時ぐらい一人で死ぬ」と口ずさみながら。

（はん・かんふん　大阪公立大学大学院博士後期課程／日本学術振興会特別研究員）

小特集　世界の中の「在日」

映画づくりの現場から「在日」を考え続ける

金　聖雄

◐映画の種——観る側からつくる側へ

振り返ってみれば、私が映像を生業にするようになって早や三五年になろうとしている。気持ちはまだまだ新人のつもりだが、そうもいかないようだ。自分のことだけでなく映画のこと、在日のことを発信していかなければと感じている。「映画づくりの現場から「在日」を考え続ける」。この機会に私自身の映画人生の中でどんな風に「在日」なるものを観てきたのか非常に興味が湧いた。素直に振り返りここに記しておきたい。

子どもの頃は銭湯で貰った東映まんがまつりの割引き券を持って、『長靴をはいた猫』や『ゴジラ』シリーズや『ガメラ』シリーズをよく見に行ったものだ。大人の映画を観に行ったのは、中学生の時に友達と二人で『伊豆の踊子』を観に行った、そう山口百恵のファンだった。初デートでは『宇宙戦艦ヤマト』を観たが内容はほとんど覚えていない。隣の彼女と肘があたることばかりにドキドキした。『燃えよドラゴン』や『ロッキー』や『ジョーズ』などその後も人並みにミーハーな映画を普通に観客として楽しんできた。映画と「在日」が結びつき出したのは友人が映画、伽倻子のためにの主役に選ばれた、と言う噂だった。その時まで全く考えたこともなかった、「在日」と映画が何かグッと身近なものに感じたことを覚えている。それはやはり私の中に少しずつ「在日としてどう生きる?」みたいな問いが生まれた頃と一致する。80年代当時、私が生まれ育った鶴橋では例えば在日による在日のお祭り「生野民族文化祭」が誕生。一方で指紋押捺拒否の運動は世論も巻き込み在日の一大運動となっていた。誰もがアイデンティティを探し求めていたように思う。チャンゴ（朝鮮の打楽器）をたたき朝鮮の歌を唄いウリマル（朝鮮語）を学び、キムチ、ニンニクはあたり前、本名を名乗るのが「在日」の正しい生き方だと感じていた。もちろんどれも間違っていなかったが正直しっくりこなかった。それは今考えると私の無知や経験不足だったのかもしれない。大学を出てサラリーマンを一年で辞め、何者でもない自分に悶々としながらフラフラしている時に舞い込んだのが「聖雄、映像の仕事を手伝えへんか？」という誘いだった。一九八九年に製作された『潤《ユン》の街』の脚本を書いた先輩の金秀吉さんが監督をして、撮影助手を務めていた金利明さんがカメラをまわし、声をかけてくれた先輩、呉光現さんが制作として関わった。キリスト教徒の在日が多く住む生野に地域センターを作るために、その意義を紹介するドキュメンタリーのようなものだった。確かタイトルは『わが街生野』。私はいわゆるアシスタントとして一ヶ月ほど撮影に同行させてもらった。改めて地元である鶴橋や生野を取材するというのはとても新鮮な作業だった。住んでいるだけではわからないことや人々の声。例えば「在日」をちょっと知ったように語る人はつまんなく思えたり、ただひたすら朝鮮市場で働く人がカッコよく思えたり、撮る側、作る側としての視点は私にいろんなことを考えさせてくれた。小さなビデオ作品とはいえ同世代の金秀吉さんやカメラマンの金利明さんはすでに自分のやりたいことが明確にあって、それが「在日」をテーマにしていたことも私の中では刺激的なことだった。この経験が私の映画の種になっていたのかもしれない。そして「在日としてどう生きる？」ということの答えは一つではないんだと思うようになった。

◐映画づくりから学んだ「在日」
――呉徳洙監督との出会い

その後、相変わらずふわふわしていた私にまたも映画のアシスタントの話が舞い込んだ。すでに数多くのドキュメンタリー作品を作っていた呉徳洙監督が鶴橋や生野で『祭祀（チェサ）』という作品の撮影をするのでアシスタントを探しているというのだ。実は呉監督とお会いするのはこの時が二度目だった。「指紋押捺拒否パート2」というドキュメンタリー映画の現場で一方的にお会いしている。土砂降りの雨の中、大阪城公園から鶴橋に向かって行われたデモ行進のシーン。私の友人たちは民族衣装を身に纏いチャンゴやプック、朝鮮の打楽器を叩きながら必死に差別を訴えた。その輪に入りきれなかった私は、カメラを持って必死でシャッターを切った。そのデモの様子を撮影していたのが呉監督だった。映画の中で美しく印象的に描かれていたそのシーンを観た時、感動を覚えた。モヤモヤしたキリが少し晴れたような気がした。

東京で「在日文化を記録する会」に参加していた私の彼女が、私をプロデューサーの金昌寛さんに紹介してくれた。鶴橋駅近くの「千鳥」という喫茶店で呉監督と金昌寛さんと待ち合わせた。溜まっていて吐き出せなかった「在日」の思いを、ある意味知らない人、鶴橋以外の人に鬱憤を晴らすように話した。濁声の呉監督はにこやかに私の話を楽しそうに聞いてくれた。そして大阪ロケの間、撮影のアシスタントをやることになった。この頃の私はあまりにも無知だった。「在日」について何一つ自信を持って語れることがなかった、いや恥ずかしながら知っていることがほとんどなかった。歴史、言葉、差別、日本で生きざるを得なかった「在日」がどれだけ理不尽な立場に立たされてきたのか、実感がなかったのだ。それは私の中にコンプレックスとしてずっとくすぶり続けている。しかし今となっては〝知らないこと〟が私の映画づくりの原動力になっている。

クリスチャンの家庭に生まれた私は、チェサをちゃんと見るのも初めてで新鮮だった。お供物の並べ方、祭祀の進め方、礼のやり方など結局、家々のやり方や考え方がある。在日にとって大事なことはチェサという儀式を通して家族が半強制的に集まり、祖先を思い一緒に食べて飲んで生活を確認し合い、家族であることを再認識する場所として機能していたように思う。私の家でも同じようにチェサの日に家族や親戚が集まり礼拝をし一緒に食事をしそれぞれの近況を語り合った。その日は必ず集まらなければいけないという強い意識がみんなの中にあった。

今振り返るとそれもまた時代と共に無くなりつつある。まさに『祭祀（チェサ）』という作品は無くなっていくであろうものを映像として残しておこうと「在日文化を記録する会」が企画製作した。

私はこの撮影をきっかけにして東京で働くようになる。そして笹塚にあった呉監督の事務所ＯＨ企画に出入りするようになってから出会う「在日」は映画、演劇、音楽、小説、出版、絵、彫刻……文化芸術に関わる人が多かった。実に個性的でユニークな人たちが集まって、「在日」をめぐる様々なことに熱を持って関わっていた。上京して間もない忘年会では崔洋一監督や新宿梁山泊の中心メンバー、そして呉監督が中心になって出版していた季刊誌「ちゃんそり」のメンバー、指紋押捺を闘うメンバーなどが集まり大激論が始まる。それぞれの現場でまさに「在日」にまつわる色々を表現して生きてきた人たちだ。価値観や考え方もバラバラだ。やがて酒が進むにつれて議論は激しくなり最終的には怒号が飛び交い殴り合いになる。みんな自分の言葉を持っていた。あまりにも薄っぺらで語ることを持っていなかった私にとってはただ衝撃であり、また刺激的だった。

◐「在日」か職業か

私が映画を作るようになったベースには「在日」ということが大きく影響していることは間違いないと思う。若い頃は「在日」をテーマに映画をつくることを目指していた。しかし真っ先にぶち当たるのが生活していけないということだ。「在日」だけでは食っていけないのだ。それだけではない。作品をつくるということにおいて「在日」はテーマの一つに過ぎない。そこに縛られ過ぎると見失うことがたくさんあることを仕事をする中で思い知らされた。〝国〟とか〝民族〟とか〝在日〟とか、不確かなことに惑わされるのではなく、自分という一番リアルなものをしっかりと見つめて普遍的なものを描かなくては人に届かない。いうのは容易いがこれが一番難しい。だからあたり前だが職業としてプロとしてのスキルを身につけなくてはいけない。映像を生業とするようになってからは頼まれた仕事はなんでもやった。そうして積み上げた経験が結果的に視野を広げ今につながっている。

しかし「在日」であるというバックグラウンドは、映像の現場でプラスに作用することがよくある。例えば長年「人権ってなあに」という啓発ビデオを作っていたが、被差別部落やアイヌ、障害のある方など取材に行って「金聖雄です」と名乗ると何故か安心感を持ってくれる。マイノリティとしての取材が多いのできっと「在日」である私も痛みをわかっていると思ってくれるのだろう。もちろんそれは入り口だけで後は丁寧に時間をかけて取材を重ねるのだが、これは非常にありがたかった。また、番組作りなど演出する場合も、社会問題など重いテーマをやる場合に「在日」はなぜか一目置かれる存在になる。「在日」のディレクターならば当然歴史のこと差別のこと社会的なことをよく知っているだろうという、ちょっとした思い違いがあるように感じる。これは使い方によっては非常に危うい事だと私は思っているが、メッキが剥がれない程度に自覚しながら大いに利用させてもらっている。

◐「在日」をテーマに映画をつくるということ

最初に「在日」と関わりのある映像作品をつくったのは「テコンドー」の大会の記録だった。初期の作品なので大会の記録といえどもドラマチックにしたいと思い一生懸命取材を重ねたのを思いだす。各階級にスター選手がいてみんな素敵な人たちだった。三〇年以上たった今も指導者として活躍している。私が取材をしたのはモランボンの全《ジョン》鎮植《ジンシュク》さんが力を入れていたITFという団体だった。格闘技ブームということもあって、代々木第一体育館を貸り切ってのイベントで、まだまだ知られていなかったテコンドーを日本の地で普及させたいという思いが全さんにあったのだと思う。残念ながらその後オリンピック競技となったのはWTFという別の団体だった。個人的な考えでありそんな単純なことではないかもしれないが、少なからず政治的なしがらみがあったことを想像する。全鎮植さんは助手の時代も含めて随分と取材させていただいた。とにかく志の高い方だった。若い文化人たちを随分と支援したと聞いている。そんな中で、今でも印象に残っている言葉がある「朝鮮料理で日本を侵略したい」というフレーズだ。誤解を招くかもしれないので補足するが、要するにおいしいものは、おいしいと認めさせることができれば「在日」への差別や偏見はなくなると考えていたのだと思う。それはある意味その通りになった。かつて差別の対象だったキムチやニンニクそして朝鮮料理は今や日本において欠かせないものになっている。「侵略」という言葉はよくないが平和的に「食」という武器で人々の内部に朝鮮料理を浸透させて行ったのだ。まさか韓流ブームまで押し寄せるとは全さんも思っていなかっただろうがそれも「朝鮮料理」が日本の中に浸透していたからこそ起こったことだと私は考える。「朝鮮料理」という名称にこだわっていた全さんだが「韓国料理」に変わって行ったことはどうしようもないことであり、今の時代背景を映し出しているように思う。

◐『ムーダン ～受け継がれる民俗文化～』

企業のPR映像やテレビ番組を作りながらも時折り「在日」に関わる映像も撮り続けてきた。一九九〇年川崎市市民ミュージアムの仕事で在日のシャーマンを記録する企画が立ち上がった。川崎の在日多住地域には、まだ神を憑依させてお告げをするムーダンやシンバンと呼ばれる朝鮮の巫女が今も存在していると言われていた。需要があったからだ。なんとか「クッ」と呼ばれる儀式の撮影を記録するため、取材は一年に及んだ。しかしなかなか辿り着くことができなかった。何人か話を聞くことができたが、生々しい話で、税金の申告をしていないことや映像に残り世間に知られると変な目で見られるという理由で断られた。ようやく辿り着いたのは荒川に住む来日一〇年目のムーダン。さらに難航したのが依頼者の撮影許可だった。考えてみれば当然だ。悩みごとや解決したいことがあって儀式を行うのにそれを撮影して良いという人はなかなか現れないだろう。そんななか知り合いの四人家族が儀式の撮影を引き受けてくれた。儀式は夕方から始まり朝方まで延々と続く、けたたましいケンガリやチャンゴの音が山中奥深く響き渡る。半信半疑だった依頼者も祖先や友人がムーダンに憑依し語り出す姿に涙していた。あれから二五年以上の月日が流れた。依頼者の子どもたちにとっては強烈な体験だったと思う。今どんなふうに過ごしているのか機会があれば尋ねてみたい。宗教、文化、思想、「在日」に限らず映画をつくりながら色んなことを学んできた。

◐映画づくりの現場から「在日」を考え続ける

二〇二三年四月に私の新作『アリラン ラプソディ～海を越えたハルモニたち～』が完成した。映画デビュー作である『花はんめ』からおよそ二〇年、一九九四年に立ち上がった映画『在日～戦後50年史』からは三〇年になる。映画『在日』は間違いなく戦後の在日の歴史を描いた決定盤と言えるだろう。まさに真正面から戦後五〇年を在日の問題としてではなく、日本の問題として提起し描ききったと思う。それは呉徳洙監督の執念だった。父や母、在日一世をはじめ、その子孫である私たちが、どんな歴史をたどって今ここにいるのか、私自身が今ここに存在していることに、こんなにも歴史的な出来事のひとつひとつが関わっていたのだ、ということも知ることができた。そして私はその作品を認めつつ、ずっと心に引っかかっていた思いがあった。在日一世は過去だけを語り、過去だけを振り返り死んでいくのだろうか。〝今〟をどう生きているのだろうか。一世たちの無器用な立ち振る舞いや、何とも言えない深い皺をじっと見ていたい。激動の時代を生き抜いた人たちの、未来や夢を描けないだろうか。自分なりの視点で歴史をいっさい説明しない映画、『在日』とは真逆ともアンチとも言える『花はんめ』を完成させた。それは私にとってかけがえのない経験となりまた映画づくりの原点となっている。その後つくった特別支援学校の卒業生が時間をかけてミュージカルを作り上げていく姿を追った『空想劇場』や冤罪を抱えながら必死に生きる姿を描いた冤罪4部作についても映画づくりの現場で「在日」とは何かを考え続けた延長線上にある。理不尽な状況にありながらも凛と生きる姿はみな美しいと感じる。

そして今なぜ『アリラン ラプソディ』をつくることになったのかについて少し触れてみたい。

◐『アリラン ラプソディ ～海を越えたハルモニたち～』

一九九九年に撮影がスタート、二〇〇四年に完成したドキュメンタリー映画『花はんめ』（文化庁芸術支援作品／キネマ旬報文化映画9位)。「ロック踊って水着でプール!? 86歳の青春ドキュメンタリー!」と銘打たれた映画は、川崎桜本でひたむきに生きる在日コリアン一世の〃はんめ(おばあさん)〃たちの「今」をいきいきと描き、大きな反響を呼んだ。

映画にはつづきがあった。たんぽぽ狩り(極貧の中でよく食べた)、主人公の〃はんめ〃の死、同じように戦争を体験した沖縄のおばあたちとの交流、識字学級からはじまり作文や絵などの創作活動、そしてハルモニたちによる戦争反対の800mデモ……。カメラはそのささやかな日常を二年、見つめ続けた。この映画を今作らなければと思ったきっかけは、ハルモニたちが暮らす街へのヘイトスピーチだった。戦争に翻弄され、差別を受けながら、それでも必死に川崎で生き抜いてきた在日のおばあさんたちの日常が一瞬にして脅かされたのだ。どうしてこんなことが起こるのか？ 私はモヤモヤと苛立ちを覚えた。映画『在日』の冒頭で呉徳洙監督はチェーホフの三人姉妹からこんな言葉を引用している。「やがて時がくれば、どうしてこんな事があるのか、何のためにこんな苦しみがあるのか、みんな分かるような気がするわ」。

『花はんめ』は一世のハルモニたちが肉体的にもギリギリ元気で、思いっきり楽しむことができたある意味でピークの四年間を記録できた。その姿は余す事なく映画の中に記録されている。歴史をあえて説明しなかったことを後悔することはない。しかし、今強く思うことは「在日」の歴史がスッポリと抜け落ちていると感じることだ。

植民地支配の中、徴用、出稼ぎなど様々な形で朝鮮半島から日本に渡って来た在日コリアン(当時は日本人)。終戦後二〇〇万人いた在日はほとんど故郷に戻っていったがおよそ六〇万人が日本で暮らすことを余儀なくされた。

一九四五年八月一五日は朝鮮人にとっては解放の日。しかし喜びもつかの間、厳しい差別の中、在日は極貧の生活へ突き進む。「川崎に行けばなんとかなる」。異国の地で生き抜くために肩を寄せ合った在日。男たちは焼け野原で鉄屑を集め、女たちは味噌や醤油、闇でどぶろくをつくり、ギリギリの生活を送った。一九五〇年、朝鮮戦争がはじまると鉄屑は三倍の値をつけた。戦争の惨禍を知る朝鮮人が多く住む川崎が今度は同族同士の戦争によって復興していくという皮肉な構図が生まれる。それでも苦しい生活から抜け出すことのできない在日。中でも教育を受けることすらなかったハルモニたちは八〇歳を越えるまで働き続け家庭を支えた。そしてようやくできた自分の時間を、豊かに過ごすための活動に出会っていく。川崎桜本で始まった読み書きができない一世のための「識字教室」。ハルモニたちがえんぴつをにぎり文字を獲得していく。川崎では在日コリアン一世のハルモニたちの老いを包むような活動が行われてきた。「識字教室」から三〇年、今は作文や絵を書き自分を表現する場所「ウリマダン」にハルモニたちが集う。戦後七八年、戦争を語ることができる最後のハルモニたちは次世代に何を残そうとしているのか。歴史とともに今記録し記憶しなければと強く思う。

二〇二三年一二月一六日(土)、川崎市アートセンターからスタート、東京、関西、そして順次全国公開される。ぜひ多くの人に観てもらいたい。

◐極私的〝在日〟ブーメラン考

映画づくりの現場から「在日」を考え続ける。まとめの言葉がどうしても二〇一六年に『抗路』に書かせていただいた文章に戻ってしまう。ずっと変わらず同じこと考え続けているのかもしれない。

ジタバタせずに一部引用させていただく。

『美しい音楽が流れる中、遠くから手押し車をゆっくりゆっくり押しながら歩いて来るハルモニ(おばあさん)……』

私がまだ映像の世界に足を踏み入れるなど夢にも思っていない頃、不思議に思い描いていたワンシーンである。そのシーンをイメージさせたのは親友のハルモニ(祖母)である。年のころは八〇代半ば、少し腰が曲がっていて、いつも手押し車を押している。朝鮮語なまりの微妙な言葉、しかめっ面と笑顔の皺。そのいでたちすべてが不思議にかわいく、愛おしいかった。

ハルモニの残像は長い年月を経て、私がつくる映画の原点になっているように思う。

あらためて自分が生きてきた映画人生を振り返ってみると、あんなに違和感を覚えていた「在日」が、生きれば生きるほど自分自身に絡みつき、不思議と馴染んできているようにも思える。そう、まるで〝ブーメラン〟のように突き放しても戻ってくる。必然的に私だけが触れてきた「極私的〝在日〟」は、「在日」を描こうが、「部落」を描こうが、「冤罪」を描こうが、どうしょうもなく埋め込まれていくのだと思う。それでもまだ「在日」についての定義は見つからない。相変わらず朝鮮語はできないし、金聖雄《キムソンウン》と自己紹介するときの自分の曖昧な発音にドキドキする。これからも、「在日」という不確かなものを映画の現場から追い求めながら、心にひっかかることを深く深く掘り下げ、「ドキュメンタリー映画をつくる」、という過程のなかで、大いにすてきな人たちとの出会いを楽しみたい。


(キム・ソンウン　映画監督)

「大村収容所」から「大村焼」まで
——ある家族の歴史

山口祐香

■「大村」と出会い直す

「大村焼」というものをご存じだろうか。清楚な白磁だろうか、絢爛な色絵だろうか。名だたる陶磁器は数あれども、「大村焼」を聞いたことがある人はほとんどいないだろう。当然である。なぜならそれは、今まさに生み出されようとしている架空の焼き物だからである。

今年の五月、武蔵野市内で開催された「Homemaking#2」というイベントに登壇した。東京、福岡、沖縄で活動する若手アーティストが招かれ、作品展示とアーティスト・トークが行われた。私はその一人である、在日コリアンのチョン・ユギョン氏から対談相手として指名を受け、参加することとなった。

ユギョン氏は一九九一年神戸生まれ。朝鮮大学校美術科を卒業したのち、現代アートの作家として日本や韓国で主に活動してきた。彼の作品では、日本と朝鮮半島の関係史や、在日コリアンの存在、そしてそれらを取り巻く社会と政治に関するモチーフが表現される。個人ホームページを見れば、カラフルな幾何学模様がいっぱいに描かれたペインティングが並ぶ。それらには、若い在日コリアンとして今を生きる彼の目でみた「祖国」や「国家」の存在、そしてそれらとの距離感が表現されている。

ユギョン氏が経験した韓国での徴兵制度の問題点を出発点に取り組み始めた作品が「大村焼」である。言うまでもなく、「大村」とは、かつて一帯が「放虎原（ほうこばる）」

と呼ばれた長崎県大村市のことであり、同時に、「大村収容所」を起点に繰り広げられた無数の人々の国境を超える「移動」の歴史と空間を暗に示す。更に、大村市から車で一時間ほど行けば、佐賀県有田町に着く。約四〇〇年前、豊臣秀吉による朝鮮出兵のため、朝鮮から連行されてきた陶工たちがこの地に住みつき、日本で初めての磁器を焼成した。世界的にも有名な「有田焼」の歴史は、別の視点から見れば日本の朝鮮に対する侵略の帰結であり、故郷を離れざるを得なかった人々の「移動」と苦闘の産物である。

これらの歴史に着目したユギョン氏は、現在福岡市内に居住しながら有田町に通い、虎をはじめとする様々なモチーフを描いた陶板や陶製手榴弾を精力的に制作している。後者は、太平洋戦争時の金属不足を受け、有田焼で試験的に実際作られていたものを現代的に再解釈した作品群である。国家による戦争と人の移動という観点で見るとき、有田と大村は、日本と朝鮮半島が辿ってきた四〇〇年の歴史を象徴する場所でもある。ゆえに、ユギョン氏は自身のプロジェクトについて、「在日コリアンの移動の歴史と、現代に続く『国家』と『移動』の問題を有田焼と大村収容所を通してみせていく試み」と語る。

■撮影・提供　チョン・ユギョン

陶製手榴弾

対して、私は在日コリアン史や戦後日本の市民運動史を専門に、三年前に博士号をとったばかりの駆け出し研究者だ。実を言えば有田町の出身である。同級生のほとんどが窯業関係者の小さな町で、私は日本人の父といわゆるニューカマーの韓国人の母の間に生まれ、育った。よく知られているように、九州は玄界灘を挟んで朝鮮半島と最も近い地域である。飛行機に乗れば一時間もかからず釜山に着く。佐賀県内には有田焼や名護屋城跡をはじめ、身近に日朝関係史と関連する史跡は数多い。こうした九州の視点から日本と朝鮮半島の来し方行く末を眺めるとき、相対する「国家」や「民族」としての立場だけではなく、隣り合う「地域」に根差した人々の生きられた歴史が見えてくるのではないか。そうした思いから、昨年ある雑誌で「B面の日韓越境史」と題した小さな連載を持った。たとえば年表のように整理された国家間関係史の記述を「A面」としたとき、そこからこぼれ落ちた個々人の多様な経験や実践、生き様、すなわち「B面」を捉えたいという思いからつけた。この連載をユギョン氏が偶然読んだことで、対談が実現したという訳である。

イベント当日、展示会会場に並べられたユギョン氏の作品を鑑賞した。有田育ちの私にとって、陶製手榴弾は郷土史の時間でも学んだ馴染み深いものである。だが、一見一輪挿しのようにも見える白磁の手榴弾は、共に添えられた以下の詩の断片と共に、確かに「国家」に翻弄された無数の人々の往来を語っているように感じられた。

自由な心の　その自由のために
不自由なわが身を　励ますのだ。

解放のない眠りから
ふと眼をさます。
鉄格子……
その隙間から　青空がみえる
祖国の朝だ！

これは、「大村朝鮮文学会」の機関誌『大村文学』創刊号に掲載された「祖国の空」（朴昌大）という詩からの引用である。同会は大村収容所内で活動した文学サークルである。詩人は、「不自由な」境遇に置かれた自身の悲しみや苦しみを綴りながらも、空を飛ぶ鳥に寄せて心の自由を詠い、鉄格子を通した空の先にある祖国への切実な思いを告白する。これらの展示を見ながら、私は改めて自分の家族の歴史を思った。私の母方の祖父母もまた、大村収容所に「いた」からである。

■「大村収容所」について

着陸態勢をとった飛行機が、いくつもの小島の間を縫って、海面の上を滑るようにしながらついに地面と触れる。長崎空港が大村湾に浮かぶ海上空港であることを実感させられる瞬間だ。この空港のほど近くに、かつて「大村収容所」と呼ばれた施設があった。

現在の大村市は人口約九万六千人の中都市で、多良岳から大村湾に向かって開けた平地が続く風光明媚な街である。大村藩二万七千石の城下町として栄えたが、明治時代の廃藩置県により衰退した。しかし、一八九七年に熊本から陸軍歩兵第四六連隊が放虎原に駐屯を開始し、一九四一年には東洋一といわれた飛行機製作工場「第二一海軍航空廠」が発足したことで、大村は「軍都」としてその様相を変えた。連隊設置後には鉄道が次々と開通し、軍人のみならず、工場の技術者や工員とその家族、サービス業の関係者などが集まり、人口は一気に増大した。その反面、太平洋戦争中には大規模な空襲の対象ともなる。長崎における原子爆弾投下の際には、大村海軍病院が被爆者治療の拠点となった。大村の近代はまさに軍と共にあったと言える。

そして、一九四五年八月一五日に迎えた敗戦は、「大日本帝国」の解体と領土の再編に伴い、おびただしい人々の移動を促した。それまで「臣民」とされてきた旧植民地出身者は、一九四七年公布の「外国人登録令」により「外国人」として出入国管理の対象となった。日本国内の朝鮮人の帰還は敗戦直後から始まったが、所持金や荷物が厳しく制限された上、朝鮮半島でのコレラ発生なども要因に加わり、多くの日本への再渡航者が発生した。防疫の観点からGHQと日本政府は、「不法入国者」の取締まりを強化した。その過程で、長崎県佐世保や佐賀県唐津など、地理的に朝鮮半島と近い九州地方の沿岸部では、警察による海上警備の増強や、「密航者収容所」の運営が行われた。また、こうした「密航者」の取締まりには、各地域社会における住民の協力や動員が少なからぬ貢献を果たした（李英美、二〇二三）。

こうして整備されていった戦後日本の出入国管理体制は、一九五〇年の朝鮮戦争勃発により再編される。同年九月末には「出入国管理庁設置令」が公布され、旧佐世保引揚援護局針尾収容所を改組した「針尾入国者収容所」（長崎県東彼杵《そのぎ》郡江上村）が同庁の付属機関として置かれた。同年一二月一八日、この針尾入国者収容所を前身に「第二一海軍航空廠」跡地に発足したのが「大村収容所」である。その目的は、朝鮮人の「被退去強制者」を収容し、送還することにあった。「被退去強制者」には、生活苦から、あるいは南北分断と朝鮮戦争の過程で逃れてきた「不法入国者」や「刑余者」、原爆症治療のため密航した被爆者、ベトナム戦争への派兵を拒否した脱走兵など、様々な人々が含まれ、常時五〇〇名近くが収容された。鉄条網と高いコンクリート塀で囲まれた刑務所のような外観であり、収容者は食事や医療も不十分な過酷な待遇を強いられた。

特に、サンフランシスコ講和条約発効後の一九五二年以降は、在日韓国人の法的地位が未確定であることを理由に、韓国政府が日本から送還された大村収容所の被収容者の一部を受け入れ拒否する事態が生じた。再び大村に「逆送還」となった人々は、長期化する収容生活下で、脱走や自殺（および未遂）、傷害、暴行、ハンガーストライキなどを試みる。すなわち大村収容所とは、「日本にとってはいうまでもなく、韓国にとっても領域からはみ出した者を排除し、同化する場所、つまり国民国家を確立するための権力装置」だった（玄武岩、二〇一三、三七四頁）。ただし、収容者たちは、冷戦下における日本と南北朝鮮という国家間の権力が衝突する収容所の空間内で、時に座り込みや集会なども行い、「力の反発し合う空間、あるいはその隙間を利用して、どちらにも回収されることを拒むことで、ポストコロニアルな国民国家の境界の設定が一筋縄では行かないことを示した」（玄武岩、同前）。

■祖父母のこと

この大村収容所に、私の祖父母は一時足を踏み入れていた。ただし、それは送還される日を待つ収容者としての立場ではない。韓国政府の関係者として、多くの人々を送還「する」側の人間としてであった。

祖父母の生い立ちについて少し説明したい。祖父・兪鎮容は、韓国併合の年である一九一〇年一月に忠清北道で生まれた。開化派の重鎮である兪吉濬を輩出した一五代続く両班の家系で、八人兄弟の六番目の子として生まれた祖父は、誇り高く折り目正しい「ソンビ」（高潔な人柄）の生活を地で行くような人だったという。法律を修め満州に渡ってからは、穀物を管理する専売公社の仕事に従事しながら、同じ中国各地で抗日運動に奔走する兄弟たちに秘密裏の資金援助を行なっていたという。その後、一九四八年に外務省に入省した祖父は、諸外国との外交関係樹立準備や、李承晩ライン策定の基礎作りなどに事務方として携わった。

祖母・鄭淑蓮は、一九二六年四月に慶尚南道昌寧で生まれ、広大な農地と小作人を抱えた大地主の家に育った。併合後、田畑を供出させられ、男手も失ったことで苦境に陥るが、一家でキリスト教を信仰していたこともあり、祖母は伝道者を目指して神学校に入った。だが一九歳になったある日、挺身隊奉公に選ばれたとして祖母と仲良しの友人二人に通知が届く。急遽村の作男と結婚したことで挺身隊行きを免れ、一女をもうけた祖母であったが、友人の一人はその後戻らず、もう一人は心を病んで故郷に帰ってきた。この経験はその後祖母の十字架となった。植民地解放の数ヶ月前のことである。

朝鮮戦争が勃発し、政府機関が臨時首都の釜山に移った。ここで、外務省にいた祖父は、当時内務省婦人局で働いていた祖母と子持ち同士の見合い結婚をし、一年後に私の母が生まれた。そして、一九五四年に一家は日本へ向かう。祖父が駐日韓国代表部福岡出張所領事として赴任したためである。戦後復興の混乱が続く中で、祖父と三人の職員は、西日本一帯を管轄にした業務を展開した。その重要な業務の一つが、大村収容所への出張であった。

■「祖国のために」

祖父が領事として勤務したのは、朝鮮戦争休戦後の一九五四年から、日韓国交正常化交渉中の一九六〇年まで。大村収容所にとって、韓国側からの「逆送還」や、収容人数の過剰および収容年月の長期化問題に直面するなかで、収容者の一部を釈放していく事業へと着手する過渡期にあたる。また、仮放免者の生活復帰支援や身元引受けなどの救援活動を行う団体として、善隣厚生会・日韓新和会・日韓文化協会など、日本政府が「対韓外交の推進団体としての親和団体」に位置づけた組織が、旧在朝日本人や在日朝鮮人のネットワークを生かして業務を遂行した（李英美、二〇二三、一二九―一三四頁）。ただし、大村収容所からの仮放免は定期的な更新が必要であり、不安定な日韓関係下における多くの朝鮮人たちは、常に再収容や強制送還の恐怖と隣り合わせにあった（同、一三六頁）。

　母によれば、この時期の祖父母は、多いときで毎月大村収容所を訪問することもあったという。その用務は、収容されている朝鮮人たちを「説得」し、帰国の意思を持たせることであったようだ。当初は祖父だけが通っていたが、後に女性収容者も増えてきたことで、領事婦人である祖母も同行することになった。韓国で神学校を卒業し、伝道師の資格をとっていた祖母は、福岡市内で在日大韓基督教西南地方会の教会に出席し、婦人会設立に尽力していた。大勢の人の前で説教する技術や度胸を備えていた祖母は適任であったといえよう。

　収容所に着くと、祖父母はそれぞれ男性用、女性用の空間に分かれて通される。収容人数の増加を受け、一九五三年九月に収容所は一〇〇〇人収容の建物が新築された。祖母の記憶では、対面した大勢の収容者の中には子供を連れた女性もいたという。なかには、戦争や貧困などの様々な理由で日本に渡航し捕まった人、漁船で沖に出た際に誤って国境線を超えたために拿捕された人々もいた。そうした人々に対して、祖母は毎回一時間近く、時に手を握り涙ながらに語りかけた。「今の祖国が置かれた苦境と、そこから逃れてきたかった気持ちはとてもよくわかる。だが、日本で住んでも苦労は変わらない。同じ苦労をするなら、祖国の再建のために一緒に耐えよう」。

祖父母の言葉を受けて、晴れやかな顔で帰国し再出発を決意した人もいれば、なかには「良い生活をしているあなたたちには分からない」と反発する人もいた。領事時代の祖父母は、外交官の華やかなイメージとは異なり、決して裕福な生活をしていた訳ではない。それでも、生命をかけた渡航の末に収容され、強制送還の恐怖に置かれた人々にとってみれば、同胞でありながら帰国を促す祖父母たちの言葉に複雑な思いを抱くこともあったことだろう。送還の際、韓国へ向かう船の上から海に身を投げた人や、釜山に上陸した際、「祖国の裏切り者」と呼ばれ暴行された人々の話も伝え聞いたという。晩年の祖母は当時を振り返って、「あの時は懸命に説得をして帰したけれども、結局その人たちが後でどうなったか分からない。胸が痛かった」と母に語った。

また、大村収容所以外でも「密航者」のトラブルが発生すれば祖父が駆けつけることがあった。ある時、佐賀県唐津の沿岸で捕まった「密航者」たち数名がまとめて脱走したとの知らせを受け、呼び出された。捜索にあたった地元警察が一軒の民家にたどり着くが、既に朝鮮人たちの姿はなかった。家主である日本人の女性が彼らをかくまい、食事と服を与え「ここにいても仕事はないけど、大阪に行けばあるかもしれないから」と促して逃がしたという。ついに彼らの足取りは掴むことができなかった。

その後、一九六〇年に祖父母と母、福岡で生まれた叔父は帰国する。半年後に「5・16クーデター」（朴正熙によるる軍事クーデター）が起こり、「君子二君を仰がず」として祖父は外務省総務課長を辞職したことで、一家は食うや食わずの苦難が始まる。日韓国交正常化後に祖父は再び日本へ渡り、弁護士で民団中央団長も務めた権逸の東京事務所を間借りして、「戸籍問題研究所」を一人で始める。相続や国籍取得のために「戸籍」を必要としながらも、本籍地がどこか不明な同胞のために調査を行い、戸籍を作成した。時には実際に韓国の現地を訪れ、「〜の村の、大きな木のそばの家」といったような本人の記憶をたどって本籍地を特定した。約一〇年間の活動の中で、祖父が戸籍を作った人は一〇〇名近くにのぼるという。

そして、日本帰りのために壮絶ないじめに遭い、日本を「世界一行きたくない国」と思っていた母、改めて宣教師として日本伝道の志を立てた祖母、そして後に韓国で外交官になった叔父と、家族全員が留学や仕事の形で再び日本の土を踏むことになる。ジャーナリストとなった母は、後に佐賀で草の根日韓交流の市民活動を始め、その後「日本人」である私が生まれた。年月だけでいえば、我が家の「在日する」期間も五〇年をとうに超えたといえよう。

ここまでの話は、ほとんど私が母から伝え聞いた話である。一九八四年に祖父は七四歳で亡くなった。その後に生まれた私は、祖父の顔を写真でしか見たことがない。白黒の写真に写った顔は、確かに母と面差しがよく似ているように思われる。母や叔父からの話でしか聞いたことのない祖父は、ズボラな私と似ても似つかない、厳格で几帳面な人の印象だった。対して、祖母は私が生まれた時から同居した。文字通り、自分の命よりも私を可愛がってくれた人であった。だが、祖母の前半生については後に母から聞いたものの、祖母の口から植民地期の経験や、領事婦人として福岡に滞在していた時の話を聞いたことがなかった。聞くことにどこか躊躇したまま、祖母も七年前に天に召された。日本で亡くなった祖父母の遺灰は、今韓国・天安市にある在外同胞のための国立墓地「望郷の丘」に納められている。

大村収容所に通った数年間、祖父母が何を見聞きしたかを私はほとんど知らない。今の私は、もう話を聞くことのできない祖父母の「沈黙」の前で、断片的な証言をかろうじてつなぎとめようとしているに過ぎない。冷戦下の東アジア情勢の中で、大村収容所は国家が「国民」の境界を立ち上げ、それにそぐわない人々を「密航者」の名のもとに排除し、移動を管理しようとする最前線の現場であった。

私の祖父母もまた、「祖国」の名の下に、そうした国家による出入国管理が成立していく過程に加担する立場にあったと言える。より詳細な資料があれば望ましいが、度重なる引っ越しの中で、祖父が書き溜めていたという手記も残念ながら失われてしまった。しかしながら、政府を辞した後、再来日した祖父の取り組んだ仕事が在日の戸籍問題であった点に、かつての「大村」で出会った人々に寄せる祖父の思いの深さが込められているように思えてならない。祖父たちもまた、「不自由なわが身」のままならなさに葛藤し、もがいたことがあったのだろうか。

■再び、「大村」への旅

現在再び日本の入管問題がクローズアップされている。日本の出入国管理制度が今なお抱える問題や人権侵害の「病理」をさかのぼる点でも、大村収容所の歴史は極めて重要な現代的意義を持っている。「在日コリアンは常に国家間の争いにより区切られ、移動し、『場違い』とされてきた。日本人になり、朝鮮人になり、韓国人になる。その線引きは過去の話だけではなく、現在も行われていて、これからも起こるだろう」。ユギョン氏の指摘は重い。

冒頭で紹介した展示会での「大村焼」との出会いをきっかけに、私は大村収容所の歴史に向き合いたいと考えるようになった。そこで、ある時思い立ち、大村市近代資料室を訪れた。空き店舗が目立つ寂れたアーケード街の中に、資料室が入った建物はある。こじんまりとした展示室には、軍都としての近代大村の発展や、戦争末期の空襲被害、戦後復興の様子などに関する史資料が並べられているが、大村収容所と在日朝鮮人に関する記述は見当たらない。残念ながら、「大村収容所」をめぐる歴史と記憶は、いまだこの日本社会における「A面」には上ってきていないようである。

だが、展示室の一角にひっそりと陶製手榴弾の現物が陳列されていた。その時私は、異国で初めて磁器を焼き上げた陶工たちの汗を、収容所の中で鉄格子の向こうの空を眺めた人々の涙を、戦時下で作られた爆弾によって流された誰かの血を想った。作り手も分からないたった一つの手榴弾が、四〇〇年にわたって玄海灘を往来した名もなき人々の歴史と苦難を、無言のうちに伝えているかのように見えた。その中に私の家族もいる。私たちは「日本人」なのか、「韓国人」なのか、「在日」なのか。それはまさに国家の枠組みからこぼれ落ちた「B面」の歴史であろう。この瞬間、「大村」は私の歴史になった。

そして「B面」とは実は「裏側」という意味だけではない。将棋においてB面とは、あえて相手の王将ではなく、飛車や角を攻撃すること、すなわち「裏から攻める」ことを指すという。そうであるならば、越境する人々が織りなす「B面」の歴史は、国民国家の言説という「A面」を裏から攻め、揺るがし、突き崩す可能性を秘めているのではないか。歴史の忘却に抗うアートとしての手榴弾、「大村焼」は既に世に放たれた。その「爆発」の時を期待しながら、祖父母から私へとつながるこの一〇〇年を静かに思った。

【参考文献】
李英美『出入国管理の社会史——戦後日本の「境界」管理』明石書店、二〇二三年
玄武岩『コリアン・ネットワーク——メディア・移動の歴史と空間』北海道大学出版会、二〇一三年
兪華濬『玄海人を生きる』西日本新聞社、二〇〇七年
「Homemaking」アーカイブページ（homemaking-art.com）

（やまぐち・ゆか　日本学術振興会特別研究員ＰＤ）

時事

【インタビュー】関東大震災の百年《ペンニョン》と今

愼《シン》 民《ミン》 子《ジャ》（一般社団法人ほうせんか理事）

――「ほうせんか」ができた経緯をお聞かせください。

一九七〇年代後半に、絹田幸恵さんという小学校の教師が、荒川放水路の話を授業でしたところ「あんな大きな川が人工で造られたなんて、信用できない」と子どもたちが言うので、「じゃぁ、どうやって造られたか調べよう」と、地域を取材して歩きました。放水路工事の話を聞いていたら、この八広地区の日本人のお年寄り達が「関東大震災の時に殺された朝鮮人の遺体が埋められたままだから、供養してあげないといけない。可哀想すぎる」と、語り出したんだそうです。当時、一〇歳とか小学校低学年くらいだったお年寄りたちが「朝鮮人たちを並べて、後ろ手に針金で結わいて、後ろから機関銃で撃ったのを見た」「トロッコの線路に遺体を並べて、ガソリンを撒いて焼いた。その匂いがとても臭くて、ずっと辛かった」「遺体を埋める穴を掘られた」などの証言が出てきました。一九二三年九月一日の夜には、都内十四ヶ所で流言飛語が飛び交ったという調査結果がありますが、この辺もその一つです。

木製の木根川橋と京成線は震災直前に完成していて、橋も線路も無事でした。そこに避難民たちが集まって来たのです。荒川放水路は一九三〇年に完成しますが、震災当時は朝鮮人の労働者がたくさん働きに来ていて、あちこちに

愼 民子氏

飯場がありました。現場監督の日誌には朝鮮人の名前や日々の作業内容が記録されていますから、これは確かな事実です。しかし、この朝鮮人たちがどうなったかについては、飯場によっては殺されたという証言もありますが、その一人一人が何処で何時どうなったかは、全く分からないわけです。実は、この「分からない」ということが、関東大震災に於ける朝鮮人虐殺問題の核心です。

で、「遺骨を何とかしてあげて欲しい」と言われた絹田さんは思い悩んで、いろんな人達や新聞社や弁護士などにも相談したのですが埒があかない、そうこうする中で、江東区の区議さん（故人）や山田昭次[*1]さんが協力してくれるようになりました。その後、たくさんの人々の協力を得て、一九八二年に荒川河川敷の三箇所で穴を掘りました。結局、遺骨は出てきませんでしたが、当時はなかっただろうビニールが出てきたり、五、六メートル掘っても当時の地質にはたどり着けなくて、かなりの嵩上げがされていることが分かりました。この発掘作業は新聞でも大きく報道されて、近所からも人がたくさん集まりました。その中から「ここじゃない、もっと上流だった」とか「自分も虐殺の現場を見た」等々という人々もいたので、遺骨を掘ることは諦めて、地域の証言をもっと聞いて集めようということになりました。学生や若い人たちも含めて約七〇人くらいの実行委員がいて、「地域の聞き書き班」と「新聞資料班」に別れて活動を開始し、韓国にも行って遺族を探したりもしました。

その新聞資料班が見つけた一九二三年十一月一四日の『報知新聞』の記事には、「穴を掘って、百数体の遺骨を何処かへ持っていった」という内容が書かれてありました。この背景には、亀戸警察で殺された九人の社会主義者（亀戸事件）の遺族が「遺骨を返せ」と要求したところ、「多数の朝鮮人の遺骨と一緒になっているから分からない」「分からなくても良いから、埋めた現場に案内しろ」とやり取りがあった。そして、その日の晩に警察が遺骨を掘り起こして何処かへ持ち去ってしまった、とあります。その「作業」は一日で終わらずに、翌一五日の『国民新聞』にも「トラック三台に一三の棺を入れて運び出したが、焼いた遺体もあれば焼かずに腐爛して、心臓などの臓器が飛び出ているものもあった」との記事があります。殺した後の朝鮮人の遺体をどのように処理したかという新聞記録は、当時は箝口令が出されていたせいでしょうか、今のところこれしかありませんが、荒川河川敷に遺体などを埋めたことが明らかにされた貴重な記事です。

「関東大震災時に虐殺された朝鮮人の遺骨を発掘し慰霊する会」を立ち上げ、遺骨を発掘する前にまず追悼式をやって、それが今まで続いているわけです。でも、この名称は長いし「虐殺された」という文言もキツイし、ということとで、追悼碑を建てる運動を始めた頃に名称を公募して、一九九三年に「グループほうせんか」になりました。

――追悼碑を建てる運動は、いつごろ始まったのですか？

追悼式や証言の調査も続けて、韓国にいる遺族の方々にも会ったりし、それらの内容を本にまとめて記録に残すことができました。その前後から「追悼碑を建てたい」という気運が高まりました。仮設の祭壇を河川敷に設えて、花を手向けたりして追悼式をやっていたのですが、誰でも何時でも来て手を合わせることのできる「追悼碑」が欲しかった。本当は河川敷の中に建てたかったのに、ここは一級河川なので一般人には手が出せない、そこで、いろいろ交渉した結果、地域の後援があれば出来るかも知れないということで、「グループほうせんか」で墨田区に陳情することになりました。この名前は、ある方が韓国から種を持って来て河川敷に撒いて花を咲かせてくださったことや、『鳳仙花』の歌にも由来しています。

追悼碑（東京都市墨田区八広 6-31-8）

墨田区内の、様々な人たちや団体に協力してもらえるような体制を作りました。区議の皆さんにも理解してもらおうと、年四回出している会報を一人ずつ訪ねて直接手渡すことも何年か続けました。「お互い顔の見える関係」を地道に作りながら、「すみだ国際交流ネットワーク会議」にも参加して協力の裾野を拡げることができて、署名もかなり集まりました。ところが、最終的には「河川敷に建てることに協力する必然性がない」と否定されてしまったのです。その後、「河川敷でなくても、行政の責任でどこか公の土地を探して欲しい」と食い下がりましたが、それもダメでした。

それから、民間の土地を探して今の場所に落ち着いた訳ですが、これが大ヒットでした（笑）。安くはなかったのですが、理事たちがお金を出し合って土地と建物を買いました。いまの「ほうせんかの家」に、まず、西崎［＊2］に住んでもらうことにしました。突然「追悼碑を建てる」運動を始めたら地域から反発もあるだろうし、クッションとして六年余り、彼が住みました。その後、いろいろと紆余曲折を経て、チャリティ・コンサートも開催したりと準備万端整って、二〇〇九年九月に「関東大震災時　韓国・朝鮮人殉難者追悼之碑」が建ちました。それはそれは、感動でした！

――今年の追悼式は百周年で「百年《ペンニョン》」の若者たちが中心になりましたね。

二〇一七年に小池百合子都知事が追悼文を送らないという決定をしてから、横網公園の追悼式もこの場所での追悼式も、参加者が二倍に増えたんです。それ以降も、増え続けています。やはり「ヘイトクライム」は許さない、という気概の表れでしょう。そういう動きの中で、「小池さんは何を言っているんだろう」「追悼文を送らないってどういうことだろう」と関心を持った若者達が「追悼碑」に来て、「ほうせんかの家」で話をするようになったんです。日本人ばかりで、しかも、一人で来る人が多い。「一人で来る」って、相当問題意識や関心が高いはずですよね。そういう方たちは、全部ゲットしました（笑）。

百周年追悼式で証言を朗読する若者グループ「百年（ペンニョン）」

元々、この場所に出入りして卒論や修士論文を書いた学生さん達もいたので、皆さんに「百周年の追悼式を自分たちでやってみないか」と声を掛けたんです。二〇二一年の一二月のことです。すると、いっぱい集まってきて「百年《ペンニョン》」という実行委員会を作って活動してもらって、大成功でした。丸々一年の準備期間があったので、その間、フィールドワークをしたり、千葉出身の子は千葉での虐殺事件を調べたり、歴史や事件を学び合っていました。みんな優秀な人ばかりで「自分事」として学んだのだと思います。今は在日二人以外は皆日本人の二〇～四〇代の若者たちです。

ヘイトスピーチがひどい中で、私は〝殺される〟恐怖を感じるわけですが、「百年《ペンニョン》」の子たちは、〝殺してしまうかもしれない〟恐怖を語るんですよ。自分個人として殺すのではなく、〝殺す側に立たされてしまう〟恐怖ですね。だから、お互いに〝殺させない〟ためにはどうしたらよいか、そんな活発な議論がありました。

今、「ほうせんか」の理事は、私も含めて七三歳が二人、六〇歳半ばが二人なんです。いつまでも続けられるわけはないので、近い将来、若い世代に任せないといけない。「私たちと一緒にやりましょう」ではなくて、「あくまで、あなた達が主催するんだよ」という姿勢を貫きました。だから、月一回の準備会に我々理事は一切出ないで、庭掃除とかしていました（笑）。もちろんアドバイスはしますが、もうバトンを渡す時期です。

百周年で将来への希望が見えたことは、望外の喜びです。これから百年後、追悼式が続いているかどうかはわかりませんが、年に一度、みんな集まって大震災の事を話している……そんな光景が日常に残っているのならいいな……この頃は、そんなふうに思っています。

（二〇二三年一〇月一六日「ほうせんかの家」にて）

❖聞き手・記録／趙博

【註】

［＊1］山田昭次（やまだ・しょうじ）／一九三〇年、埼玉県生まれ。立教大学名誉教授、専攻は日本近現代史。著書に『金子文子――自己・天皇制国家・朝鮮人』『関東大震災時の朝鮮人虐殺――その国家責任と民衆責任』など多数。

［＊2］西崎雅夫（にしざき・まさお）／一九五九年東京生まれ。明治大学在学中に「関東大震災時に虐殺された朝鮮人の遺骨を発掘し慰霊する会」（のちに「追悼する会」と改称）発足に参加。一九八四年より、都内足立区・江東区・江戸川区で公立中学の英語教諭として一九年間勤務する。一九九三年の社会教育団体「グループほうせんか」設立時に代表世話人となる。二〇一〇年、「一般社団法人ほうせんか」設立。現在理事。編著に『関東大震災朝鮮人虐殺の記録――東京地区別1100の証言』（現代書館）がある。

※愼民子さんは、本誌6号（二〇一九年九月）のグラビアに登場されています。

時事

コロナで不可視の北朝鮮で起こっていたこと——金正恩政権の政策転換による災い

石丸次郎

はじめに——

二〇二〇年一月にコロナ・パンデミックが発生してからの三年九カ月の間に、北朝鮮で多くの人が亡くなってしまった。防疫を理由に国境が封鎖された時、北朝鮮に住む取材パートナーたちは、「伝染病より飢えの方が恐ろしい」と、災い到来の予感を伝えてきていた。残念ながらそれは現実のものになってしまった。

死者は、まず医療崩壊で発生した。貿易停止で中国製の医薬品が底をつき、高齢者や幼児を中心に病人、けが人が治療を受けられず死亡した。次いで、経済停滞で都市住民の困窮が進み、栄養失調で命を落とす人が出始めた。先行きに絶望して自ら命を絶つ事件も各地で発生した。二二年五月に国内でコロナが大流行した際にも、少なくない人が命を落とした。そして今春からの数カ月間、地方都市の混乱はピークに達し、一部地域では飢饉の様相を呈することになった。混乱は秩序の乱れを生んだ。引き締めのためだろう、金正恩《キムジョンウン》政権は八月に入って以降、公開処刑を再開させた。

一九九〇年代後半の「苦難の行軍」と呼ばれる社会パニック期ほどではないものの、この数年の状況は、それに次ぐ厄災だったのは間違いないと見ている。この人道危機に対して、日本も、韓国も国際社会も静かだ。情報があまりに不足しているからだと思う。「コロナ鎖国」によって外部世界に目撃者は存在しない。北朝鮮に親族を持つ在日朝鮮人、脱北帰国者は心配を募らせている。四年近く肉親の安否がまったく分からなくなっているのだ。

後述するが、私は二〇年前から北朝鮮に住む人々とチームを作って、国内の動向を取材している。彼・彼女らから伝えられる情報は断片であるが、それらを積み重ねて照合させると、金正恩政権がコロナ対策を口実にかつてない強力な社会統制策を実施したこと、また「反市場」に政策の大転換を図っていることが分かってきた。そしてこの金政権の施策こそが、災いの原因になっていたのである。本稿では、北朝鮮国内状況に絞って、パンデミック発生からの三年九カ月を振り返ってみたい。

広がった死角——

二〇年一月、中国発のコロナ・パンデミックが始まると、金正恩政権は電撃的に国境を封鎖し、人とモノの出入りを遮断した。

中国に出国、非合法に越境してくる人、脱北者はほぼ皆無（後述する）。メディアの国内取材も途絶えた。平壌《ピョンヤン》に支局を置いていた共同、AP、AFPをはじめとする大通信社、メディアは、四年近く記者が一人も入国できていない。朝鮮総連の機関誌・朝鮮新報の平壌特派員でさえ、二〇年三月に撤収した後、今年一〇月末まで交代要員が入国できていない。ロシアの国営通信社イタルタスも同様だ（中国の新華社通信は確認を拒否した）。中国はゼロコロナ政策を徹底していて行けなくなり、朝中国境での取材も叶わない。国際郵便は止められて、日本に葉書一枚届かない状態が続いている。これほど北朝鮮国内から情報が出て来ないのは、これまでなかったのではないか。

◈北朝鮮国内のパートナーたち

私が北朝鮮関連取材を始めたのは一九九三年。九五年に平壌、九七、九八年に咸鏡北道《ハムギョンブクド》に入ったが、外部の人間には、いくら努力しても、金を使っても絶対に越えることができない「高い壁」があることを実感した。

〇二年から北朝鮮の住民とチームを作って国内情勢を取材することにした。中国に通って、合法・非合法に出国してきた北朝鮮の人たちと会い続けて取材のパートナーを探した。目標を「市民ジャーナリスト」の育成に置いた。通信には中国の携帯電話を使っている。電波が北朝鮮内数キロまで届くのだ。能力や熱意はまちまちだが、パートナーは総勢一〇人。ところが、パンデミックが始まると、そのうち四人と連絡が取れなくなった。平壌や平安南道《ピョンアンナムド》などに住んでいるのだが、中国への出国はおろか、国境地域に移動することすらできなくなり、連絡手段が失われた。残りの六人は北部の両江道《ヤンガンド》、咸鏡北道、平安北道《ピョンアンブクド》の在住で、通話やメッセンジャーで意思疎通している。

　現在、内外のメディアで、北朝鮮国内情勢を独自の情報源から伝えているのは、日本では東京新聞の城内康伸記者、毎日新聞の米村耕一記者くらいではないだろうか。海外ではＲＦＡ（自由アジア放送）所属の脱北者出身の記者数人が、独自の国内ルートで情報を伝えている。

　私のパートナーたちは皆庶民なので、高級情報はない。居住地以外の事情を彼・彼女らもほとんど知らない。調査の方法は単純だ。北朝鮮のすべての住民は地域では「人民班」[＊]に属し、社会にあっては職場か「女性同盟」などの大衆団体、労働党に組織されている。そこで一〜二週に一度開かれる会議や学習会では、労働党や行政機関の方針や指示が伝達される。パートナーたちには、これらを定期的に伝えてもらう。また市場や国営商店で物価調査を毎週行い、近隣の協同農場に出向いて農村の事情も調べている。入手した文書を中国のスマートフォンで撮って送ってもらうこともある。私たちのチームは弱小で調査は限界だらけだ。それを念頭に、以下の報告を読んでいただきたい。

国境遮断の衝撃——

◆脱北はほぼ不可能

脱北の時代は、終わった——。

　この数年の状況を見て、そう強く感じている。中国との国境である鴨緑江、豆満江約一四〇〇キロのほぼ全域が、幾重の鉄条網に覆われてしまった。「ウイルス侵襲阻止」を口実に、軍隊と住民を動員して有刺鉄線と警備哨所の増強工事が数年にわたって行われた。電流を流す設備も増設された。

　二〇二〇年八月、国境河川近くのエリアを緩衝地帯に定め、無断で接近する者は警告なしで射撃するという社会安全省（警察）名義の布告が駅や公共の場所に張り出された。それをパートナーの一人が剝がして持ち帰って撮影しメールで送ってきた。

　布告文には、国境の緩衝地帯に入る人と家畜は無条件、予告なく射撃すると記されてあった。

「コロナ前に無理をしてでも韓国に逃げたらよかった。もう不可能だ。決断しなかったことを一生後悔するでしょう」

　中学生の娘と暮らすシングルマザーのパートナーは、こう嘆いた。

＊人民班とは最末端の行政組織のことで、地区ごとに二〇〜三〇世帯ほどで構成される。人員はおよそ六〇〜一〇〇人。上部からの指示を伝達し、住民の動向を細部まで把握する役割を担う。

銃を携行して国境沿いを巡回する北朝鮮の国境警備兵／2023年10月中旬に平安北道新義州を中国側から撮影。（アジアプレス）

鴨緑江沿いは幾重の有刺鉄線で覆われていた／この3年間、補強工事が続いていた。平安北道朔州郡を2023年9月後半に中国側から撮影。（アジアプレス）

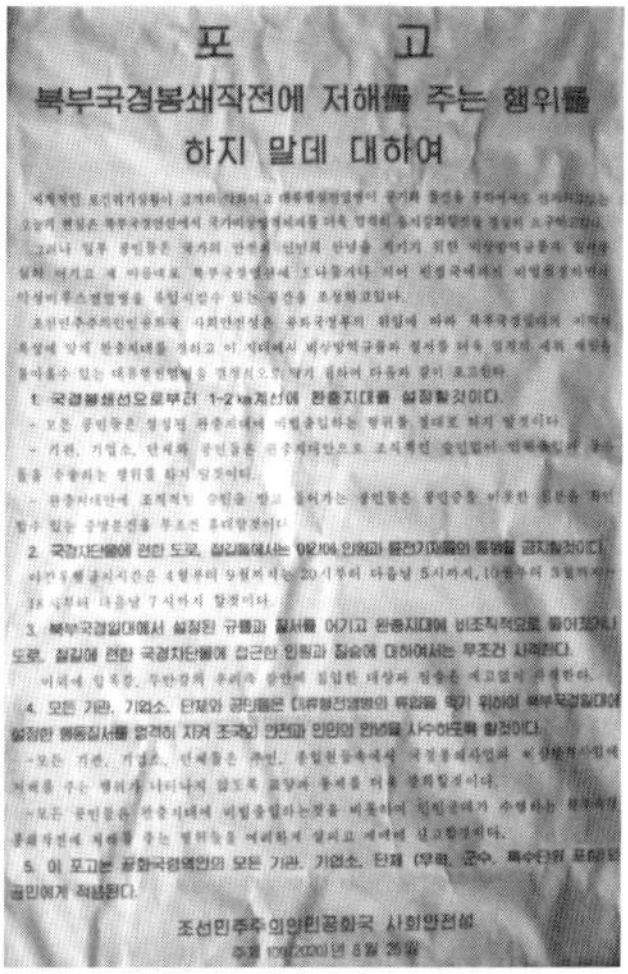

포 고

북부국경봉쇄작전에 저해를 주는 행위를 하지 말데 대하여

1. 국경봉쇄선으로부터 1~2㎞계선에 완충지대를 설정할것이다.

2. 국경차단물에 면한 도로, 철길들에서는 야간에 인원과 륜전기재들의 통행을 금지할것이다.

3. 북부국경일대에서 설정된 규률과 질서를 어기고 완충지대에 비조직적으로 들어갔거나 도로, 철길에 면한 국경차단물에 접근한 인원과 짐승에 대하여서는 무조건 사격한다.

4. 모든 기관, 기업소, 단체와 공민들은 대류행전염병의 류입을 막기 위하여 북부국경일대에 설정한 행동질서를 엄격히 지켜 조국의 안전과 인민의 안녕을 사수하도록 할것이다.

5. 이 포고는 공화국령역안의 모든 기관, 기업소, 단체 (무력, 군수, 특수단위 포함)와 공민에게 적용된다.

조선민주주의인민공화국 사회안전성

주체109(2020)년 8월 25일

入手した布告／タイトルは「北部国境封鎖作戦を疎外する行為をしてはならない」。下線部には「鴨緑江、豆満江の我が川岸に侵入した対象と家畜は予告なしに射撃する」とあった。（2020年8月末、アジアプレス）

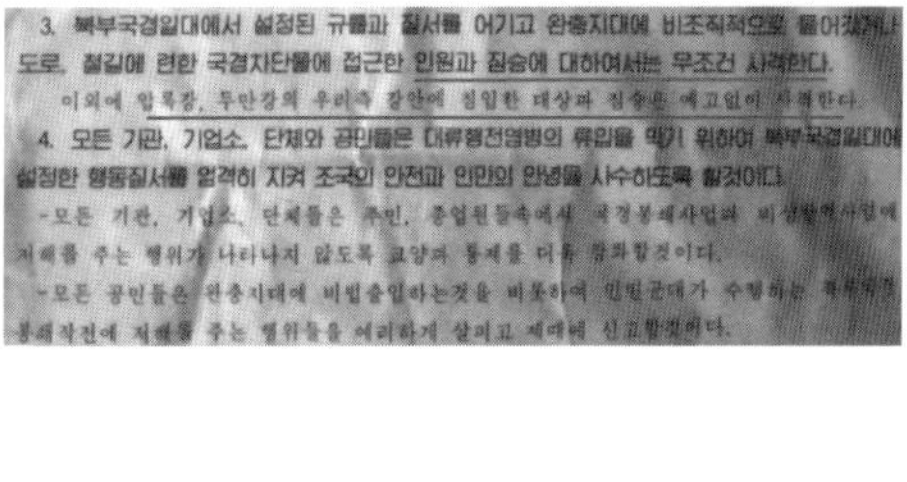

3. 북부국경일대에서 설정된 규률과 질서를 어기고 완충지대에 비조직적으로 들어갔거나 도로, 철길에 면한 국경차단물에 접근한 인원과 짐승에 대하여서는 무조건 사격한다.

이외에 압록강, 두만강의 우리측 강안에 침입한 대상과 짐승은 예고없이 사격한다.

4. 모든 기관, 기업소, 단체와 공민들은 대류행전염병의 류입을 막기 위하여 북부국경일대에 설정한 행동질서를 엄격히 지켜 조국의 안전과 인민의 안녕을 사수하도록 할것이다.

-모든 기관, 기업소, 단체들은 주민, 종업원들속에서 국경봉쇄사업과 비상방역사업에 저해를 주는 행위가 나타나지 않도록 교양과 통제를 더욱 강화할것이다.

-모든 공민들은 완충지대에 비법출입하는것을 비롯하여 인민군대가 수행하는 북부국경봉쇄작전에 저해를 주는 행위들을 예리하게 살피고 제때에 신고할것이다.

金正恩政権が中国との国境警備を厳重にした理由は、脱北や密輸の阻止だけではない。〇〇年代半ばから、韓流ドラマを筆頭に、映画や音楽などの韓国情報が北朝鮮国内で大拡散したが、そのほとんどは中国経由で流入したものだ。携帯電話も大量に密搬入され、韓国や日本から直接北朝鮮の人々と通信することが可能になった。脱北者たちは家族に闇送金もできるようになった。中国との国境は人、モノ、金、情報が行き交う通路になった。閉鎖が存立条件である北朝鮮の体制にとっては、由々しき事態がずっと続いていたのである。

◈韓国入りする脱北者は激減

韓国入りする脱北者のピークは〇九年の二九一四人だ。金正恩が執権した一二年から警備が強化され大幅に減ったものの、一九年までは千人台が続いていた。それが二〇年は二二九人、二一年は六三人、二二年は六七人、二三年は九月末までで一三九人に落ち込んだ（韓国統一部統計）。しかも、この数年間に入国したのは、中国やロシアなどで長く滞留した人がほとんどで、パンデミック発生後に北朝鮮を脱出したケースはごく稀である。

韓国の研究者やNGO関係者によると、パンデミック発生以降に北朝鮮を離れた脱北者で面接できたのは、二〇年の一人、二一年の二人だけだったそうだ。新規入国者からの聞き取りによって情報を更新し、韓国の北朝鮮研究は分厚くなったのだが、コロナ後はそれが困難になったと嘆いていた。今年五月、二家族一〇人が黄海で船に乗って韓国に逃れたが、研究者らがインタビューのチャンスを、首を長くして待っているという。（＊一〇月にも東海岸で四人が木船で脱北する事案があった。）

◈心焦がす在日家族と脱北者たち

現在、大阪と首都圏に約二〇〇人の脱北者が暮らしている。五九年から八四年まで続いた帰国事業では、在日朝鮮人とその日本人家族合わせて九万三〇〇〇人余りが北朝鮮に渡ったが、この帰国者と北朝鮮生まれの二世、三世たちが日本に戻ってきているのだ。彼らは在日親族のふりをして、息子・娘・親兄弟と手紙のやり取りをし、現金や荷物を送ってきた。日本からは保険付き郵便で現金を一回一〇万円まで安全に送金できる。経済制裁のため、ぜいたく品がないか税関で細かくチェックされるが、荷物も送ることができる。それらもコロナで止まった。

二〇年の後半から、筆者のもとに問い合わせが何件も寄せられようになった。「安否確認をしてもらえないか」「非正規ルートで送金できないか」というのだ。パートナーたちに北朝鮮の国内電話を使って調べることはできないか打診すると、全員に断られた。「なんの縁故もない帰国者の家に連絡するなんて、すすんで保衛局（秘密警察）の視野に収まろうとするようなものだ」という。国内電話は盗聴されているのが前提だからだ。

関西のある県に住む八〇歳を超える「在日」女性Aさんは、両親と姉弟妹七人全員が六〇〜七〇年代に北朝鮮に帰国、以来六〇年間仕送りを続けてきた。爪に火を灯すような節約生活を続けてのことだ。ところがコロナ禍で手紙の返信が止まった。

「妹弟たちは亡くなっているかもしれません。これが肉親と縁が切れる瞬間になると覚悟しています」とAさんは言い、肉親から受け取った数百の手紙と写真を「資料に使ってください」と提供してくれた。数冊のアルバムには、日本で共に暮らした頃のものや、北部の都市で老境に入った妹弟たちの写真がきれいに整理されていた。Aさんが大切な写真を手放すことを決めたのは絆の断絶を覚悟してのことだ。コロナごときで大切な人と繋がっていた細い糸まで断ち切られていいのか。そう思わずにいられなかった。

「反市場」政策の衝撃——

◈市場経済の勃興

九〇年代後半、北朝鮮式の社会主義統制経済体制はほぼ瓦解し、食糧をはじめあらゆる消費物資の流通は、自然発生した市場が主導権を握るようになった。政権による幾度の弾圧を経ながらも、市場経済はどんどん拡大・拡散していった。非合法ながら住宅や労働力、医療サービスの市場まで出現し、すっかり社会に定着した。私的雇用まで広がり小規模なものは黙認されるようになった。一般住民の大半には食糧配給もなく、まともな給与も出ないのに、商売や非合法の賃労働で得た現金で、食糧や消費物資を市場で購入して暮らしていけるようになった。一二年に発足した金正恩政権は、中国との貿易を拡大させる一方、国内では貿易会社や企業の裁量を増やし、個人の経済活動を一定程度容認した。一四〜一七年は庶民の収入も増えた。

◈コロナと共に大統制始まる

パンデミックが始まると、金政権は即座に防疫を国家の最優先事項と定め、国境を封鎖して人とモノの出入りを徹底して遮断した。中国製品の輸入が止まって市場には閑古鳥が鳴いた。さらに金正恩政権は国内でも、人とモノの移動を強く規制した。郡や市をまたいでの移動は困難になった。同時にコロナ前から始まっていた「非社会主義、反社会主義的現象との闘い」を強め、個人の経済活動を強力に取り締まった。自宅で個人食堂を営むのは禁止。パンや餅などの食品、衣料品の縫製、リヤカーを使った運搬などの小商いに人を雇うことが不可能になった。成人男子は配置された職場への出勤を強要されて、商行為や賃仕事をすることが困難になった。職場を離れて別の稼ぎに精を出す者は「職場離脱者」「無職者」として処罰の対象になった。

あれよあれよという間に、経済が麻痺した。二〇年の秋には、都市住民が収穫の終わった農村に落穂拾いに向かう行列が、毎朝見られるようになった。農家に行って食べ物を乞う人が各地に現れた。翌二一年の夏頃から、取材パートナーの周囲でも栄養失調や病気で死亡する人が増え始めた。母子家庭、老人世帯、病弱者、障碍者世帯などの脆弱層から斃れていった。都市住民は現金収入を得る機会を奪われて、みるみる困窮していったのである。

◈食糧専売制への転換

金正恩政権はパンデミック発生後間もなく、市場での食糧販売に介入し始めた。価格の上限を設定して商人にその厳守を強い、売り惜しみと買い占めを監視した。次に市場での食糧の販売量を制限し、農村から市場への穀物流出の取り締まりに乗り出した。一九年から復旧を図っていた国営の「糧穀販売所」に食糧を集中させる措置だった。これは主食の白米とトウモロコシの専売店で、私はコロナという非常事態における一時的な食糧管理策だろうと考えた。ところが、その本質は別のところにあることが次第に分かってきた。

◈カロリー統治

取材パートナーたちの報告を総合すると、二一年から「糧穀販売所」では「在庫がある時に売る」方式から、月一～二回、一人当たり五キロ程度を世帯単位で販売する方式に変えた。二二年一二月時点の市場価格は、概ね白米六〇〇〇ウォン、トウモロコシ三〇〇〇ウォンだったが、「糧穀販売所」では白米四四〇〇ウォン、トウモロコシ二四〇〇ウォンで販売した(いずれも一キロの価格。一〇〇円は約六四〇〇ウォン)。庶民は安値での販売を歓迎したが、問題は必要量にまったく足りないことだった。出勤する労働者に対しては、一カ月に数キロ程度だが食糧配給が実施されるようになった。欠勤が続く者は除外された。

二三年一月、ついに市場での白米とトウモロコシの販売が禁止された。金正恩政権が目論んでいたのは食糧流通の主導権を市場から奪還し、「国家専売制」に移行することだったと私は見ている。目的は「カロリー統治」の復活だろう。「食べたければ言うことを聞け」とばかりに、食糧を統制の道具として活用する。今後、政権と市場との闘いはどう決着するだろうか。

深刻な人道危機――

◈飢えて人が死ぬ風景

都市住民の暮らしは悪化の一途を辿った。今年の春先から餓死という言葉がパートナーの報告に頻繁に上るようになった。例えば、五月中旬の両江道から、以下のような文字メッセージが届いた。

「五月になって死人が大勢出ている。うちの町内では四月にも四人が亡くなり、今にも死にそうな人が二人いる。結核、肝炎、喘息などの持病がある人たちが多かったが、皆一日一食を食べられるかどうかという世帯だ。死人が出ても、当局は絶対に飢死したとは判定しない。皆病気で死んだことにしている。食べられなくて死んだのに、なぜ隠す必要があるのかと不満を言う人もいる」

私は、パートナー六人に、四~七月の間に所属する人民班で死亡した人数を集計するように依頼した。ひとつの人民班の住人数は概ね六〇~一〇〇人ほどである。毎日顔を合わせ、集まりも頻繁にあって、居住者の消息の把握は容易だ。死者数の回答は三~六人だった。もちろんすべて餓死だと判断できない。栄養状態が悪くて免疫力が低下しているところに感染症などを患って落命するケースが多いというのが、調査者たちの共通した見解だった。

この期間、道端で行き倒れている子供の死体が発見されたとか、絶望して幼子と服毒心中した事件が近隣であったとか、食べ物を手に入れて来ると家を出た夫婦が戻らず、残された老親と幼子が家から這うように出て路上で物乞いをしていたなど、読むのが辛い報告が連日届いた。

◈窮地への対処とは

苦しい時に採る方法は、どこの国でも同じだ。

「現金が尽きたら、隣人や知人、親戚からお金や食糧を借りる。それが難しくなったら家財を質に入れたり売りに出したりする。借金取りが押しかけて、鍋釜まで奪うように取り上げていく光景が、近所でもしばしば見られる。残された手段は、盗みに走るか、女性なら売春。最後に家を売るか、自殺だ」

咸鏡北道に住むパートナーの説明だ。貯えと現金収入が尽きた人から順に「没落」していくわけだ。ただ、私たちが調査、情報収集できるのは、中国に近い北部の三道に限られるので、危機が全国に広がっていたのか確認は取れていない。

付言すると、国連児童基金（ユニセフ）と国連食糧農業機関（FAO）が今年七月に共同発表した報告書によると、二〇~二二年の北朝鮮の栄養不足人口は一一八〇万人で、総人口の四五・五％を占めると推測した。これは長く内戦状態にあるソマリアに近い水準である。

◈再開された公開処刑

「国家の統制圏外で物資取引をしたり外貨を流通させたり

する行為を徹底的に禁止することについて」

今年八月初旬、金政権は突然、外貨使用の厳禁と、物資の流通を国家の統制管理下でのみすることを命じる布告を出した。社会安全省の名義だった。当局は各地で人民班会議に役人を送り、布告の内容を説明し遵守を求めた。布告には、「情状が厳重な違反者は死刑に処す」と記されていた。私たちと同時期にＲＦＡもこれを報じた（八月七日）。

布告との関連は不明だが、八月三〇日午後、両江道の恵《へ》山《サン》市で九人の公開銃殺刑が執行された。容疑は国家財産の役牛を密かに屠畜して肉を流通させたというものであった。私のパートナーの一人が動員され、一部始終を目撃した。彼女は次のように伝えてきた。

「この日の午前、犯罪者に対する公開批判集会を行うので恵山飛行場に集合せよという指示が当局からあり、雨が降る中を仕方なく向かうと、市内の機関、企業、人民班を通じて大勢の住民が動員されていた。ところがその場は裁判になり、銃殺刑が執行された。九人のうち二人が女性だった」

同じ場所で九月二五日にも公開処刑があった。銃殺されたのは男性一人で、戦時用物資の医薬品を薬商人に横流しした罪だったという。この二件の公開処刑を私たちはすぐに記事化したが（九月一日、一〇月九日）、ＲＦＡ（八月三一日、九月二九日）と東京新聞（一〇月十一日）も、ほぼ同内容の記事を出した。恵山市は鴨緑江に面する中国との国境都市であり、二社も中国の携帯電話を通じて情報を入手したものと思われる。

公開処刑があったという情報を、私はこの十数年間、一度も聞いたことがなかった。限られた関係者だけを集めた「非公開処刑」はあったようだが、多くの目撃者がいると情報が外部に漏れてしまうので、政権のイメージ悪化を危惧して中断していたと思われる。八月と九月に連続して、しかも中国に隣接する地域で、衆人環視の場をあえて準備して公開処刑を執行したのは、外部に知られることよりも、住民に恐怖を与えることを優先したためだろう。服従しない者は容赦しないという警告だ。非合法の流通を断固として統制し、「反市場」策を貫徹するという、強い国家意思が見て取れる。

「キム・ジュエ」の登場と四代世襲準備――

最後に触れおきたいのは、金正恩の娘の登場についてである。韓国当局が名を「キム・ジュエ」と推測しているまだ一〇歳ほどの少女が、初めて公の場に姿を現したのは二二年十一月一八日。金正恩が長距離弾道ミサイルの発射実験の現地視察に同行させた。再登場は今年二月八日に盛大に挙行された閲兵式。その模様は朝鮮中央テレビで二時間にわたって録画放送されたが、カメラワークや編集は、明らかに「ジュエ」の存在を際立たせようと演出されていた。

　この閲兵式でもう一つ刮目したのは、「白頭の血統を決死保衛しよう」というスローガンだった。「白頭の血統」とは、金日成《キムイルソン》が朝中の境界に聳える白頭山麓の一帯で抗日ゲリラ活動をしたことにちなんで、正日《ジョンイル》―正恩と続く金一族のことを指す。隊列をなした兵士たちはこのスローガンを叫び、プラカードを振った。朝鮮人民軍の任務は、朝鮮革命と祖国を守ることだけでなく、金一族を命懸けで守ることであるとのアピールであった。

閲兵式で「白頭の血統を決死保衛」というスローガンを叫ぶ朝鮮人民軍兵士／2023年2月の朝鮮中央テレビの映像より。

　娘の登場はその後も続く。八月二九日の海軍司令部訪問では、高級将校たちが立ち並んで「ジュエ」を出迎えた。九月九日の建国七五周年記念の式典を伝える記事では「敬愛する金正恩同志が尊敬するお子様をお連れして……」と敬語が使われた。現時点では「ジュエ」が後継候補だと判断する材料はないが、年端の行かぬ娘に脚光を浴びせることで、「金王朝」を継ぐ次世代がいることを内外に印象付けることを狙ったのではないか。血統による統治の永続化を目論む金正恩が、次の世襲後継を可視化する作業に入ったと私は見ている。

　この三年九カ月を振り返ると、ミサイル技術のたゆみなき高度化も、中朝国境の徹底封鎖も、「反市場」政策と統制経済復旧の試みも、四代世襲のための準備なのではないかと思えてくる。強力な統制システムを構築した後に、国を次代に譲るための。そうであれば、人民の命は鴻毛より軽し、というしかない。

　深刻な人道危機は、幸い九月後半から改善が見られるようになった。ジャガイモやトウモロコシの収穫があり、低質ながら廉価な食品が市場で売られるようになり、一息つけた住民が少なくないという。民の安寧を願う。

（敬称略）

（いしまる・じろう　アジアプレス大阪事務所代表）

時事

辛淑玉のＤＨＣ裁判の断面

金竜介

◆「ニュース女子」制作会社に勝訴！

沖縄県高江の米軍ヘリパッド建設に反対している人は「金で雇われている」などのデマを流したテレビ番組「ニュース女子」（二〇一七年一月二日、一月九日放送）で、名誉を毀損された辛淑玉さんが、番組を制作した㈱ディーエイチシーの子会社ＤＨＣテレビジョン（現虎ノ門テレビ。以下、ＤＨＣテレビ）と司会者の長谷川幸洋氏を訴えた裁判の判決が二〇二三年四月二六日に最高裁で確定した。この判決に基づき辛さんへの損害賠償（慰謝料等五五〇万円など）の全額を同社が支払い、裁判は、ＤＨＣテレビに対する勝訴で終えることができた（長谷川氏に対する請求は棄却）。

辛さんは、最高裁の決定後の記者会見で「沖縄の運動を叩くために私が在日コリアンであることを利用した」と批判し、「弱者への差別を煽る『差別ビジネス』が横行している日本社会が差別を禁止する法律を持たないことを恥ずかしいと考えるべき段階に来ている」と強い口調で訴えた。

◆「ニュース女子」の放映

ニュース女子は、「日本を代表する論客（オジサマ）たちが女性にも楽しく分かりやすくニュース解説し、次代を担う若い女性達に日本の未来を託すべく集まった社交界」と定義し、論客と称する男性が時事問題を若い女性に解説す

辛淑玉氏と著者（判決後の記者会見）

るという構成の番組であり、地上波では各地のローカル局が放映しており、東京では、TOKYO MX（以下「東京MX」）が、㈱ディーエイチシーの一〇〇パーセントスポンサーの持ち込み番組として放映した。二〇一七年当時は、長谷川氏（当時は「東京・中日新聞」論説副主幹）が司会を務めていた。

私は、本件の回までこの番組を視聴したことはなかったが、たまたまテレビをつけた際にこの番組が流れていた（本当に偶然であり、その後、この番組の裁判を行うことになるとはこのときは、全く予測もしていなかった）。途中から見始めた内容は、本来であれば、5分と視聴に耐えられるものではなく、いつもなら他のチャンネルに移ることが常であったが、このときは、沖縄の基地反対運動に関する虚偽が多かったため、見続けてしまったのである。

番組後半は、長谷川氏の司会によるスタジオトークで、井上和彦氏の現場レポートを受けて、上念司、須田慎一郎、岸博幸、武田邦彦、藤井厳喜の各氏が、「韓国人はいるわ、中国人はいるわ」、「（沖縄では）大多数の人はそんなにね、米軍基地反対という声って聞かないんですよ」、「沖縄の機動隊がやると、顔写真をばらまかれるんです。その人たちの住所、電話番号、家族、お前の嫁さんを強姦してやるぞ！　こんなことやられたら精神的に参るんです」、「この過激な行動をしている奴らのうち、沖縄の地元の人の割合は、どれくらいいると思いますか、割合。外から交通費を貰ってきた人間もいっぱいいると思うけど」、「沖縄に昔関わっていた経験から、沖縄の人、みんなアメリカ好きなんですよ。多分ここまで明確に身体を張った過激な反対をすると思えないから」と言いたい放題の発言が続く。

そして、「『のりこえねっと』〝辛淑玉〟は何者？　反原発、反ヘイトスピーチ、基地建設反対など……職業的に行っている⁉」とのテロップが流れ、「『スキマ産業』です、いわゆるね。何でもいいんです、盛り上がれば」、「辛さんっていうのは在日韓国・朝鮮人の差別ということに関して戦ってきた中ではカリスマなんです。ピカイチなんですよ。お金がガンガンガン集まってくる」などと辛淑玉さんに対する攻撃が始まり、長谷川氏によって締めくくられる。

辛淑玉さんが、さまざまなところで批判され、攻撃されていることは知っていたが、インターネットの世界ではなく、地上波のテレビ放送でこれほど露骨で虚偽にまみれたものは、それまで目にしたことはなかった。

放映直後からテレビ局に対して多くの批判が起こった。のりこえねっと（ヘイトスピーチとレイシズムを乗り越える国際ネットワーク）が抗議声明を発表するほか、この問題で集結した「沖縄への偏見をあおる放送をゆるさない市民有志」が、東京MXテレビ局本社前での抗議行動を開始した。

一方で、ニュース女子は、一月九日放映の番組内で、本放送を正当化した。長谷川氏は、高江ヘリパット基地から遠く離れた二見杉田トンネルを過ぎると反対派に拘束されてしまうので現場に近づけないとの発言を、新聞社に所属するものであれば誰でも虚偽とわかるはずなのに、「ただね、僕ね、残念だったのは、是非あのトンネルの向こう側に行って頂いて、ボカスカ殴られるんでもなんでもやって、あのトンネルの向こう側を見たかったたな」とさらなるデマ発言を煽ったのである。

また、制作会社の社長と番組チーフプロデューサーは、「そもそも法治国家である日本において、暴力行為や器物損壊、不法侵入、不法占拠、警察官の顔写真を晒しての恫喝など数々の犯罪や不法行為を行なっている集団を内包し、容認している基地反対派の言い分を聞く必要はないと考えます」とし、基地反対活動をしている人たちの取材を全く行なっていないことを自ら認めたのである。

司会者の長谷川氏が論説副主幹であった東京新聞は、第一面に「事実に基づかない論評があり、沖縄の人々の心情を深く傷つけ、基地問題が歪められて伝えられたことを深く反省する」（二〇一七年二月二日）と掲載した。

辛淑玉さんから、この番組をいっしょに見て欲しいとの連絡があったのは、放映後、しばらくしてからのことであった。弁護士から見て名誉棄損は明らかであったため、私たちは、放送倫理・番組向上機構（ＢＰＯ）の放送人権委員会に人権侵害の申立をして審理が開始され、並行して、放送倫理検証委員会の審議が開始された。一つの番組で両委員会の審理・審議が開始されるケースは多いとはいえず、この番組の問題の大きさをＢＰＯが認識していたことを表すものであった。

◆ＢＰＯの決定とテレビ局の謝罪

二〇一七年一二月一四日に放送倫理委員会が重大な放送倫理違反との意見を公表、二〇一八年三月八日に放送人権委員会が辛さんに対する名誉棄損の人権侵害があったと勧告した。人権委員会の決定は、人種差別についても踏み込んでおり、過激で犯罪行為を繰り返すものと描かれた反対運動と結びつけて、「朝鮮人はいるわ、中国人はいるわ」、「親北派ですから」などと特定の国籍や民族的出自を論じ、中立人が在日韓国人であることに関連して、人種や民族を取り扱う際に必要な配慮を欠いていたと言わざるを得ないものであり、さらにその後の放送の冒頭で「『ヘイト』『捏造だ』と抗議殺到」、「大炎上」などとして、人種や民族の取扱に配慮を欠いた前回の放送を取り上げたにもかかわらず、そのような配慮を欠いた点について触れることもなく、「まあ、盛り上がっているということですよ」とMCの長谷川氏が総括して冒頭部分を終えたことを「日本民間放送連盟放送基準」を守ろうとする姿勢が欠けていたことを強調している。

BPOの決定後、東京MXの会長と社長が、辛淑玉さんに直接謝罪したいとの意向を示した。同テレビ局からは、弁護士を通じて和解をしたいとの申し入れがあったのであるが、私たちは、和解は行わず、謝罪の場を設けることにしたのである。のりこえねっとの共同代表の宇都宮健児さん、佐高信さんにも同席してもらい、二〇一八年七月二〇日、当時、ドイツに在住していた辛淑玉さんに東京に来てもらい、テレビ局の正式な謝罪が行われ、本来であれば、これで一区切りともなるはずであった。

ところが、制作会社のDHCテレビジョンは、真摯に反省するどころか、インターネットでの配信を継続し、番組には虚偽はないとの見解を繰り返したのである。

私たちは、全く反省のない製作会社と新聞社の要職にいながらデマ番組に加担した長谷川氏を被告とする訴訟を東京地裁に提起した。

◆東京地裁判決：製作会社に勝訴

二〇一八年七月三一日、訴訟提起し、コロナ禍での裁判期日の延期も挟み、二〇二一年九月一日に東京地方裁判所で判決が言い渡された。

判決の内容は、DHCテレビに五五〇万円の損害賠償とインターネットで放送が視聴できる状態にするのであれば、謝罪文を掲載せよという内容であった。製作会社に対する勝訴判決である。

この番組が、辛淑玉さんが、暴力や犯罪行為も厭わない者たちによる反対運動に関して、経済的支援を含め、これを煽っているとする内容であるとしたうえで、名誉棄損を認めたのである。この番組が真実であるかについては、のりこえねっとが、交通費等の一部を支給して、特派員を派遣しているとしても、あくまでヘリパッド建設現場における反対運動の現状を発信してもらうことに主たる目的があるとし、実際に特派員により行われた活動についてみても、特派員の報告の中にヘリパッド建設工事の関係者や沖縄防衛局職員らに暴力を振るった旨の記載はないことからしても、特派員の派遣及び交通費の支給が反対運動を煽る目的でされたものとは認め難いとした。また、特派員以外の反対運動の参加者に対して現金5万円を支給したことをこの番組では強調していたが、そのような事実は認められないとした（番組中では、普天間基地の周辺で発見されたとする「2万円」と書かれた封筒が証拠であるかのようにしていたが、これも全く証拠ではないと製作会社の主張を切り捨てている）。

さらに、集会での「非暴力とは無抵抗ではないんです。知恵を使って戦うということです」との原告の発言からは、辛淑玉さんが非暴力による抵抗運動を志向していることが推認されるとし、抵抗の手段としての道路への座り込みを呼びかけたことがあったとしても、本番組では、「暴力」の内容が道路への座り込みによって行われていることは示されておらず、むしろ、反対運動の参加者に関して、「過激（派）」、「（取材者が）襲撃され（る）」、「警察でも手に負えない」、「テロリスト」などの表現を使用して、殊更に危険性の高い暴力が直接身体に加えられる可能性を強調し、それを一般の視聴者に印象付けているものと認められるから、本番組のいう暴力と辛淑玉さんが集会で採り上げた抵抗方法とでは、暴力ないし実力行使の次元が異なり、一般の視聴者が受ける「暴力」に関する印象は全く異なるものであるので、辛淑玉さんの集会での発言内容をもって、暴力や犯罪行為を厭わない者たちによる反対運動に関し、これを煽っているとの事実はないと認定した。

基地反対運動を悪意をもって評価しない適切な判断であるといえるものであった。

第一審判決は、非常に高く評価できるものであったが、本件番組が在日朝鮮人である辛淑玉さんに対する人種差別であるとの私たちの主張については判断しなかった点には、不満が残った。

長谷川氏に対する損害賠償については、司会者に過ぎず、番組製作には、主体的に関わってはいないとの理由で、請求は棄却された。

私たちは、製作会社への請求部分は、控訴せず、長谷川氏の請求棄却について控訴し、DHCテレビが控訴、長谷川氏が反訴の棄却について控訴となり、東京高裁で審理がされた。

◆人種差別を認める東京高裁判決、そして最高裁での確定

二〇二二年六月三日、東京高等裁判所で、控訴審の判決が言い渡された。

第一審判決をほぼ踏襲したものであり、双方の控訴を棄却するという結論であった。ただし、第一審判決が、人種差別の主張について触れなかったのに対し、控訴審判決では、『在日韓国・朝鮮人の差別ということに関して戦って

きた中では、カリスマなんですよ』と発言した直後に、他の出演者が『韓国がそうやって沖縄にこだわるのは何で』、『親北派ですから。韓国の中にも北朝鮮が大好きな人がいる』と発言し、それぞれ『韓国人はなぜ反対運動に参加する?』、『親北派のため、米軍基地の建設を妨害している』とのテロップが表示されており、在日朝鮮人である一審原告の出自に着目した誹謗中傷を招きかねない構成になっていること」との文言が判決に加えられた。

非常に控えめな表現ではあるものの、私たちは、裁判所が、本番組が人種差別に該当することを認めたものと評価しており、この点は、控訴審での前進であったと考えている。

控訴審判決後、DHCテレビと長谷川氏が最高裁に上告等を申し立てた（辛淑玉さんは申立せず）。

そして、二〇二三年四月二六日、最高裁が、DHCテレビの上告等を棄却、却下し、勝訴判決が確定した。

◆ディーエイチシー会長の発言と日本社会

裁判が進行している最中に㈱ディーエイチシーの吉田嘉明会長は、インタネットサイト「iRONNA（いろんな）」において、「DHC会長独占手記『ニュース女子騒動』、BPOは正気か」と題する文書を発表した。

そこには「政界、官界、法曹界、マスコミ、実業界、スポーツ界、芸能界には驚くほど多数の在日帰化人がいます」「実業界で大企業の創業者の大半は在日帰化人です。私のように純粋な大和民族はその点では珍しい存在かもしれません」「我々は全くの異人種である韓国人と仲良くすることはあっても、そして多少は移民として受け入れることはあっても、決して大量にこの国に入れてはいけないのです」と差別を露わにした言葉が書き連ねてあった。

良識ある者であれば、目をそむけたくなるような発言だ。しかし、私たちから見れば、極端な言い方ではあるものの、この類の言葉を事実ととらえるものは、日本社会のどこにでもおり、決して珍しいものとはいえない。沖縄の平和運動を笑いながら叩く人間がいる。最近では、インターネット掲示板「2ちゃんねる」の開設者・ひろゆき氏（西村博之氏）が米軍キャンプ前でピースサインをし、抗議日数を示した掲示板について「0日にした方がよくない?」と書き込んだツイッターが批判を集めた。

「ニュース女子」も、真剣に沖縄の米軍基地を論じるのではなく、『基地の外の反対運動の人達は土日休み、週休2日』とのテロップや『次の朝、ちゃんと出勤していた反対派の皆さん、お疲れ様です』とふざけたナレーションをつけたり、反対運動している人に捕まりたくなければ「琉球タイムズ」って腕章つけていけばいいんだよとコメンテーターが笑いながらいうスタジオトークが展開された。

司会者の長谷川氏は、第一回放送に多くの批判がされたことを知りながら、第二回放送で「お休みの間にいろいろ騒ぎになりましたけれど、まあ、盛り上がっているということですよ」と笑いでトークを締めくくった。

辛さんはいう。「彼らは笑っていた」。社会で押しつぶされそうになり、命がけで声を上げる弱者に対し、外野の安全地帯から嘲笑、揶揄をもって叩く人間たちがいる。笑いながら揶揄できる人間は、笑いながら人を殴れる人間である。そのような人間たちを許す社会にしてはならないと強く思う。

◆「ニュース女子問題」は終わっていない

「ニュース女子問題」は裁判としては決着した。しかし、「ニュース女子」で問われたのは単なる一番組の問題ではない。沖縄への国家ぐるみの弾圧に抗する人々へのデマ、マイノリティに対する人種差別は、インターネットなど様々な道具を使って今でも行われている。

控訴審判決後、辛淑玉さんは「差別に抗う案件は、一生かけて五ミリ前に進むかどうかだ」と語った（『東京新聞』二〇二二年七月七日）。膨大なエネルギーを費やしてやっと得られたのが、この判決なのである。差別で傷つけられる日常を送る人にとっては、わずかばかりの前進なのであろう。差別に対する裁判は、一つ勝っても大きな解決とはならない。それどころか、勝訴したことでさらなる攻撃が当事者に降り注ぐ。勝訴の日からさらなる闘いが始まるのだ。

今の日本社会では、「ニュース女子問題」との闘いは、終わることがなく、終息は見えてはいない。

（きん・りゅうすけ　弁護士）

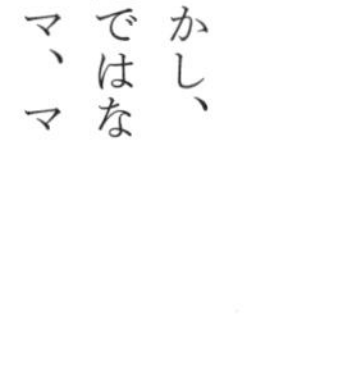

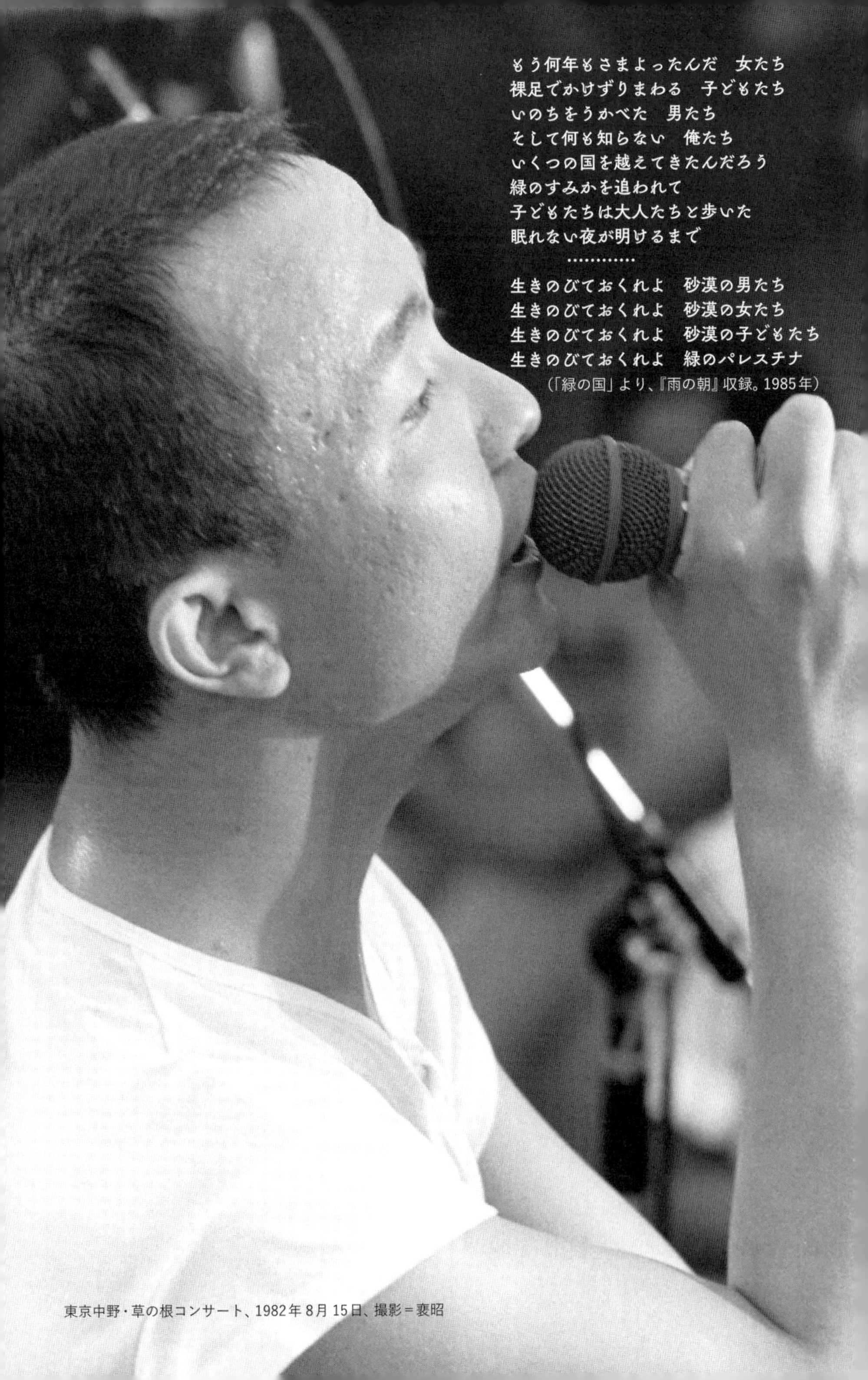

もう何年もさまよったんだ　女たち
裸足でかけずりまわる　子どもたち
いのちをうかべた　男たち
そして何も知らない　俺たち
いくつの国を越えてきたんだろう
緑のすみかを追われて
子どもたちは大人たちと歩いた
眠れない夜が明けるまで
…………
生きのびておくれよ　砂漠の男たち
生きのびておくれよ　砂漠の女たち
生きのびておくれよ　砂漠の子どもたち
生きのびておくれよ　緑のパレスチナ
（「緑の国」より、『雨の朝』収録。1985年）

東京中野・草の根コンサート、1982年8月15日、撮影＝裵昭

論考

趙根在の残した仕事
——差別の根源を探るまなざし

岡村幸宣

◆趙根在の仕事を再考する展覧会

趙根在（チョウ・グンジェ、日本名は村井金一）は、一九六〇年代から八〇年代にかけて国内各地のハンセン病療養所を訪ね、隔離政策によって収容された入所者、とりわけ在日朝鮮人に焦点を当てながら、差別のなかで生き続ける人間の存在に正面から迫る写真を撮り続けた。一九九七年に亡くなった趙の仕事を伝える機会としては、翌九八年に高松宮記念ハンセン病資料館（現・国立ハンセン病資料館）で遺作写真展が開催され、二〇〇二年に草風館から『趙根在写真集　ハンセン病を撮り続けて』が刊行されている。

◆写真展図録

二〇一四年には国立ハンセン病資料館で企画展「この人たちに光を——写真家趙根在が伝えた入所者の姿」も開かれた。筆者が初めて趙の写真をまとめて観たのも、このときの展覧会だった。

そして二〇二三年、埼玉県東松山市にある原爆の図丸木美術館にて「趙根在写真展　地底の闇、地上の光—炭鉱、朝鮮人、ハンセン病—」（会期：二月四日〜五月七日）を開催した。この企画は、ハンセン病資料館の外部で開催される初の本格的な回顧展であった。そのため、これまでの蓄積を踏まえつつ、写真をハンセン病の歴史を伝えるための資料にとどめず、趙根在というひとりの人間の表現として捉えることを心がけた。

もちろん二一〇点の出品写真の中心は、各地の療養所を訪れて撮影した未公開写真である。その上で、在日朝鮮人や炭鉱を撮影した未公開写真も含めることにした。趙がなぜハンセン病に関心を持ち、療養所で生きる人たちにカメラを向けたのか、レンズ越しに何を見出そうとしていたのかを理解するためには、趙自身の人生や社会的背景を踏まえることが不可欠だと考えたのだ。また、文献資料の調査も進め、趙の残した言葉の仕事も表現活動の一環として重視し、紹介することにした。

◆ハンセン病に出会う回想記

一九八五年一月から翌八六年三月にかけて雑誌『解放教育』に一〇回にわたって連載された回想記「ハンセン病の同胞《きょうだい》たち」は、日本で朝鮮人として生き、炭鉱で労働した体験と、ハンセン病の写真の撮影を、趙自身の言葉で結びつけて語った貴重な文献である。

趙の両親は朝鮮半島の黄海北道沙里院近郊の出身で、生活に困窮して日本へ渡った。父親は陶土を掘る仕事に就き、趙は愛知県知多郡大府町（現・大府市）に生まれた。生年は一九三三年とされるが、生前の出版物を調べると、三五年、三六年、三八年と異なる情報がいくつも見つかる。趙本人も正確に生年を把握しえない環境だったのだろう。「ハンセン病の同胞たち」には、「二歳ころ」に愛知県西加茂郡猿《さ》投《なげ》村（現・豊田市猿投町）に移り、「小学校に入学した昭和一九年の秋」（一九四四年）に岐阜県東濃地方の亜炭鉱山へ転居したと回想されている。

芒《すすき》野原に隠れ住む「ムンドン」（ハンセン病患者）に肝をとられると脅され、大人たちが親しい仲間うちで「ムンドン」と嘲り合っていた幼少期の記憶が語られるのは、後に民俗学に関心をよせる趙ならではの観点だ。ふだんは虐げられていた朝鮮人の親をもつ子どもたちも、ハンセン病を疑われた日本人と朝鮮人の子を「キモトリムンディー」と囃し立てたというから、差別が複雑に日常に根ざしていたことが伝わってくる。

戦争が終わると祖国へ帰る朝鮮人も多かったが、趙の父親は岐阜に残った。朝鮮戦争の好景気で一時は生活が楽になり、中学生の趙は友人と汽車に乗って名古屋見物に行く機会もあった。途中で車内にハンセン病患者がいることがわかり、警官が出動する事態になったことも記している。

やがて父親が病に倒れて再び家計が苦しくなり、趙は「中学三年生になった年」つまり一五歳から坑夫として働きはじめる。坑内労働の下限は一八歳だったので、当初は「闇掘りのヤマ」での違法労働だった。鉱山の仕事は収入になったが、死の危険と隣り合わせの日々には疲弊した。

「私の内側では新たな貧困と飢餓がはじまっていました。

取り残されていく不安、地底の闇からの脱出、地上へ、光への願望。陽が射し、風がそよぎ、星が輝く、そんな所。頭の上に命と闇を絶対に支配する、岩盤が覆っていない世界を渇望しました。……渇ききらないボロボロを着て、坑内に下ってゆくのは、怒りよりは悲しみでした。もうイヤだ!! でした」（「ハンセン病の同胞たち　6再び全生園へ」、『解放教育』一九六号、一九八五年九月）

　一九五八年には在日本朝鮮人中央芸術団（現・金剛山歌劇団）に照明部員として入団し、全国巡演に帯同している。熊本県の国立療養所菊池恵楓園の園内誌『菊池野』には、同年一〇月八日に同団の慰問公演の記録が残る。趙はこのとき初めてハンセン病の療養所を訪れ、朝鮮人入所者の存在を知った。

　在日本朝鮮人中央芸術団の使命は「帰国運動の盛り上げと促進」にあった。翌五九年一二月には新潟港から朝鮮民主主義人民共和国への帰国第一船が出航する。趙の母親はニュースを聞き、すぐにでも夫の遺骨を持って帰国したいと願ったが、日本生まれ日本育ちの趙は、「祖国」や「民族」の運動の渦中にいたにもかかわらず、「血肉としての実在感」が持てなかった。むしろ思い浮かんだのは、ハンセン病療養所に暮らす朝鮮人だったという。新国家建設から疎外された人たちを「他人事とは思えなかった」趙は、東京の独立映像プロダクション・三笠映画に職を得て生活が安定すると、東村山市にある国立療養所多磨全生園を訪ねた。『倶会一処《くえいっしょ》　患者が綴る全生園の七十年』（一光社、一九七九年）によれば、一九六一年六月二〇日。朝鮮人入所者の親睦団体・互助会の金哲元会長に迎えられた趙は、朝鮮人入所者が「らい予防法」の適用で強制隔離されながら、出入国管理令によって「強制送還」の対象にされているという二重の無権利状態を知った。教宣部長の金奉玉（日本名は金子保志）には園内を案内され、昼食をごちそうになった。そして彼らの境遇に、かつて自身がいた「地底の闇」を重ねていく。

「私には、出口を開き、自由の光をあてることは全く不可能としても、願望のいくらかを伝えられるかもしれない」と思った趙は、「伝達のいかなる方法も技術も知らず、自分の姓名すら確かに書けない、元石炭掘りが途方もない思いつきをしてしまった」と感じながらも、自分にできることを考えた末に写真を撮ろうと決意する。「写真家」としてテーマを求め療養所を訪れたのではなく、療養所に生きる人たちと出会ったために写真を選んだことは、趙の仕事の本質を考える上で重要な点だろう。土門拳の写真集『筑豊のこどもたち』は見ていたというし、同時代の作家の写真から影響を受けたこともあったはずだが、彼らと同じ意味での「写真家」になることは、かならずしも趙の目的ではなかったのだ。

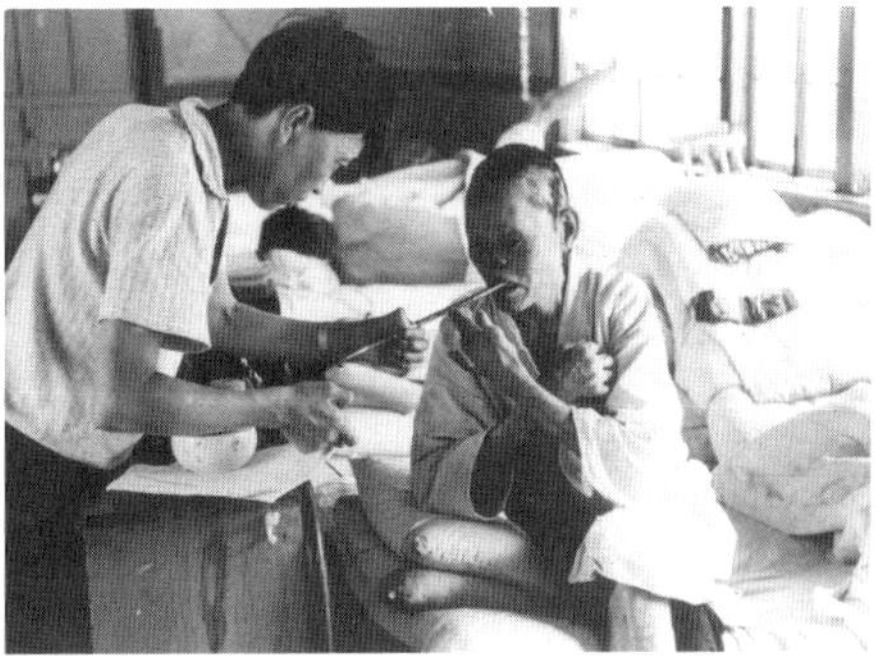

煙管に火をつける（1961年）

舌読（1966年）

戦後、ハンセン病は化学療法によって治癒が可能になり、感染、発症の可能性は低下したにもかかわらず、国の隔離政策は依然として続き、社会には根づよい差別も残っていた。趙が二度目の訪問で写真撮影の希望を伝えると、金奉玉はここでは撮影は難しいと否定的だった。しかし趙は「人間としての尊厳を獲得する力」を持つためには、まず自分を後ろめたく思ったり隠したりして生きる心情を解放し、正面から向き合う勇気が必要ではないかと主張し、朝鮮人に限るという条件付きで撮影許可が下りる。三度目の訪問で初めてカメラを持参した趙は、金成大（日本名は杉原宗三郎）の病床へ案内された。ハンセン病の後遺症で指先の感覚が麻痺し、視力を失った金成大の煙管に、金奉玉が火をつける瞬間をとらえた写真は、趙に大きな手応えを感じさせた。

回想記のクライマックスはこの「最初の一枚」だが、さらに病室でいたわりあう老夫婦の撮影や、戦後に外国籍となったため障害者福祉年金がもらえず、入所者間に経済格差が大きくなったと訴える朝鮮人の老人、不満があるなら自分たちの祖国へ「カエレバイイジャナイカ」と呻く分館長の姿が語られていく。そして一九六六年夏、「差別と患者蔑視」に耐えかねた入所者が分館長らの退陣を要求し総決起集会を開いているさなかに群馬県草津町の栗生楽泉園を訪ね、詩人の谺雄二の歓迎を受けるところで連載はやや唐突に幕を下ろす。

◆差別から解放する写真

もっとも、それからの足跡は残された膨大な写真が示している。展覧会の調査のために国立ハンセン病資料館から提供していただいた資料によると、同館の所蔵する趙の写真は、ハンセン病に関するものだけでも二万点を超える。状態の悪いフィルムを除いて、そのほとんどが電子化されており、撮影年や場所などの特定も暫定的に進んでいる。

趙は一九六〇年代前半には多磨全生園を拠点に撮影を行なっていたが、六〇年代後半から各地の療養所を訪ねはじめる。六五年末には熊本の菊池恵楓園で約千点の写真を撮影し、六六年から翌年にかけては栗生楽泉園をたびたび訪れ、五千点を超える質量ともに圧倒的な写真を撮影した。翌六七年四月には同園に准看護師として勤務していた齊藤君子と結婚。その後も栗生楽泉園には足を運び続けた。青森県の松丘保養園では六六年、七三年、七六年、七七年と計四度の撮影を行なったが、いずれも真冬の訪問で、豪雪地特有の風景を捉えている。七〇年秋には瀬戸内海の長島にある長島愛生園と邑久光明園に長期滞在し、三千点超の写真を撮影。七九年二月には九州の菊池恵楓園と星塚敬愛園、瀬戸内海の大島青松園、長島愛生園をめぐる撮影旅行を行なった。そのほか、東北新生園や駿河療養所の写真も残されているが、撮影数は少なく、あわせても百点に満たない。また、入所者の自治会が待遇改善を求めて厚生省を訪問し、官庁街などでデモを行なった七〇年夏をはじめとする「患者運動」の写真を約一五〇〇点残しているのも貴重な仕事である。朝鮮人に限るという当初の撮影条件は、厳守されたわけではなかった。きっかけこそ朝鮮人の境遇を伝えるためだったが、趙は積極的に交友関係を広げ、親しくなった日本人も撮影した。この時代に療養所の外から私的な訪問を重ね、入所者の姿を正面から堂々と撮り、人間が生きている実感を写し出した趙の写真は、画期的なものだった。

一九七〇年秋に長島愛生園を訪ねた際、「らい詩人集団」の島田等らによって企画された座談会で、趙は自身の言葉で明確に撮影の意図を語っている。

「じっさいぼくがカメラをもってまず撮ったのも真正面からなんです。で真正面から撮ってぼくは写真で何かを語る。そして写される人間は自分を見せることによって自分を主張するというときに、ぼくははじめて写す人間と写される人間との合作ができるんじゃないか。写真というのは写す人間のものじゃないと思っているんですよ。逆にいったらあれはね、写される人間のものなんですよ。だからぼくは写される人間がどうレンズの前に構えるかということがね、ぼくはドキュメンタリーっていうんか、こういうもののね、すごく大事な問題になってくるといまでも思っているんですよ」（「私のらい参加」、『らい』第十八号、一九七一年）

このとき、すでに一万点以上の撮影をしていた趙は、自分なりに撮ることの意味を問い、答えを見出していたようだ。「写真とは写す人間のものじゃない」と語っているのは、撮影者と被写体の不均衡を自覚していた証だろう。しかし趙は対等な立場での「写す人間と写される人間との合作」を望んでいた。

「決してハンセン氏病だけの問題でなくて、ぼくじしんの人間性の回復というね、いえば人間性の回復というより獲得やな。獲得という問題で共通するいくつかの問題提起がされていると思うんです。それは人間の値うちというものがどこで決まるんやろうかということですわ」（前掲「私のらい参加」）

被写体となった人間を差別から解放すると同時に、自身も差別の問題を乗り越えること。趙はそれを、切実な撮影動機として位置づけていた。

とはいえ、こうした撮影者の強い思いに応えてカメラの前に立つことは、誰にでもできるわけではなかっただろう。趙はしばしば特定の人間に密着し、日常の生活を追って集中的に撮影している。その被写体となったのが、もっぱら文学や「患者運動」に熱心に取り組み、個として社会にあらがう覚悟を引き受けた男性に偏りがちであったことも、写真からは読みとれる。

もう少し幅広く、性別や世代などの属性を問わず、さまざまな人を撮影しているのは、園内の労働の写真である。逆境に負けない人間の生き生きとした身体性を捉えているのも趙の写真の特徴だ。重症者の介護、ゴミ回収、くみ取り、炭の運搬、農作業、散髪やパーマ、裁縫など、当時の療養所では軽症の入所者が看護や生活に必要な業務を担う「患者作業」が行われていた。土木や養豚などの重労働を朝鮮人が担うことが多かったのは、園外の社会と同様だった。戦中戦後の貧しさのなかで身体を張って生きてきた趙は、社会から疎外された結果として現れる自治空間で懸命に働く人たちの姿には、既視感とともに強い親しみを覚えたのではなかったか。

ただし、国立ハンセン病資料館の西浦直子学芸員の教示によれば、高度経済成長と化学療法による治癒を背景に、社会復帰と療養所外での労働が増加したため、入所者間の経済格差は拡大し、同じ境遇のなかで生活を支えあう意識は次第に薄くなっていった。それと並行して、中心的な担い手を失った「患者作業」は、入所者の強い働きかけによって徐々に職員の業務に切り替えられていく。一九七〇年に「自用費」（障害年金一級相当）が全入所者に適用され、収入源としての作業が不要になったことで、こうした変化は決定的になっていった。

そして、これらの変化と趙の写真数の減少は、ほぼ一致している。とりわけ撮影頻度の高い多磨全生園の写真はその傾向が顕著で、七〇年代以後の撮影は、ショッピングセンター開店の祝賀会や花見、運動会、冠婚葬祭、敬老の日、車いすマラソンなど、特別な行事に限られていく。入所者の環境が改善されることで、初期の写真に見られた生活のダイナミズムが失われていくのは皮肉なようだが、別の見方をすれば、六〇年代から七〇年代はじめにかけての趙は、時代に呼ばれたかのように絶妙なタイミングで、彼の立場でなければ決して撮り得なかった写真を撮影していたのだと気づかされる。

◆読み書きへの情熱

趙が入所者を撮影した写真を掲載した療養所内の出版物は先行していくつか存在していたものの、趙の写真を社会に知らしめることになったのは、谺雄二の一九篇の詩と趙の五八点の写真を収めた共著『ライは長い旅だから』(皓星社、一九八一年)だった。刊行を告げるチラシには、谺の言葉によって、「カメラを武器に私たちハンセン氏病療養者が歴史的・社会的・政治的にナメてきた〝ライ〟の原体験に迫ろうとしている」と語られ、「ぼくは、あなたたちが受けてきている偏見と差別の実態をとおして、つまりそこからも、在日朝鮮人の真の敵を徹底的に追いつめたい。きゃつらの正体をぼくのカメラでバクロしたい……」という趙の挑発的な意志も紹介されている。

詩人の村松武司は、栗生楽泉園の機関誌『高原』に、次のような書評を寄せた。

「おそらくは、日本の近代化政策のなかでのたうち苦しんできた在日の彼の両親たち、肉親たち、彼自身の目が、思想信条や技術を超えておのずからライ者の側に立たされたとみるべきだろう。(中略)趙の写真は日本で初めてであり、在日朝鮮人の手と眼でなされたことの意味がふかい」(『高原』第三八巻第二号、一九八二年二月)

このように写真の意義を理解する人たちの後押しもあって、一九八〇年代に入った頃から、趙は雑誌や出版の仕事に携わっていく。八一年には草風館の雑誌『季刊　人間雑誌』第七号(六月発行)で、グラビア写真の連載「日本国らい収容所」がはじまる。第八号(九月発行)からは並行して朝鮮人入所者への聞書の連載もはじまったが、次の第九号(一二月発行)で『人間雑誌』は廃刊となった。しかし翌八二年の秋には、筑豊の記録作家・上野英信の依頼で『写真万葉録・筑豊』全一〇巻(葦書房)の共同監修を務めることになった。元坑夫の朝鮮人写真家が監修に加わることは上野にとって大きな意味があっただろうが、趙にとってもそれまで振り返りたくなかった炭鉱の記憶をハンセン病とつなげて考えるようになったのは、上野の影響が大きかったのではないか。写真集の刊行が八四年にはじまると、翌八五年一月号から『解放教育』の「ハンセン病の同胞たち」の連載もはじまる。趙は読み書きが得意でなかったと繰り返し回想しているが、この連載のために三度も草稿を書いている。そして現在、国立ハンセン病資料館の図書室に収蔵されている四三三三点に及ぶ趙の蔵書には、力強い筆圧の書き込みが随所に残る。そうした読み書きへの情熱は、視力や指先の感覚が不自由な金夏日が点字を舌で読む姿や、筆記具を手に縛りつけて原稿を書く澤田二郎、あるいは筆記具を口にくわえて執筆に取り組む森田竹次ら、趙が写真にとらえた療養所の人たちのひたむきな姿に重なって見える。細部まで記憶を呼び起こし、地を這うように、血を吐くように、粘り強く記録する趙の文体は、決して洗練されてはいないが、それゆえに読み手の心に刻まれ、忘れがたいものとなっている。

一九八六年三月に『解放教育』の連載を終えた後、趙は目立った仕事を残していない。しかし文学や歴史、宗教、美術、哲学、民俗学など幅広い分野の本を読み、差別の根源を探る研究を続けていたという。その成果を公開することなく、九七年に病気のため早逝した。生前には一度も写真展を開く機会がなく、単独の著書を出すこともなかった。

丸木美術館で開催した展覧会の反響は大きく、出品写真と回想記を収めた図録は会期中に完売し、増刷となった。これほどの写真がなぜ知られていないのかと問われることも多かった。その理由は決してひとつではないかもしれないが、筆者には趙の対峙し続けた社会の無言の抑圧を示しているように思えてならない。本来ならば予算と設備の整った公的な美術館で紹介されて注目されるべき、日本そして東アジアの近代の歴史の意味を問い返す力をもった写真群なのだ。

趙はハンセン病と炭鉱、在日朝鮮人をつなぐ象徴的な意味での「闇」、社会に根づよく存在する差別の根源を見極めようと試みた思索者だった。そして、逆境においても人間の尊厳を失わず、生きる希望を持ち続けた者たちの「光」を捉えようと試みた表現者だった。残された仕事をどのように評価していくかは、私たちの今後の課題である。

（おかむら・ゆきのり　原爆の図丸木美術館）

＊画像提供＝国立ハンセン病資料館

論考

手塚治虫の封印された漫画「ながい窖」を読む

沈熙燦

1——忘れられた名作

ある漫画の話をしようと思う。日本の誇る漫画家、手塚治虫(一九二八～一九八九)の忘れられた作品についてである。手塚のことを知らない人はほとんどいないだろう。「鉄腕アトム」「ジャングル大帝」「リボンの騎士」「ブラック・ジャック」「火の鳥」など、手塚の数々の名作は、日本を超えて世界で広く読まれている。私も手塚の大ファンである。かれこそ「漫画の神様」と呼ばれて当然の人だと、本当にそう思っている。ただ、私がそのように考えるようになったのは、ここ最近のことである。私は一年ほど前に、偶然手塚の短編「ながい窖(あな)」を韓国のネットでみつけた。手塚の作品を直接目にしたのはそれが最初であった。そこには戦前から戦後にかけて「在日」が受けてきた苦痛や、人間としての切実な叫びが生々しく描かれていた。この漫画を読んだあと、私は心の底から「この人は本当に漫画の神様だ」と納得した。それから時間が空けば、私は手塚のいろんな作品を手にとり、漫画を通して人間の「存在(Sein)」そのものを感じるようになっている。

ところが、漫画好きの日韓の友人で「ながい窖」を知っている人は、驚くことに一人もいなかった。ある日、戦後のサブカルチャーを研究していて、手塚の世界観についても興味深い持論を展開している日本人の大学教員と話をする機会をえた。かれに「ながい窖」のことを聞いたが、初耳だといわれた。少なくとも私の周りには、一般の漫画フアンはもちろん、研究者でさえ「ながい窖」のことを知っている人はいなかった。ちょっとしたショックだった。少し調べてみると、その原因がすぐみえてきた。「ながい窖」の初出は、一九七〇年十一月六日に発刊された『サンデー毎日』増刊号「劇画と漫画第四集」である。その後単行本『空気の底』下巻の初版（朝日ソノマラ、一九七二年）に転載されるも、改訂版からは削除される。手塚プロダクションのオフィシャルサイト（https://tezukaosamu.net）にも、この作品は全く触れられていない。なによりも、全四〇〇巻に至る『手塚治虫漫画全集』（講談社、一九七七～一九九七年）と、その文庫版（二〇〇九～二〇一二年）に「ながい窖」は収録されていない。「ながい窖」は、まさにながい間、ながい窖の底に、なんらかの理由で封印されてきた幻の漫画だったのだ。

2——「ながい窖」のあらすじ

まずは「ながい窖」の内容を紹介したい。光が流れる銀座の夜を歩く四人の中年男性の姿から漫画ははじまる。夕食を終えた長浜軽金属の専務取締役の森山尚平とその部下たちだ。部下たちはご機嫌の森山に二次会を誘う。ところで部下たちが「朝鮮料理」や「焼肉」を勧めたとたん、森山はめまいを起こしてしまう。かれの目の前に不気味な洞窟と揺れ動く白熱灯が浮かんでくる。森山は、実は「趙」という名の朝鮮人で、戦時中岐阜県の戸狩山に強制連行され地下壕を掘らされていた。そこで地獄より酷い苦しみを味わっていた趙は、そのトラウマを葬るために、そして日本社会の差別から逃れるため、日本籍や日本名を選び、自分の出自を隠してきたのである。趙は過去の呪縛から解き放たれ、いわゆる「成功した日本人男性」になろうと必死にもがくが、その欲望自体が激しいストレスとなって、かれの精神をつねに蝕む。

部下たちと別れ、頭を抱えながらおどおどする趙の前に、むかし地下壕で生死をともにした親友金文鎮があらわれる。金は趙に朝鮮民主主義人民共和国（以下、北朝鮮）から密入国した「除英進」（徐英進の誤字。以下、徐）の身辺をかくまってほしいと頼む。すでに安定した仕事や家庭を築いている趙は躊躇しつつも、結局徐を引き受けることになる。満州出身の朝鮮人である徐は、生き別れの「オモニ」を探しに日本へきた。趙は、片言の日本語しかできず、朝鮮人であることを隠そうともしない徐とつねに衝突する。だが趙の子供二人（大学生の長女亜沙子と高校生の次男久）は、四回も強制出国されながらも、オモニとの再会を願って大村収容所を脱出してきた徐に深く同調するようになる。とりわけ亜沙子は徐に惹かれていき、かれのオモニを探すことにも積極的に協力する。

暗い過去のトラウマに死ぬほど悩まされ、朝鮮に関するすべてを拒否してきた趙は、自分の娘が徐に惚れたことを知ると、すぐさまかれを家から追いだす。しかし、ちょうどそのとき、オモニの居場所をみつけだした亜沙子が家に帰り、徐を連れていく。徐は亜沙子のおかげでオモニを目の前にするが、近くに刑事が待ち伏せていることに気づく。焦って逃げた二人は、トラックにひかれてしまい、事故死する。

霊安室に駆けつけた趙夫婦は亡くなった娘の顔をみる。検視官から娘であるかどうか確認されると、泣き叫ぶ妻の横で趙は「ちがいます……私の友人の娘さんです」と嘘をつく。そこまでして朝鮮人であることを秘匿しようとする父親が、次男久はどうしても理解できない。怒りを抑えきれない久は、趙を卑怯者であると非難し、朝鮮人として堂々と生きることを力説する。久は「朝鮮民族と日本人はある程度理解しあってる——すくなくとも日本人はぼくらに遠慮があるはずだ」といい、朝鮮学校への転校を決める。

だが、久の考えはあまりにもナイーブなものだった。久は朝鮮学校の学生という理由だけで日本人の不良たちに凄絶な集団リンチを受け、生死の境を彷徨うことになる。病院から電話を受けた趙は驚愕するが、亜沙子のときと同じく「その子は…たぶん…うちのせがれではありません」という。しかし、久を袋叩きにした不良たちの学校の校長が、お詫びや反省はおろか、かえって朝鮮人を侮辱する態度をみせると、趙は理性を失い「わしは朝鮮人だ！　それがなぜわるい!!」とわめく。怯える校長と、高くかけられている額縁に映る趙の憤慨した姿がクローズアップされながら、漫画は終わる。

3——封印に関する推測

リアルな表現、卓越した心理の描写、ときには慄然とするタッチまで、「ながい窖」は手塚のほかの作品に比べても決して劣ることのない傑作だと思う。在日である、ということの意味を、ここまで緻密に描ききった漫画があるだろうか。またこの作品が、手塚のかねてからの問題意識にもとづいていることも指摘しておきたい。一九六六年一月一三日付『朝鮮時報』には、アトムの絵が入った手塚の年賀状が挿入されている。同年の三月一六日と四月一六日には、それぞれ「「反日教育」はウソ」、「私は広く呼びかけたい——在日朝鮮人の民族教育を日本人の手で守ろう」という手塚の文章が載せられた。「ながい窖」は、このような手塚の在日への関心が漫画として結実した作品といってよいだろう。

にもかかわらず、前述したように「ながい窖」は、単行本の改訂版、全集やその文庫版、オフィシャルサイトなどから完全に消え去っている。どうしてだろうか。いまは、惜しくもその理由を断定することはできない。出版社の意図かもしれないし、なんらかの圧力があったのかもしれない。原稿の遺失も考えられる。あるいは、作品の完成度に満足できなかった手塚本人が復刻を望んでなかった可能性もあろう。また、全集に収録されなかった手塚の作品が「ながい窖」だけではないことにも注意する必要があろう。

だが、その分確かなこともある。それは「ながい窖」の封印について、だれもその理由を語っていない、ということだ。手塚は、人間の社会における差別や暴力の問題にだれよりも真摯にとり組んだ作家である。たとえば『空気の底』上巻（朝日ソノラマ、一九七一年）に載せられた「ジョーを訪ねた男」（一九六八年）では、黒人に対する凄まじい人種差別が描写されている。ベトナム戦争で重症を負ったオハラに、心臓をはじめ、黒人兵士「ジョー」のあらゆる内臓が移植される。それを知ったオハラは自分が汚染されたと思い、手術のことを隠蔽しようと銃をもってジョーの家族を訪ねる。ユダヤ人に対する暴力を描いた「アドルフに告ぐ」（一九八三〜一九八五年）もある。これらの作品は、人間性の根底にあるものを鋭く問うた漫画として高く評価されているし、全集にもそのまま収録された。ところが、同じく在日を描いた作品は、いかなる説明もなく封印されたのである。

手塚の作品には、原画を単行本や全集に転載するさいに、セリフの書き換えが行われたものが相当ある。一九六八年雑誌『プレイコミック』に掲載された「夜の声」には「被差別部落」出身の女性が登場する。それが単行本『空気の底』上巻では「前科者」と設定が変わる。全集にもこの単行本版が収録されている。当時雑誌版の内容に対する抗議があり、単行本の編集過程でセリフを書き換えたかもしれない。物議をかもすことを恐れた出版社の判断か、あるいは単なる手塚の気まぐれだったかもしれない。いずれにせよ、手塚が最初描き込んでいた部落差別の問題は、そもそもなかったことのように作品から消え失せられた。興味深いことに「ながい窖」は「夜の声」と違って、一回は雑誌版のまま単行本に転載されている。それがその後、改訂版や全集の刊行において、作品そのものが完全に抜け落ちたのである。「ながい窖」は、主人公が在日であるからこそ起きてしまうことをあつかっているので、セリフや設定に変更を加えると、作品全体が崩れてしまう。すなわち、ちょっとした細工では、在日に対する差別の場面をごまかすことができないのである。

もちろん、先も述べたように原画が遺失されたり、手塚本人がなんらかの理由で作品の復刻を拒んだりした可能性もあろう。しかし、それでも疑問は残る。手塚の初期の作品には、黒人を未開な原住民と描写する場面が散らばっているため、一時期批判の的になったことがある。それを受けて手塚プロダクションと講談社は、全集の巻末に断り文を挿入した。断り文には、亡くなった作家の作品を第三者が勝手に改訂することはよくないし、自分たちには日本の「文化遺産」といえる手塚の漫画を守る義務があると述べられている。最後には、地球上のあらゆる差別に反対する意を明らかにし、手塚の作品を通して、かえって世のなかに多くの差別が存在することを認識してもらいたいと断ずる。

これは詭弁だといわざるをえない。差別の存在を剝きだしにすることで差別に反対するというが、それではどうして在日への差別を描いた「ながい窖」は全集から除外したのか。原稿の遺失か手塚の意向が原因ならば、それをそのまま記したらいい。その代わりにかれらは「ながい窖」の存在自体を、手塚の残した「文化遺産」を、丸ごと消したのである。手塚の作品の数があまりにも膨大なので「ながい窖」のことにうっかり気づかなかったのであれば、それは出版社の怠慢でしかない。

私は「ながい窖」が封印されてきたのは、現に行われている在日への差別を、差別として認めることすら拒否する、ほぼ無意識に近い日本の暴力的な思考に起因すると思う。ほかの差別についてはああだこうだと活発に議論するものの、在日への差別となると、なかなかそうはいかない。在日への差別は、ほかの差別よりも日本や日本人という「存在者（Seiende）」の世界の構築に深くかかわっているからだ。

4——在日の存在論

もちろん、私はさまざまな差別の間に軽重があるといわんとするのではない。私は冒頭で「存在（Sein）」という言葉を使い、ここでは「存在者（Seiende）」という言葉を使った。これはいうまでもなく、マルティン・ハイデッガーの概念である。唐突に哲学的な概念を提示するのは、少なくとも日本においては、在日への差別を存在論の領域から問うていく必要があると考えるからだ。「ながい窖」は、読み手を異様な恐怖に導いていく不思議な漫画だ。ここではそれを存在からこぼれてくる根源的な恐怖と呼びたい。

ハイデッガーによれば存在——英語でいう「be 動詞」、つまりなにかあるそのもの——は存在者の根拠となるが、両者の特徴はまるで違うという。存在者は、人間を含めてこの世のすべてのモノを指す。だが存在者が、ただ存在することはありえない。それは特定の範疇およびその烙印によって、ようやく存在者となりうる。たとえば、私は「人間」「韓国人」「男性」「父親」「息子」「旦那」といったさまざまな範疇へと区切られる。木は「木」「机」「椅子」「紙」「鉛筆」などの存在者として世のなかに配置される。このように、それぞれの基準によって分割・規定されるのが存在者の世界となる。私は、私という存在を、それらの存在者の世界を介してからこそ、はじめて世のなかに送りだすことができる。そうでなければ、私はこの世界で自分の位置を固定しえなくなるからだ。私は存在者の世界で生きていくために、まず私の存在を抑圧しなければならない。

しかしながら、存在者の世界はいたって不安定である。突如ある違和感が私たちを襲ってくるためである。「韓国人とはいったいだれのことだろう?」「男性ってなに?」という、いくら悩んでも答えようのない質問に憑りつかれる瞬間が訪れるのだ。このとき、昨日まで自明で堅固だった存在者の世界は不透明で軟弱なものへととり替えられる。存在者の論理ではどうしても説明しつくせない存在というものが顕現するのだが、その意味で存在は、既往の価値観に変化や破壊をもたらす恐ろしい経験、もしくは存在者の世界に潜む亀裂や空白の契機ともいえる。要するに、存在は存在者のカテゴリーに収まりきらない残余なのだ。

そしてハイデッガーは、存在は未来の時間に開いていくが、存在者の世界は過去の時間に属すると論ずる。存在者の世界で私は、自分のことを「韓国人」とか「男性」として演じるしかない。それらの範疇は、すでにだれかによって過去のある時点から用意されたものであって、自ら考えだしたものではない。ところが、そうした範疇にどうしようもない違和感をもちはじめると、いまや自分の存在を新しく語りうる範疇を自ら考案するしかなくなる。存在は、いまだ不確かなものの、来るべき未来に自分を潜めている。ハイデッガーの本のタイトルが『存在と時間(Sein und Zeit)』である所以だ。

私は、手塚の諸作品にはこうした存在論的な苦悩が孕まれていると思う。「ながい窖」もそうである。この作品で在日は、戦後日本という存在者の世界と、その虚構さを暴露する存在として機能する。戦後日本は、アメリカの庇護と冷戦体制の下で政治的安定と経済的繁栄をなし遂げていった。趙はそのような戦後日本の流れにうまく乗っかり、幸せな家庭と社会的地位を手に入れることに成功した。むかし一緒に強制労働をさせられていた金が「トルコぶろの主人」をやっていることと比べると、都内に大きな住宅を所有し、庭でゴルフの練習をする趙が、どれほど出世したのかがわかる。趙は「一介の町工場だった長浜」を大きな企業に発展させたし、いまは次期社長として信望もある。しかし、戦後日本が掲げていた平和と民主主義の水面下に、植民地支配や戦争犯罪に対する欺瞞、在日への差別などが伏在していたことと同様に、趙の成功もまた、暴力の経験や朝鮮という出自を無理やりに封じ込めることでえられたものであった。堅実そうな朝鮮人の青年を「不採用だ！朝鮮人を入社させることはふ、ふんいきとして、よ、よくない…！」と面接で落とす場面に明らかなように、趙は戦後日本の存在者の世界に潜り込むことで獲得した財力や名誉の保持を優先し、朝鮮に対する差別に加担していた。

ただし、存在を完全に忘却することはできない。それは存在者の世界を脅かす不可解なものとして必ず帰還する。背中に刻まれているむち打ちの痕跡や「ながい窖」の記憶は、朝鮮という存在を想起させることで趙の精神を圧迫する。手塚は、戦後日本が構築した平和と繁栄の日常の中核に、実は偽りや瞞着がへばりついていることを、在日という存在を通して克明に物語っているのだ。趙は在日という存在から逃げだしたいが、そのためには戦後日本の存在者の世界を手放さねばならない。日本人になりきることへの執着を捨てきれない趙は、したがって存在の襲来に繰り返し露出されてしまう。

「朝鮮料理」「焼肉」という言葉をはじめ、朝鮮とのつながりをもっている旧友の金、いきなり趙の家を訪ねてきて朝鮮語をしゃべる北朝鮮の青年徐、会社の面接にきた朝鮮人青年などが次々とあらわれて、趙の安楽な生活に波乱を呼び起こす。趙は、死んだ娘や危篤に陥った息子をも否定するほど、必死に自らの世界を防御せんとするが、そうすればするほど、かれの体と精神は干からびていくだけである。結末において、趙は結局存在者の世界から弾きだされ、在日という存在を全面的に受け入れる。趙の時間がようやく未来進行形へとベクトルを変えたのである。成功した日本人男性になりきることをあきらめた趙は、いまや在日としての自分の新しい生のあり方を創案していかなければならない。受話器を握ったまま恐怖に震える日本人校長の様子は、自分の存在に覚醒した在日が日本社会にもたらすであろう力を象徴しているかのようにみえる。

5——趙と私たち

このように「ながい窖」は、差別と暴力が一人の人間とその周辺を疲弊させ、崩壊へと追いやる過程をリアルに描いている。主人公の趙は、戦後日本における存在者の世界に属することを願っていたが、最後には自分の存在を隠さず、悲憤を爆発させる。在日が存在者の枠組みに自分をはめ込むのではなく、己の感情を自由に表現する瞬間を、手塚は漫画を通してみせたかったのではないかと思う。これは過度な解釈ではない。手塚の多くの作品は、「ながい窖」と類似した構造を有している。動物や機械という「非人間」をはじめ、ホモセクシュアル、バイセクシャル、トランスジェンダー、精神障害など、いわゆる「正常性」の範疇から外れたものとして差別を受ける存在たちが、手塚の漫画には多々登場する。そしてかれらは、私たちが棲息しているこの世界が、実は雑説と虚誕によって辛うじて維持されていることを暴きだす。手塚の作品は、人間の奥深いところにある存在の不気味さを書きあらわすことで、安穏で泰平な社会の持続という私たちの鮮やかな夢を惨たらしく切り裂く。

「ながい窖」が封印されてきたのは、この漫画が戦後日本が形作ってきた存在者の世界を動揺させるからであろう。日本が埋めようとしてきた空白と、その向こう側にある存在を、「ながい窖」はあるがままに出現させる。「ながい窖」は私たちに、存在を飼いならしたり、存在者の世界から追放したりする無駄な行動はやめろ、と話しかけてくる。それ自体、とんだ悲劇にすぎないからだ。趙は身分や面子にこだわる俗物的な人のようにもみえるが、実は私たちを写しだす鏡のようなキャラクターである。私たちはだれもが存在者の世界を欲望するか弱いものでしかない。かれは普通の人間であり、普通の在日である。その意味でも、私は一日も早く「ながい窖」が再出版されるべきだと思う。甦るべき存在の世界こそ、社会を変える巨大な力になると信じるためである。

（しむ・ひちゃん　韓日近現代思想史／延世大学校近代韓国学研究所）

講演

移動の経験

――アートを通してジェンダーと人種のアイデンティティをクィアする

キムラ・ビョル・レモワン

【解題】

本稿は二〇二三年四月二八日に立命館大学国際言語文化研究所ジェンダー研究会主催で行われた講演会「アートを通してジェンダーと人種のアイデンティティをクィアする――地理的経験」の記録である。

ゲストスピーカーのキムラ・ビョル・レモワン（kimura byol lemoine）は、韓国で生まれてベルギーに養子に出された、いわゆる「海外養子」である。そんな自分や自分を取り巻く社会を表現するために、アートという手法を用いている。ビョルの作品は、ディアスポラ、エスニシティ、カラリズム、ポストコロニアリズム、移民、ジェンダー・アイデンティティなどをテーマにしており、そのジャンルは書道、絵画、デジタルイメージ、詩、ビデオ、コラボレーションと多岐にわたる。

講演は自身の映像作品を見せながら行われた。本講演録には、映像作品にアクセスできるURLとQRコードを記載した。ぜひ、映像を見ながら読み進めていただきたい。

［翻訳・解題　金友子］

はじめに

キムラ・ビョル・レモワンです。本日はクィアであること、そしてアジア人であり、インターセックスであることについて、私の作品を通して話します。私は非常にシンプルなアーティストで、哲学的な思索をするタイプではありません。ただ自分の人生経験のなかで、どのような問いを自分に投げかけてきたかという話をしたいと思っています。

なぜなら個人的なことは政治的なことになってしまうから

文脈その一　地理

まず、タイトルにある地理[*1]にまつわる話から始めてみようと思います。地理的なこと、つまり移動があるからこそ自分に対する問いかけが始まったからです。

私は韓国で生まれました。そこからベルギーに幼少期に養子に出されました。国際養子という形の養子縁組でした。ディアスポラの多くの人たちがそうであるように、この背景をもとに私の自分に対する問いが始まりました。ベルギーで育ち、大人になる頃に韓国に戻りました。その後、韓国から今度はカナダに移住することになりました。ケベック州にあるティオティアキ[*2]という場所で、現在のモントリオールに当たります。この時私は中年のアーティストで、インターセックスであることを公にした後でした。この移動の軌跡を描いた作品があります。モントリオールで作成した「oui mes noms」（ウィメノン）という映像です。フランス語を直訳すると「はい、私の名前は……」という意味です。英語タイトルは「say my name」としましたが、発音「ウィメノン」だけだと「はい、しかし、いいえ（yes, but no）」とほぼ同じ響きになります。

映像はこちら　(https://vimeo.com/142289543)

私の映像作品は非常に短く、全てきっちり一〇〇秒です。そしてこの作品は、使っているワード数も一〇〇語です。英語もフランス語も一〇〇語で私の名前について説明しました。というのも、私はよく「……で、名前は何ですか?」と聞かれるんです。そのたびにどう答えたものか戸惑いました。私には韓国語とフランス語と英語の三つの名前があるからです[*3]。

文脈その二　人種

二つめのコンテクストは「人種」についてです。ただ、私は自分の生まれについて語る時には人種ではなくエスニシティという用語を使っています。自分がアジア系であると自認しているからです。そして「ハーフハーフ」と表現しています。生みの母は韓国人です。父親はというと、私が三〇代の半ばを迎える頃に自分の父親が日本人ということが分かりました。母親はこのことを恥じて隠していたので、知りませんでした。

そうして国際養子として養子に出されて、ベルギーに移住しました。白人の、当然と言えば当然ですが、子どものいないカップルでした。ただ、これも単純ではなく、父親はベルギー人といっても半分イタリアの血が混じっていましたし、母親は半分がデンマーク系ベルギー人、そしてオランダ語話者の子孫（フレミッシュ）[＊4]でもあって、人種的にはかなり複雑でした。こういったことは少なからず私に影響を及ぼしたと思います。

そういう状況で育って韓国にアジア人として戻ったわけです。韓国での私は離散した朝鮮人（ディアスポラ）の一人であり、韓国語が話せません。私は韓国で、自分が身につけていたヨーロッパ中心的な世界観を理解しようとして、それに向き合うことになりました。その後韓国からモントリオールに、アジア系として「正式には譲渡されていない土地」[＊5]に移住するのですが、カナダにもヨーロッパ人による植民地化の歴史があります。このことは、移住先として選んだこの土地を私が居場所としてよいものか悩ませました。

ここで人種主義（レイシズム）をテーマにした映像作品を見ていただきます。タイトルは「バンバン」です。

映像はこちら (https://vimeo.com/78987268)

この作品は私の後頭部を撮ったもので、アニメーションを使用しました。頭に傷があるのですが、見えましたか？

カナダにいるときに髪を剃りました。その時、頭に傷があると言われたんです。どうやら、ベルギーにいた時代、先生に殴られて地面に転がった時についた傷のようです。自分は気を失っていたので記憶がとんでいたのですが、それがカナダで初めて思い起こされました。そこで考え付いたのです。フォトショップ（写真・動画加工技術）で髪を取り戻してやろう、と。一〇〇枚の写真を使って、気絶などしなかったかのように「植毛」しました。これはある種の実験であり、人種主義の問題を克服するための方法でもありました。

文脈その三　ジェンダー

三つめのコンテクストはジェンダーです。私はインターセックスとして生まれたと考えています。しかしながら、女性という性別を割り当てられました。ベルギーで私を迎え入れてくれたのはヘテロ（異性愛者）でシスジェンダー（性自認に違和感のない人）の家族です。アジア人の女性として養子に出され、アジア人ステレオタイプの中で、西ヨーロッパという地域で育てられることになります。成長過程でだんだんと自分がどちらの性別にも属さないと思い始めました。女性という性別の中に自分をどうしてもうまく合わせられなかった。強烈な違和感があったのです。例えばアジア人女性に対するステレオタイプ——物腰が柔らかい、静か、無口、従順——を求められるのですが、そういう型にはめられるのが嫌だと感じるようになりました。そういうわけで、カナダに移住した時に完全に自分を無性化したんです。女でも男でもない人間である、と。クィアとしてモントリオールは非常に居心地のいい場所でした。クィアな人びとのコミュニティがあり、自分の居場所を見つけたと思えました。

このテーマに関する映像作品をお見せします。タイトルは「それはどういう意味ですか（qu'est-ce que ça veut dire?）」です。

映像はこちら（https://vimeo.com/78980531）

この作品も一〇〇秒ぴったりで終わります。自分への、自分のアイデンティティへの問いかけがテーマになっています。映像で私は自分の手首にタトゥーを入れています。「6261」という番号は、私が養子に出される時に養子仲介者から与えられた身分証明書に記載されていた番号です。

表象が芸術になるとき

芸術活動その一　地理

次に芸術活動についてお話しします。私の作品を芸術と言えるかどうかは微妙ですが……。先ほど少し地理をもとにしたお話をしました。国際養子として養子に引き取られた先は西洋の家族でした。したがって西洋で暮らすことになり、西洋のアートに触れて育ちました。印象派、キュビズム、ポップアートなどです。八〇年代のニューミュージックのビデオクリップやマンガ、アニメもです。日本の

「キャンディ♡キャンディ」[＊6]は皆さんご存知だと思います。私の幼少期にはとても流行っていて、私も大好きでした。

　その後、韓国に移り住みましたが、韓国語ができませんでした。韓国人ではあってもノンネイティブでした。しかし、だからこそ一つの自由を得ました。韓国語ができないので、伝統に縛られることがなかったのです。韓国では書道やレタリング[＊7]、タイポグラフィー[＊8]を学び、ハングルや漢字にも興味を持ち始め、これらを用いた創作活動を始めました。これが自由にできたことが嬉しかったです。

　その後にモントリオールに移住します。私が自分の選択でおこなった移民で、カナダに引っ越してきた私は、一人の移民だということに気づきます。ヨーロッパにいた時は有色人種だということ、自分がイエローであることをそれほど意識していませんでしたが、カナダで初めてそれを強く感じました。そもそも「イエロー」というのが北米的な考えなのではないかと思いますが……。しかしモントリオールで、有色人種の、あるいは先住民の存在に触れ、それらのコミュニティが相互に繋がり合っているカナダという土地で、やっと自分の居場所というものを見つけたのです。

　次の作品は「ナタリーナタリー」です。私は一度カナダから強制退去になり、少しの間をドイツで過ごしました。ベルリンの芸術家滞在施設で出会った日本人アーティストがいて、その人に「キャンディー――」のフランス語歌詞をクィアな感じで、韓国風の日本語に訳して欲しい、と頼んだんです。その成果がこの作品です。

映像はこちら（https://vimeo.com/79024945）

　皆さんご存知の「キャンディー――」の主題歌に映像をつけ、訳してくれた日本人アーティストに歌ってもらいました。ご近所さんがいかに上手く日本語訳を作ってくれたか、日本語で生まれ育っている方々には分かるのではないでしょうか。ベルリンでの彼女との協働はとてもよかったですし、ベルリンについてあれこれ教えてくれました。たとえば、ベルリンでアジア人女性は白人と一緒でなければ出歩けない、特に夜に一人で出歩いたら駄目だ、と。ベルリンで暮らし始めて少し経ち、ドイツにおける人種主義のひどさに直面しました。この映像にはそれを乗り越えるという意味も込められています。

芸術活動その二　人種

　次に、人種の面から見た創作活動です。国際養子としてベルギーに送られ、そこで育ちました。アートの面で影響を受けたのがヨーロッパの表現です。なかでもアールヌーボー、いわゆるジャポニズム、浮世絵などです。他にはベルギーのアニメ「タンタン」[＊9]、マルグリット・デュラス、映画『二十四時間の情事』[＊10]、八〇年代の歌謡曲――たとえばデヴィッド・ボウイの「チャイナ・ガール（China Girl）」やスウェーデンの歌手アネカの「日本の男の子（Japanese Boy）」など――です。それらは異国情緒を過度に強調したものでしたが、私はこのような文化に囲まれて育ちました。

韓国に戻って、ディアスポラな存在としての自分は、ディアスポラだからこその自由を発見しました。そして他のコリアン・ディアスポラの芸術家のことを知るようになったのです。たとえば、ナムジュン・パイク[＊11]、リ・ウファン[＊12]、テレサ＝ハッキョン・チャ[＊13]です。

モントリオールに移住した時、私はただのアジア系移民でした。その時まで自分が移民であると意識したことはなく、マイノリティのアーティストだと考えたこともありませんでした。しかしカナダに来て差別に直面することになります。フランス語話者のアジア人として、です。というのも、カナダで、アジア人は英語話者であることを期待されているからです[＊14]。それに加えて、反アジア的な差別を受けることもありました。なぜなら、（特にケベックで）アジア系移民は英語話者であって、フランス語話者ではないと思われているからです[＊15]。そんな状況もあって、私は有色のアーティストたちと繋がるようになりました。例えばヘレン・リー（Helen Lee）はカナダでコリアン・ディアスポラであることについて映画を作った人です。カレン・タム（Karen Tam）は中国系ケベック人のアーティスト、スタンリー・ファビア（Stanley Fevrier）はケベック生まれの黒人で、ケベックのアートシーンのシステムのなかで差別を受けてきました。ジェニー・リン（Jenny Lin）は台湾系カナダ人、ジェローム・ハーブア（Jérôme Havre）はフランス出身でケベックに移り住んだ黒人アーティストです。この人たちとの出会いは「コミュニティ」を見つける大きな助けになったし、私が思いもよらずここを自分の居場所だと思えるようになったのは、この人たちがいたからです。

もう一つ一〇〇秒の映像作品をお見せします。「ホワイト・コリアン」をテーマにした「君は何者か（Who are you?）」という作品です。

映像はこちら（https://vimeo.com/117125221）

この作品は、西洋に送られた養子の一〇〇枚の写真で作った、一〇〇秒の作品です。養子たちは主に米国、カナダ、西ヨーロッパの白人家庭に送られました。白人家庭で、養子たちは白く漂白されていきます。つまり白人社会への同化を迫られ、自らもその価値観を内面化していく、それをテーマにしました。この作品を出品したのはクィア映画祭です。なぜクィア映画祭か。カナダに来てから知ったのですが、一〇〇のケースがあれば統計を始めることができるそうです。この一〇〇人の赤ちゃんのうち、一〇人がクィアです。誰もそんなこと気にとめていなかった。しかし、これが現実です。

芸術活動その三　ジェンダー

次はジェンダーに関する事柄です。西洋で成長して、アジア人の大人になった私には、それほど多くの自由が与えられてはいませんでした。肩身の狭い思いをしました。私の作品はどれもかなり小規模で制作に費やす時間も短いです。理由の一つは、誰の気にも障らないようにするためです。いま一つは、日常から抜け出すための避難として、自分を助けるための方法としてアート作品を作っていたので、それを邪魔されたくなかったからです。それがヨーロッパに住んでいた時の私のやり方でした。

韓国に戻って暮らし始めた時、私は「わきまえない女」でした。韓国人だけど韓国人ではないということで、大胆な発言なども許されていて――というか自分で許したんですが――、そのような感じでアートを作っていました。フェミニストアートを学び、プレイ・オン・ワーズを学びました。プレイ・オン・ワーズは、既存の言葉を使ったパロディや言葉遊びを指します。自分を表現するためにデジタル作品も作り始めましたが、プレイ・オン・ワーズの手法は、言葉をもじって使うことで著作権に引っかからないようにするという側面もありました。

モントリオールに移ってから、クィアアーティストとして作品を作り続けました。DIYのようなやり方で多くの作品を手がけました。私はそれほどお金のかかる作品を作っていません。現実問題として、私はカナダでは正式な移民ではなかったので芸術活動に対する経済的な支援を受けられませんでしたし、公的支援の申請資格もありませんでした。ただ、お金がなかったわけではありません。韓国に住んでいる間に作品がかなり売れました。その売り上げを貯めていて、カナダ暮らしはそれでやりくりしていました。そんなわけで、売れる作品を作るという心配なしに、DIY的な作品づくりをしていました。

モントリオールでは、アジアやベルギーとは当然ながらかなり異なる、特異なアートを学びました。そうこうして二〇〇〇年に、カナダの市民権を得ることができました。その後はいろいろな制作助成金にも申し込めるようになり、いくらかの資金をもらうこともできるようになりました。

次にお見せする作品は、モントリオールで作ったジェンダーに関するものです。

映像はこちら（https://vimeo.com/117125638）

「毛だらけ（Hairy）」という作品です。この作品では一〇〇秒ではなく、一〇〇グラムの私自身の毛を使いました。毛を顔に貼り付けていくのですが、アロエのクリームを顔に塗りたくり、毛が落ちないように固定しておくのが大変でした。後で落とすのも大変でした（笑）。

ここまで、私の作品を見ていただいたのですが、私のアイデンティティは、私のアート作品がそうであるように、交差的です。自分が選んだのではない場所や社会に生きること、私が選んだのではない言語を身につけねばならないこと、ジェンダーとクィア性、これらすべての坩堝《るつぼ》でした。一つの箱に閉じ込めようとする抑圧、そして何かを作る上での特定の期待や役割から私を解放してくれたのが、いろいろが交じり合った坩堝なのです。

おわりに

今からお見せする映像は、徐京植さんが私のディアスポラな旅についてインタビューしたもので、私がインターセックスであるとカミングアウトするまでの旅路を語ったものです。

インタビューは、徐京植さんが話す日本語を菊池恵介［＊16］さんがフランス語に通し、私は徐京植さんに直接韓国語で話すかたちで行なわれました。こう言うと複雑《ボクチャプ》に聞こえますが、実はそうでもありません。映像に使ったのは私が一緒に暮らしていた猫で、登場人物（徐さん、菊地さん、私）のうち、唯一のカナダ生まれのモントリオールっ子です。使用した音楽は、ラヴェル作曲『ボレロ』で、インタビュー撮影の直前に著作権が消滅したので、安心して使うことができました。タイトルは「第二の故郷（Home Away Home）」です。一〇〇秒ではなく、少々長めの作品です。

映像はこちら（https://vimeo.com/169530845）

今回は映像作品を中心にお見せしましたが、他にも多様な手法の作品を手掛けています。絵画やコンセプチュアルアートなどです。現在、カナダ政府から資金をもらえるようになり、いろいろなプロジェクトができるようになりました。クィアアーティストとして、有色のアーティストとして認知されたようです。最近の私は、特にコロナ禍以降、ジェンダーについて語ることから少し距離をとろうと試みています。また、私はクィアのアーティストであって、クィアな作品を作るのではない、と考えるようにもなりました。

　周囲からは「あなたの作品はアイデンティティに関するものですよね」とよく言われます。けれども、アイデンティティについて語っている作家は私だけではありません。例えばアンディ・ウォーホール[＊17]が作品の中で自分のクィアなところをたくさん表現していましたし、デビッド・ホックニー[＊18]には男性の恋人とスイミングプールを描いた作品があります。ピカソはおそらくヘテロだったと思いますが、作品の中で自己表現をしていたと思うんです。しかし私たちはピカソの作品をアイデンティティに関する作品だとはみなさないですよね？

　アーティストとして私たちが行なっているのは、感受性を与えることです。作品を鑑賞する人が何事かを語り始め、問い始め、あるいはアーティストが表象したいものについて問い始める。この、物事を見る違うやり方、物事を問う違うやり方こそがアーティストが世界に与えることのできるものだと思っています。私は慎ましくも作品を作り続けてきて、そういうことをやってきたつもりです。これまでの三五年間、自分の人生を芸術に捧げてきたと考えています。コリアンとして、アジア系として。

　最後の作品は私がカナダで生活できるように救ってくれた命の恩人です。「恩人」というのは、この作品を仕上げた後に、ビザが切れてカナダから一時強制退去させられました。カナダに戻ってよいという許可が出たのは、この作品が私の身元を証明してくれたからです。「プロジェクト６２６１」という作品で、モントリオールの六二六一番地に住む人々のインタビューです。先ほども言及しましたが、６２６１は私の養子番号でもあります。

映像はこちら（https://vimeo.com/245268529）

（了）

【以下、註はすべて訳者による】

［＊１］　本誌掲載にあたり講演タイトルにあった「地理（ジオグラフィー）」を「移動」に置き換えた。

［＊２］　ケベック州は現在、フランス語系住民の居住地域となっている。もとは先住民の地であり、ティオティアキ（Tioht-ià:ke）と呼ばれた。

［＊３］　フランス語の名前はナタリー・レモワン、韓国の名前はチョ・ミヒ、この二つを合わせてチョ・ミヒ＝ナタリー・レモワンという名前を名乗っていた時期もあった。現在使用

していのは、後に自分でつけた名前でキムラ・ビョル・レモワンである。キムラは父親が日本人だったことが判明したことから、ビョルは韓国語で「星」を意味する。

［＊4］フレミッシュ（Flemish）とは、ベルギーおよびフランス北東部で話されている「低地フランク語」の系統の呼称。一般的にはベルギーで話されているオランダ語を指す。

［＊5］カナダはイギリスやフランスが入植し定着したのをはじめとして様々な国から人が移り住んで今に至るが、もとは先住民の土地である。移り住んできた人々に対して土地が正式に譲渡されたわけではないことを認識すべきだという意味で、「unceded land」という言い方がされる。

［＊6］「キャンディ♡キャンディ」は、水木杏子原作、いがらしゆみこ作画の日本の少女漫画作品。一九七〇年代後半に少女漫画雑誌で連載され、のちに単行本化された。テレビアニメは一九七六年から一九七九年にかけて放送された。一九七〇年代からヨーロッパでも放送された。

［＊7］文字をデザインすること、あるいはデザインされた文字。

［＊8］文章を読みやすく見せるデザインの手法、あるいは文字で一つのデザインを作る手法。

［＊9］タンタンはベルギーのアニメ作品。エルジェ（本名：ジョルジュ・レミ、一九〇七〜一九八三年）が作った架空の少年。http://www.tintin.co.jp/herge/bio_top.html

［＊10］原題は『Hiroshima mon amour』、一九五九年の日本・フラン合作映画。監督：アラン・レネ

［＊11］白南準（ペク・ナムジュン、一九三二年、ソウル〔当時の京城〕生まれ）。アメリカで活躍した現代美術家。

［＊12］李禹煥（リ・ウファン、一九三六年、韓国・慶尚南道生まれ）。日本を拠点に世界的に活動している現代美術家。

［＊13］テレサ＝ハッキョン・チャ（一九五一年、韓国生まれ）。米国で活動した作家、芸術家。実験的著作『ディクテ（Dictée）』（一九八二年）は日本語にも翻訳されている（池内靖子訳、青土社、二〇〇三年）。

［＊14］ケベックはカナダの中でもフランス系住民が多く、フランス語が主に使用されている。

［＊15］ケベックではフランス語話者の方が重宝され、話せない（と見なされる）と相手にされない。

［＊16］ベルギーとフランスでフランス語を学び、政治思想、レイシズム、フランス地域研究をおこなう研究者。以前ビョル氏が来日した時に通訳をした。

［＊17］アンディ・ウォーホール（一九二八〜一九八七年）は、米国の現代芸術家でポップアートの旗手。キャンベルのスープ缶を用いた作品で有名。

［＊18］デビッド・ホックニー（一九三七年、英国生まれ）は、現代美術の巨匠として知られる。自身が同性愛者であることを公表している。

李大佑『マイノリティの星になりたい』

評者 呉永鎬

明石書店・二〇二三年

❖

本書は、京都市の公立学校で教員として働く著者が、幼少期から今日に至る様々な経験、人々との出会い、試行錯誤のあり様等を、情熱的な筆致とユーモラスな表現で綴った自叙伝である。副題に付された「在日コリアン教師」は、公立学校で働く韓国籍・朝鮮籍の教師を意味するとさしあたり解して良いだろう。公立学校の教員に関する法規に、国籍による制限は明記されていない。しかし日本の教員免許状を持ち、教員採用選考に合格した日本国籍を有さない者は、公務員に関する「当然の法理」によって、任用の職が一般的な「教諭」ではなく「任用の期限を附さない常勤講師」となる。このような在日コリアン教師本人に焦点を当てた書籍は、金賛汀『異邦人教師：公立校の朝鮮人教師たち』（一九八七年、講談社）を除き、ほとんど見当たらない。その意味でも本書が世に出されたことの意義は大きいが、とは言え本書の内容は「在日コリアン教師」という響きが想起させるような学校や教育の話にとどまらない。

本書の構成は、幼少期（保育園から中学校）の著者が日常的に経験した無数の葛藤と、人生に大きな影響を与えた友人、先生との出会いを描いた1～2章、ラグビーに没頭した高校時代と教職を目指しながら奮闘する大学の時期を描いた3章、小学校で働く在日コリアン教師としての悩みや気付き、また子どもたちと真摯に向き合う過程を綴った4～5章、タグラグビー部の指導とそれをとおした子どもたちの成長を描いた6章、小中一貫校に異動した後の経験と教育への思いを綴った7章となっている。家族や友人、先輩、同僚、子どもたちとともに織りなされる李大佑少年から李先生への成長の物語は、それ自体として魅力的であるばかりでなく、今日の日本の教育と社会をめぐる様々な問題を照らし出してもくれ、読み手に多くの問題意識を喚起させるだろう。

人生の物語を要約することなどできないが、そのうえでこの自叙伝の主たる構図を私なりに大まかに捉えてみると、それは「失敗を重ねながら必死に頑張る李くんと、それを支え導く力のある者たちの物語」となる。在日コリアンとしての、あるいは教育者としての悩みや葛藤に李少年・李青年・李先生は幾度となく直面する。その度に、知識や人柄、経験やコネ等のある有力者との出会いや議論等が、彼に熟考や内省、発見等を経た成長の契機を与える。それら人々との出会いや関係が著者の人生にとってどれほど大きいものであったかはよく伝わる。一方評者には、そこに登場する男性日本人有力者たち――日本社会においてマジョリティの立場にある者――は、情動的・心理的あるいは個人的な次元で「李くん」に関わっても、歴史的・社会的・制度的あるいは構造的な次元で「在日コリアンの外国籍教員」に関わっているのだろうかという疑問が残った。例えば、一九五三年以降続いている「当然の法理」問題に、彼らはどのように関わろうとしたのだろうか。著者が直面せざるを得ない葛藤や困難、あるいはそれを乗り越えるための努力を個人の次元に回収して理解しようとすることは、歴史的に繰り返されてきたマジョリティによる特権（何が公的で重要かを決定できる力）の行使そのものである。

著者自身、こうした問題に無自覚であるとは思えない。著者は教育現場で聞くことのある「社会に出れば誰も一人一人の生い立ちや背景を見てくれない。一人一人に配慮してくれない。だからその子自身が生きていける力をつけてやらなければならない」とする言説を批判し、以下のように述べる。「社会は一人一人に配慮すべきだ。人が抱えてきたものをわざわざ見よう、感じようとすることが、特に社会で生きる一人として必須の姿勢だ。生い立ちや背景の中にある偏見や差別、貧困といった息苦しさの原因となるものは、わざわざ見ようとすることでやっと見えてくる類のものだ。それを見ようともせずに偏見や差別をバネにしろなどという〝バネ論〟は、社会の側の無責任、社会無責任論に他ならない」（二六〇頁）。つまり本書は、個人的な出会いや関わり合いの大切さとかけがえのなさをこれでもかと論じることで、問題の歴史性、社会性、構造を浮き彫りにする。熱血教師が頑張らねばならない状況や、「「外国籍教員が主任級になる必然性」を感じてもらえるように日々がんばる」（二五七頁）と当事者をして言わせしめている状況それ自体を、読み手の側は捉え、問わねばならないだろう。

本書は、したたかに、しなやかに、粘り強く前向きに生きる、一人のマイノリティたる著者の人生を鮮やかに描いている。しかしそのことを、たくましいマイノリティの美談や感動の物語として消費してはならない。まっすぐで力強く明るい著者の、その声を聴く読み手こそが試されている。

（オ・ヨンホ　マイノリティ研究／鳥取大学）

四方田犬彦『志願兵の肖像』

評者　寺脇　研

編集グループSURE・二〇二三年

本書の著者である四方田犬彦の仕事には、いつも多くを学ばせてもらってきた。

❖

なにしろ同年齢のわたしときたら、高校時代から日本映画の映画評を書いており、大学卒業して文部省に勤務すると同時に「映画評論家」を名乗っていたものの、同時期である大学在学中に同人誌『シネマグラ』を創刊して長文の映画評論を次々と発表した四方田には遠く及ばない表層的批評でしかなかったのである。

その後も、恥ずかしくなるほどの力量差を感じるばかりだった。霞ヶ関の役人仕事の傍ら個別の映画作品を追いかけるに過ぎないこちらと違い、ソウル、ロンドン、ニューヨーク、ボローニャと世界を股にかけつつ、映画、宗教、哲学、文学、演劇、美術、音楽さらには漫画と、幅広い分野を論じて、独自の思想を展開していた四方田は、常に眩い存在であると同時に、知的刺激を与えてくれ続ける。

ただ、同年齢だけに共通の映画体験であり社会体験でありを持っているという自覚はある。本書の中でも、われわれより二十年以上前の昭和二十年代に自己形成してきた先輩映画評論家・佐藤忠男への違和感が吐露され、子どもの頃から日活アクション、怪獣映画、『大魔神』で育ち、青年期にも「山口百恵ちゃんの映画は必ず封切りで観ました」と告白した上で「そこが出発点ですから」とされると、全く同意してしまうのだ。

で、そんなふうに同じ時代を生きてきた者として、本書中で最も共感したのは、冒頭部分での「近代以後の日本の歴史――日本を含めた東アジア、北海道や樺太も含めた歴史――について考えるとき」に関しての発言である。

【罪を償わなくてもいい、私たちは世代が違う、っていう人もいるかもしれないけど、私はそれはきちんと償うべきだと思います。正確に言うと、自分のおじいさんたちの犯した罪は、お父さんの時代に隠蔽してきた以上、お父さんにも問題がある。私は、そういう立場でお話ししたいと思う。これを自虐だとか、軽蔑的におとしめるような言い方をして欲しくないと思いますね。この姿勢だけを自分のよすがとして、これからお話ししたいということです。】

完全に同感する。実は、わたしの母方の祖父は植民地時代しかも皇民化運動期の朝鮮半島で平壌医学専門学校教授をしていたし、父も母もその時代への反省はまるでなかった。それが、若き日の自分にはどうしても納得がいかなかったからだ。

文化庁で日韓文化交流を画期的速度で進めていた二〇〇〇年代初め、河合隼雄長官は、英国など欧州は植民地を経済搾取したが日本は朝鮮半島を経済発展させたとの論調に対し、創氏改名や国語常用による文化統制は最悪だったと明言していた。「おじいさん、お父さん」の罪を問われているようで忸怩たるものがあり、互いを認め合う文化の交流や協力関係を作っていくのが、皇民化運動の「償い」のひとつだと思って臨んだつもりだ。

本書は、四方田による講義形式で、まず植民地時代の韓国映画が論じられていく。年表が付されているので、わかりやすい。植民地支配が始まると、映画をはじめ演劇、歌謡などの日本文化が一気に流入する。3・1独立運動が起きた一九一九年に韓国初の劇映画『義理的仇討』が作られているものの、当時はまだ日本資本や朝鮮総督府が差配する形だったらしい。

３・１運動を闘った世代が映画制作の場に登場した一九二〇年代半ばに、朝鮮の視点に立った作品が出現してきたという分析は頷ける。フィルムが散逸して「幻の映画」とされる『アリラン』（一九二六年）が名高い。二〇〇三年にリメイクされたものはわたしも観ているので粗筋程度は知っているが、日本支配への抵抗感が底流にくっきり表れているらしい。

この感覚を、題名になった朝鮮民謡「アリラン」の歴史や国民的に広がった経緯を踏まえて語ることができるのは、四方田の真骨頂と言えよう。パク・チョンヒ大統領の軍事政権だった一九七九年と、キム・デジュン大統領の民主化政権の二〇〇〇年という対照的な時期に韓国の大学で客員教授を務め現地で暮らした経験による文化理解の深さが窺える。

そんな調子で講義は進み、眼目である一九三七年〜四五年の皇民化運動期の映画が取り上げられる。『軍用列車』（一九三八年）、『志願兵』（一九四一年）、『君と僕』（同年）。いずれも、本書のタイトルである「志願兵」制度を扱った作品だ。創氏改名や国語常用のみならず、朝鮮の若者に日本軍の兵士を「志願」させたのだ。慰安婦や徴用工ほど認知されていないこの制度を、映画を通してわたしたち読者は理解していく。

講義の背後には、先に引用した四方田の「自分のよすが」とする姿勢が貫かれている。

第一講「皇民化運動時代の朝鮮映画」に続く後半の第二講「戦後日本の映画は朝鮮人志願兵をどうとらえたか」では、われわれの「おじいさん、お父さん」に当たる世代の作った日本映画を取り上げるが、これらを、自虐でもなんでもなく冷静に分析するのこそ、「（罪を）きちんと償うべきだ」との気持ちの表れだと受け止め、改めて深く共鳴する次第である。

（てらわき・けん　映画評論家）

【映画評】……

『福田村事件』

角岡伸彦

朝鮮から四十代の夫婦が、帰郷するシーンから映画は始まる。夫の澤田（井浦新）は、彼の地で教師を務めていたが、国策会社の重役の娘である妻・静子（田中麗奈）を連れて帰ってくる。汽車の同じ車両には、日露戦争で戦死した夫の遺骨を抱える若い未亡人・咲江（コムアイ）がいる。

外地から内地へ――。この作品は「外」と「内」がモチーフになっている。「周縁」と「中心」と言い換えてもいい。「内・中心」の舞台は、タイトルにある福田村。千葉県に位置し、一九二三年の関東大震災で朝鮮人と〝誤認〟され、十人の命が奪われた現場だ。

村のはずれにある渡し舟の船頭・倉蔵（東出昌大）は、かつて兵士として日露戦争に駆り出され、疲弊して帰ってきた軍隊嫌い。未亡人の咲江と昵懇の仲であることも加わって、福田村の中で浮いている（東出の好演は特筆に値する）。

澤田は性的不能者で、その理由は途中明かされる。夫に不満の有閑マダム・静子は、船頭の倉蔵に惹かれ、行くあてもないのに、ただただ舟に乗る。彼女にとって、舟の上だけが解放される場所である。

静子と倉蔵の階級差は歴然だ。静子は彼に自分は「チョンジャ」だと名乗る。「静子」の朝鮮語読みである。どうやら彼女は朝鮮に深い思い入れがあるようだ。

この作品は、「名前」が重要な役目を果たしている。

©「福田村事件」プロジェクト 2023

❖

千葉から遠く離れた四国・香川から、親方の新助（永山瑛太）を筆頭に、十五歳の信義（生駒星汰）を含めた十五人が、薬売りの行商に出ようとしている。出立のとき、信義は恋人・ミヨ（葉山さら）から「きっと、あんたを守ってくれる日が来る」とお守りを渡される。

行商団は、その香具師的口上で、社会的弱者も商売相手にして糊口をしのいでいる。橋の下のハンセン病者に、言葉巧みに薬を売りつける親方の新助。感心しながら病の治癒を祈る信義に、新助がたしなめる。

「わしらみたいなもんはのう、もっと弱いもんから銭とりあげんと生きていけんのじゃが。悲しいのう」

行商団は、香川の被差別部落民で構成されていた。これは史実である。被差別部落に生まれ育ち、この問題をテーマにして書いてきた私は、行商団の言動から目が離せない。

©「福田村事件」プロジェクト 2023

❖

千葉県境で行商団は、朝鮮飴を売る少女（碧木愛莉）に出くわす。飴を欲しがる少年の団員に、大人がたしなめる。

「鮮人が売っとるもんやからし、何が入っとるかわからんぞ」

被差別者が、差別されるだけとは限らない。親方は、穢多が売るものは信用できないと言われ、苦渋を舐めたことを思い返し、大量に飴を買う。

映画は朝鮮人差別をテーマとしつつ、部落問題にも切り込んでいる。

「わしらと朝鮮人と、どっちが下なんな？」

行商団の少年の問いに、大人たちは答える。

「どっちが下も上もない」

「アホ、鮮人よりわしらの方が上に決まっとるやろが」

©「福田村事件」プロジェクト2023

他のマイノリティを差別する者、差別に反対する者。部落民もいろいろだ。

　行商団の少年・信義は、福田村で先輩に連れられ薬を売りに行く。澤田家で二人は、静子にお茶をふるまわれる。

「田舎じゃわしらにお茶出す家、あらへんです」と恐縮する信義。商いのあと、先輩は信義に「そんなこと言うたら、西の方じゃ一発で部落の出やいうてわかってしまうが」とたしなめる。共食の忌避を通して、部落差別が暗示されている。

❖

　この映画作品は、史実をベースにして、架空のドラマが加えられている。

「富士山が噴火した」

「津波がやってくる」

「朝鮮人や社会主義者が火をつけまわったり、井戸に毒を投げ込んだりしている」

　映画に出てくるこれらの台詞は、関東大震災後に、実際にあった噂やデマだ。福田村に住む女性が、震災後、東京・本所にいるはずの夫を気にかけるという作中のエピソードも、当地が最大の犠牲者を出した被災地だったことに由来する。

　未曾有の天災後、各地で結成された自警団は、多数の朝鮮人を殺害する。その数、六千人とも言われているが、はっきりした数字はわかっていない。どこでだれがどのように殺されたか、その全体像がつまびらかでないからである(だからといって、虐殺がなかったわけではないのは言うまでもない)。

　映画では飴売りの朝鮮人の少女が、自警団につかまってしまう。彼女の場合、まぎれもない朝鮮人である。観念した少女は、朝鮮語読みで自分の名前を叫び、殺されてしまう。少し奇異に映るシーンだが、「〇千人」といった複数ではなく、一人の朝鮮人が最期に自らの証しである己の名前を伝え、命を奪われた。その背後には、やはり名前を持った数千人の朝鮮人が絶命したことを示唆しているのではないか――そのように私は観た。

❖

　大震災から五日目、福田村を旅立とうとする行商団に、とうとう人災が襲う。

川を渡るため、船頭・倉蔵と交渉をする新助。だが、荷が多いため難渋する。理解できない讃岐弁に不審をいだいた村民が、一行は朝鮮人でないかと騒ぎ出す。

朝鮮人来襲の噂で頭がいっぱいの村民は、行商団が何者であるか確証を得ぬまま暴走する。朝鮮人来襲の合図の半鐘が、村内に鳴り響く。

ⓒ「福田村事件」プロジェクト2023

「行かなきゃ村八分になんぞ！」

「そんな弱腰で守れるのか、鮮人から大事な孫娘を！」

共同体が「外」をつくりだし、「内」を固める。少しの違いでも、「外」と見なされる。抑圧者の潜在的罪悪感が、「不逞鮮人」像をつくりあげ、その恐怖感は暴発寸前である。

半鐘を聞き、駆け付けた澤田夫妻が、行商団の信義から薬剤を買ったこと、つまり彼らが日本人であることを、声を限りに力説する。彼から実際に薬剤を購入した静子が、村民から朝鮮人と疑われると、船頭の倉蔵が加勢する。

「本当にあの人たちが日本人だったらどうするんだよ！　おめえら、日本人殺すことになんだぞ！」

耐えかねた行商団の親方・新助が、周囲をねめまわし、啖呵を切る。

「鮮人なら、殺してええんか！　朝鮮人なら殺してええんか！」

俺たちは朝鮮人ではない。れっきとした日本人である。だから殺すな、と主張しているのではない。殺されていい人間はいないはずではないか、と喝破しているのだ。

「もともとわしら、鮮人じゃないきんなあ」

震災後に行商団の一員が発した発言に対する、反論でもある。

✣

関東大震災発生の前年の一九二二年。部落差別に反対する当事者組織・全国水平社が結成された。吾等は人間性の原理に覚醒し人類最高の完成に向つて突進す——組織の綱領でそう高らかに謳い、「人の世に熱あれ　人間に光あれ」と宣言した。

長らく部落解放運動は、なぜ同じ日本人の我々を差別するんだと声を涸らして訴えてきた。時には同じ天皇の赤子という理屈をもって。「朝鮮人なら殺してええんか!」という新助の台詞は、自分たちと違っていれば排除してもいいのか、という根源的な問いである。

誰も殺してはならぬ——新助が発したシンプルなメッセージは、身内が行方不明の村民によって打ち砕かれる。親方に対する惨殺から、堰を切ったように村民の行商団に対する虐殺が始まる。

❖

死を覚悟した行商団のメンバーは、被差別部落に根付く浄土真宗の経を唱え、信義は、旅のはなむけとして、恋人・ミヨにもらったお守りの中に入っていた水平社宣言を暗唱し始める。

「……ケモノの皮剝ぐ報酬として、生々しき人間の皮を剝ぎ取られ、ケモノの心臓を裂く代価として、暖い人間の心臓を引裂かれ、そこへ下らない嘲笑の唾まで吐きかけられた呪はれの夜の悪夢のうちにも、誇り得る人間の血は涸れずにあった……」

修羅場での宣言暗唱に、創作であろうことを想像しつつも、私は映画館でそれらの言葉に打ち震えていた。どれだけ非人間的扱いを受けようが、私たちも人間ではないか。そのメッセージは、深く、重い。

❖

この福田村事件では、十五人の行商団のメンバー中、二歳、四歳、六歳の子供、妊婦と胎児を含む、総勢十人が殺された。これも史実である。

生き残った信義が、警官と会話している。「殺された九人とは、家族同然だったんだろ?」。警官の問いに答える。

「十人です。もうすぐ産まれたんです。男の子やったら、のぞむ。女の子やったら、のぞみ。漢字は同じで、違う読み方で……九人にもちゃんと名前があるんです」

そう言うと、親方の新助をはじめ、殺されたメンバーの名前を次々と挙げていく。

胎児を含め「十人」の被差別部落民には、殺す側が意識しなかった、名前がある。「朝鮮人」であれ「部落民」であれ、ひとくくりにすると「個」は視えなくなる。視えない、視ようとしないからこそ、虐殺が実行されたのである。

❖

ラストシーン。生き残った五人の行商団のメンバーは、ふるさとの香川に帰ってくる。出迎える信義の恋人・ミヨ。

だが、信義はミヨに駆け寄るでもなく、背中を押されても、ただただ立ち尽くしている。苦渋の表情である。

「きっと、あんたを守ってくれる日が来る」

出立の日にそう言われて、水平社宣言が入ったお守りを渡された。本人・信義は帰って来ることはできたが、仲間の多くは帰郷が叶わなかった。その哀しみであろう。

福田村事件は、八人が逮捕され、三~十年の実刑判決が出たが、昭和天皇即位の恩赦で、その二年半後には全員が釈放された。ありがたき祝事で、凶行はなかったことにされたのである。

香川から来た行商団は、泣き寝入りせざるを得なかった。全員が被差別部落出身であったがゆえに、抗議による報復を恐れたと言われている。

行商団の心の支えであった水平社は、「人類最高の完成に向つて突進す」るはずだったが、結成から二十年後の一九四二年に、翼賛体制に屈し、自然消滅した。

信義の悲しげな表情は、仲間の死を伝えなければならない苦しみと、その後の水平社の挫折を暗示しているように思えてならない。

（かどおか・のぶひこ　フリーライター）

●福田村（2023年 10月 14日、撮影＝裵昭）

詩

百年目の九月

中村　純

朝鮮人のおじいさんのこと書くなら
京都に家族がいるっていわんといてな
うちの苗字名乗らんといてな
家の前でヘイトスピーチされたら困るし
Kちゃんの母親だといわんといてな
いじめられたら可哀相やし

ヘイトスピーチが吹き荒れる二〇一〇年代
夫の母は言った
本人はそんなことは言っていないというのだから
ほんの軽口のつもりの本音を聞き流せなかった私は
年寄りを責めた加害者だ
あれから私は詩が書けない

一六歳で玄海灘を渡って来た少年の名は　戸籍になかった

墓碑に書かれた日本名の政志は　日本人にされた人の名
サンフランシスコ講和条約で　国籍を剝奪された人の名
健康保険証も年金権もなく　治療も受けられずに早世した人の名
日本政府がなかったことにしたい歴史を生き抜いた人の名

祖父が生まれた百年前　関東大震災があった
十五円五十銭と言え
百年目の九月に問い詰められたとしても　私は答えない
京都に家族がいるっていわんといてな
うちの苗字名乗らんといてな
その声の響きの中で竹槍で突かれたとしても　私は誰も呼べない

父親が朝鮮人だということを隠して生きた母から
私が受け取ったものは　凄惨な暴力と
語れない歴史　語ってはいけない歴史
語ってはいけない場所から　詩がたちあがる
百年目の九月の血が噴き出して　私を赤く染める

（なかむら・じゅん　詩人）

短歌

一詠日和〈八〉

『渺茫として』

凛《りん》七《しち》星《せい》

瀝青を裂いて戦げる雑草の渺茫としてブルースを聴く

胸の奥しまう口惜しさ揺り返し笑顔の底に舞い上がる澱

革命も暴動もなき饐えた世のタイムセールの遅い夕食

しくじったテロリストは捕らわれて「殺せ!」の声が雑賀崎に舞う

深淵は覗きたくない覗かない覗かれたくない安住の繭

婉曲な「向こうの人」と言う声が背に貼りついて五十年すぎ

千万の言の葉の森さざめきをすり抜け向かう未生《みせん》の道を

生きてきた跡形を知るのはただ愛した者と愛された者と

「凛さんは好きだけどね…」の続き聞き月はどっちに出てると笑う

抵抗と反逆できる心身を鍛えるための今日の筋トレ

洞《うろ》を乗せ島と別れる船が出るマイナー和音《コード》で汽笛を鳴らし

「チョーセン」の呪いの箍を外せずにいた朋《とも》よ眠れ解き放たれ

白柩の貌《かお》はいくらかふくよかで此の悔恨を知らず眠れる

我に撃つ用意はあるか問うている逝った者らの褪せた写真よ

ミルフィーユのように記憶は重なって過去は一つも過去ではあらず

斃《たお》れたる戦禍の跡の幼児《おさなご》の眼窩の深く底なき晦冥

流血に虚ろな瞳《め》した兵士らよ誰が為に鳴る鐘は聴こえるか

真実は少女の目に在る戦場の言えないままのサヨナラだけだ

リゾームが分断された知の森は枯れて現るＡＩ社会

なるようにならんほんならなるべくはラララたまらんスキップを踏む

詞書〈関東大震災、そして虐殺から百年をおもい五首〉

十五円五十銭で奪われた命の数はいまだ不明で

そしてまた「朝鮮人が井戸に毒」うすら笑いがネットへ流す

追悼にヘイトスピーチ浴びせられ小池百合子はしらばっくれる

無邪気に愉しめなかった誕生日九月一日その惨劇に

『福田村事件』に涙する客にどこへ向けてと問いたくもあり

日本語が癖あることに嘲笑と怒声響かす客の口角
幻想の「日本すごい！」に酔う甘い綿菓子のごと言葉ふくらみ
韓国の客に毒入り飲み水を出した銀座の店の弁解
「朝鮮人を殺せ！」アジった党首を支持す者が選ぶ歌壇よ
この道をちょん髷わらじで歩いてたころと変わらぬ攘夷の顫音《トリル》

どの国が好きですかとか無邪気にも投げつけてくる錆びたナイフを
人生のほとんど怒りまくってたわたしの中の朝鮮人は
徴用の子孫の部落は放火され冬ざれに記憶の墓標よ
どれくらいルサンチマンは闘える？　カラータイマー点滅をして
爺はんの幼名もろた歌詠みにグレートベアが今夜も吠える

論考

「在日」を考える

——「宗教的なもの」と関わって

尹健次

❖

「「在日」を考える」というのは、やっかいな主題である。答えがあるようであって、考えれば考えるほど分からなくなってくる。誰でも、「在日」が歴史的、社会的な問題を孕んだ存在だということは知っている。しかしいまの私にとっては、もう少し他の側面から考えられないかという思いが強くなってきている。それは「在日」一般に通じる問題の立て方かもしれないし、あるいは私自身の独在的な他と代えがたい問題の立て方かも知れない。いずれにしろ、私はいま、宗教という人間にとって大事な切り口でいろいろと考えてみたい。人間をあれこれと論じるのが哲学そして宗教の重要な役割であろうが、案外宗教という側面で考えて見るのもいいのかも知れない。

日本の宗教学者である山折哲雄は、数多くの著作を書いているが、そのなかの『信ずる宗教、感ずる宗教』(中央公論新社、二〇〇八年)では、日本人にとっての信仰とは、唯一の神を信ずるのか、それとも人間を超えるものの気配を感ずるのか、という問題と関連しているという。ここで宗教とか信仰というと、すでに頭が痛くなってくるが、「在日」一人ひとりの人生もこの宗教とか信仰と密接な関わりをもっていることは言うまでもない。日本人は「無宗教」と言う人が多いが、それは仏教やキリスト教などの既成宗教を信じないという意味のようでもあり、しかし現実には、だからといって、宗教的なものをもっていないというわけではなさそうである。山折はこれについて、「日本人の心の奥底には「無の宗教」とでもいうべき心情的宗教が、いわず語らずのうちに宿っているのである。同じ無宗教でも、「無」の意味がまるで違っているのである」と、述べる。私なりに言うなら、実際にも、古代からの土俗的・習俗的なもの、神話的なものから、その後の神道的なもの、新しく入ってきた仏教的なもの、さらにはキリスト的なものなども含めて、権力・国家と関わり合いながらも、日本人の精神性、宗教性のありようは複雑なもので、むしろ感じる宗教ではないか、という気がする。別の言い方をするなら、日本人はもちろん、人間は根源的には、ひとつの歴史空間の中で、見える自然界、見えない自然界、その両方と関わりあう何かに気づき、戸惑いながらも、それを信じて生きようとするのではないかと思う。生命と自然の向こう側にあるものとの無限の距離をどう縮めていくのか、であろうか。

山折哲雄はまた、人間が人間であることのうちに、最後まで残るものは宗教と性(セックス)であると強調している。宗教と性というと、少しタブー的な話にもなりそうであるが、冷静に考えると、その通りだと言うしかない。たぶん性というと、愛欲のセックスが中心となるのかも知れないが、夫婦関係、親子関係、家族関係、社会関係その他、人生が最後まで性と関わりあっているのは確かである。仏教やキリスト教など諸宗教の聖職者が長い歴史のなかで性にまつわる危機感、妻帯、スキャンダル、戒律、悟り、回心等といったものに痛み苦しんできて、今に至っているのは否定しがたい事実である。「在日」もまったく同じなのは当然である。「在日」は日本人と同じく無宗教だと捉える人が多いのかもしれないが、その内実はそう一筋縄で理解できるものではないだろう。性についても全く同じである。

少し勉強してみると、宗教はおおむね性の欲望を否定的に捉えようとしてきたように思える。教義や教団とかあれこれ言っても、生身の人間として、性の欲望を抑えることは至難の業であり、宗教の世界では欲望を抑える人が徳の高い人であると見られがちであったと言える。そこに道徳や戒律の重要性が出てくるが、実際には信仰があついことが、性を無視することにはつながらない。人の生はさまざまであり、人によっては天国から地獄まで、あるいは苦海から浄土まで、波瀾万丈の生涯を送ったと自認する人も少なくないはずである。その点、仏教やキリスト教は、性についてはかなり禁欲的であろうとしたと言ってよいのではないか。

奴隷制であった古代そして近代以前はともかく、近代世界は抑圧・被抑圧、侵略・被侵略の歴史を歩み、その中で、基本的には一夫一婦制が社会制度の規範とされてきたと言ってもよい。朝鮮に育った植民者二世の詩人・作家である森崎和江は、戦後日本を生きながら、女性の解放と社会の変革、植民地支配の懺悔と脱植民地意識の獲得に生涯をかけて苦闘した。その中でとくに炭鉱の女坑夫たちの生きざまに関心を寄せ、独自のエロス論を展開した。森崎は子ども二人を抱えて離婚、詩人の谷川雁と一緒に暮らす。谷川雁との共感と絶望、伴走と訣別を経て、『第三の性――はるかなるエロス』（三一新書、一九六五年）を出す。それは彼女の思索の軌跡を示すものであるが、私にとっては読んで分かる、という書物ではない。しかし何が問題か、参考にはなると思う。

「（動物にある「性」の自然が）人間の性であるなら、これは性の意識だとか愛だとか憎しみだとかが起こるはずがない。性と産むこととは一連のことであるようだけれど、これはまた全くちがうものでもあると思える」、「個体への愛があるからいい、ということでおさまりがつかぬほどふかく、ある独立した情況そのものとして、ここに何かがある……」、「わたしは一対の男女が生み出す感覚や意識が、一対外の世界ではまるで無用な質であるかのように社会ができあがっていることが、不安でした」、「性は、生殖と同時平行しながら精神領域へ無限にひろがっていくことで、性の無原則性を規制しようとしているように思える」、などと。難しい言葉使いであるが、要するに、性は、愛しあう二人が、単独者の世界を越えて、一対の意識を生み出そうとする人間の本性であり、しかも性は、愛しあう二人だけの問題ではなく、人間世界の根幹に関わる問題だ、というのであろう。私の人生経験でいうと、二十代末に結婚し、四〇年近くのちに肺がんで配偶者と死別したことは、まさしく精神世界の激変につながった。

さて性のことはともかくとして、宗教が人間の根幹的な問題であることは間違いない。私も大学生のころ悩んでカトリックに入信したことがあるが、しかしそれでは自分の問題は一向に改善されず、やがて民族や祖国、統一の問題に囚われるようになった。単純にいえば宗教に代わって民族の問題が浮上したのであるが、それなら宗教と民族の関係はどう考えたらいいのか、しかも歳をとったいま、生きていくための杖ないしは動力を求めて、仏教に関心を持ち始めたことからするとき、高齢と宗教はどういう相関関係になるかという問題もある。たぶん死が近づくと、宗教的なことに思いがいくのだろうとは思うが。

私には師はいない。しかし師と思いたい人がひとりいる。解放後の韓国で独裁政権反対・民主化運動の展開に大きな影響力をもった思想家・李泳禧（リ・ヨンヒ）である。一九二九年に生まれ、二〇一〇年に亡くなったジャーナリスト出身の社会思想家である。大学卒業後英語教師となるが、朝鮮戦争に通訳将校として従軍する。やがて韓国合同通信の外信部記者、そして朝鮮日報の記者として働き、ベトナム戦争への韓国軍派兵を批判する記事を書いたとして追放される。ついで勤務した合同通信も軍事政権批判の運動に参加したことで解職される。その後漢陽大学に招かれて教壇に立つが、政権批判をくり返して教授職を何度か解職される。一九七〇年代、八〇年代の韓国民主化運動で、活発な言論活動や政治的タブーを破る執筆活動から「運動圏の父」と尊称され、いまに至るも、韓国における知識人・ジャーナリストの筆頭に挙げられる人である。三回投獄されたという。私が思うに、米軍の通訳将校をする中で、政治や国際関係、植民地支配、民族の矛盾、イデオロギーのあり方などに大きな疑問を持ったのが最初であろう。

李泳禧には多くの著書があるが、その集大成ともいうべき対談集『対話』（韓国語、ハンギル社、二〇〇五年、対談者は文学評論家の任軒永）がいちばん面白いと思う。人によって李泳禧は「最後の民族主義者」だと評されることもあるが、本人は「偶像に挑戦する理性の行為」に尽力してきただけだと謙遜する。魯迅の作品から多く学んだともいう。慎み深く、やさしい人であるが、私は何回かお会いし、ソウルの自宅に夕食に呼んでいただいたこともある。

私は近年、仏教に関心をもっているが、仏教徒ではない。信仰するということが何か、ほとんど分からないままである。坐禅でお寺にいくことはままあるが、経典を読んだり、念仏を唱えることに惹かれることはない。強いていうなら、釈迦が言うように、この世はすべて苦である、という言葉に共感し、時たま「般若心経」や「金剛経」を読み、それに関する文章に目を通すくらいである。あくまで歳をとって生きていくための杖や動力を求めて仏教ないしは仏教的なものに関心を寄せるだけである。

李泳禧は韓国社会では無神論者としてよく知られている。いま述べた『対話』の一節として「無神論者の人間観・社会理念――〈唯一神〉と〈絶対主義〉のない生を求めて」という文章を載せている。少し長い文章である。

李泳禧は何よりも、「教会にもお寺にも行かないイエスと釈迦の弟子だ」という。「キリスト教信者でもないし仏教徒でもない無神論者であることに自負心をもっているため、監獄など、どんな最悪の生存環境にいたとしても、宗教に何か慰安を求めたりはしなかった。ただ現実社会の精神的動力として宗教が小さくない力をもっているだけでなく、人間のいろいろな生活様式に非常に大きな影響を与えているために、主として知識として宗教に接近しようとしてきた。そうして各種の宗教書籍を読む中で、キリスト教に対する拒否感はより強くなっていった反面、仏教についてはかえって新しい理解と認識をもつようになり、それを通して小さくない悟りを得ることができた。これは私が期待していなかった精神的収穫だと言える」。

李泳禧は世俗勢力としてのキリスト教や仏教には異を唱

えるが、イエスや釈迦の苦しみや犠牲の精神については共感を示す。イエスは限りない愛の精神と教えを示し、そのために自分の命まで捧げた高貴な人間的な生のあり方を教えてくれた。私はそれに最後までつき従いたいと思う。教会などに通うキリスト教徒ではないけども、キリストの恩寵を受ける〈キリストの弟子〉でありたいという気持ちはずっと変わりない。また釈迦の生と思想から無心の思想、無所有、慈悲、平和、生命の尊重など、哲学的に共感するだけでなく、深い情緒的感動もかなり受けた。その後今まで仏教に対する私の関心は深まるばかりで、仏教の哲学的思惟から多くを学んだ。なかでも仏教の経典『金剛経』は大きな影響を与えてくれた。それに較べると、キリスト教は、仏教ほどには哲学的な深みはないようである。

混乱と矛盾の中で生きた李泳禧は、宗教のみならず、すべての思考と信念において〈唯一思想〉と〈絶対主義〉を嫌う。仏教よりもキリスト教に違和感を示すのは、絶対的唯一神を崇めるためであり、その意味ではイスラム教も同じである。「私は極楽であれ、地獄であれ、来世を信じないために、釈迦のその部分については考えを別にするが、私を含めて誰もが努力して、来世とは違わない現世で〈悟り〉の境地に達せられるという教えには深く共感する。……私は〈唯一神〉とか〈絶対的存在〉を信じない思想という意味では〈無神論者〉ではあろうが、哲学的宗教観という意味ではむしろ〈理神論者〉または〈自然宗教論者〉に近いと言える。……(聖書などもたくさん読んだが)善悪を峻別し懲罰を教化の方法にしたキリスト教については、釈迦から得る慈悲の感興(面白み)を感じることはできない」。世界の歴史でも、韓国の歴史と現実においても、宗教、とくにキリスト教は政治や権力と醜い関わりを持ち続け、人を殺める侵略・戦争をこととしてきた。

李泳禧は宗教を人間が作ったものと考える。太古の昔からの、〈自然に対する恐怖心〉そして〈人間的限界を充足してくれる存在〉として神を創造したという。キリスト教などの一神教を主として指して言うのだろうが、しかしだからといってマルクスのように、宗教が階級的支配理念としての阿片だとは断定しないという。多分にそういう役割をした歴史的事実も否定はできないが、阿片とまでは言いたくはない。またフロイトのように、宗教は心気が虚弱な人たちの幻想もしくは幻覚的信心だと蔑視することもない。歴史上には、すぐれた精神と霊の所有者たちの感動的な宗教的な生を立証してくれる実例が数多くある。「私が見るところ、人びとが現実に挫折し、失意に陥り、心の支柱を失って彷徨するときに、何か自分に慰安となるものを探そうとし、そこから再び奮い立って再起することのできる刺激と力を得るのに際しては、神が存在するか否かを別にして、それだけの現世的価値があると考える」。

一貫して宗教への批判者であった李泳禧は、一方において、宗教の意味と価値を問い続けた。制度と教理に囚われた宗教ではなく、偶像を克服しようとする理性で、誰も支配することのない平等社会を夢見た「哲学市民」李泳禧は、「普遍的な宗教精神」を追い求め続けたと言うべきか。ただこのことは、李泳禧が宗教上の「信仰」を全部否定したと理解すべきではないのはもちろんである。世界には歴史的にも現実的にも、数多くの「信仰者」がおり、その中に尊敬すべき聖職者や一般の信徒がいることも確かである。李泳禧がとくに好意を寄せた仏教について言うなら、仏教の創始者・釈迦は、二五〇〇年前頃に生まれたとされており、ネパール西南部の釈迦族の国の王子であったが、ある日城を出て生老病死の人生を知り、無情を感じて出家する。苦行にいそしむが、それでは解決されないこと知って、行をやめ瞑想にふけって悟りを得て、涅槃に入ったとされる。自ら努力しながら、生きる苦しみを克服していくのである。そこには依拠すべき絶対的な唯一神という考え方はない。

いまこのことと関わってというか、宗教の本質、本性について考えてみたい。仏教学者で「釈迦の仏教」を信じているという佐々木閑は、「なぜ人間は宗教なしで生きられないのか」を問う（『宗教の本性――誰が「私」を救うのか』NHK出版、二〇二一年）。宗教のあり方を広く考えようとする佐々木は、「知識だけでは宗教の本質は見えてこない」、「宗教は「心の病気」を直す薬」と言いつつ、「何かを信じて生きる」こと自体が、すでに「立派な宗教」だと述べる。仏教やキリスト教はもちろん、なんらかの宗教を信じるのもそうであるが、自分の生き方を根本から規定するようなものを持っている者はすでに宗教を持っていることになるという。社会主義や共産主義などのイデオロギー、そして民族や国家を中心におく価値観、は、それ自体、イデオロギーという名の宗教であり、資本主義の消費文化中心の価値観も、意識しているかどうかは別にして、やはり立派な宗教だという。こういうふうに考えると、平等や人権なども想像の産物であり、宗教の一種に過ぎないと言えるという。平等や人権は、本来的に人間に付与されていたものではなく、人間が努力して獲得してきたものであり、フィクションだという。当然「民主主義」という価値も、あるいは歴史的に振り返るなら、ナチズムや大東亜共栄圏を称揚した国民主義ないしは国家主義も一種の宗教だったということになる。そんなふうに考えてみると、敢えて言うなら、李泳禧の言葉として先に述べた「偶像に挑戦する理性の行為」の「理性」とは何か、ということに対しても懐疑的になってしまうことになりかねないが。

マザー・テレサといえば、キリスト教の布教や貧民救済活動に生涯を捧げ、一九七九年にはノーベル平和賞を受賞したカトリックの修道女である。彼女は敬虔なカトリック信者だと一般には思われているが、その書簡集には、神への疑念が綴られ、「わたくしの心には信仰も愛も信頼もありません」と書かれているという。佐々木閑によれば、これは神を信じていなかったということであるが、実際には、キリスト教の神ではない、なんらかの人智を超える存在、超越的な存在への信頼をもっていたように感じられるという。

「在日」を考えることが、なぜ宗教の話になるのか。何かを信じて生きるということは、本当に宗教を信じることであるのか。私が大学生の頃、きちんとした自覚を持っていたわけではないけれども、それでも洗礼を受けたカトリックを棄て、民族、祖国、統一の思想を持ち始め、その後かなりの期間、それで生きてきたことも、果たして宗教であったのだろうか。当時、日本人か、朝鮮人か、生き方で揺れ動いた在日二世の少なからぬ者は、北朝鮮系の学生組織などの勧誘を受けて、いわゆる主体思想（チュチェ・ササン）にのめり込んでいった。朝鮮語を学び、いわゆる民族的アイデンティティなるものを育んで、必死に生きていこうとしたのである。今から思うと北朝鮮および朝鮮労働党の政治思想を受け入れて、「在日」の困難を乗りこえていこうとしたのである。「在日」の若者にとっては当時の時代情況からしてごく普通の流れであったともいえるが、今日の時点でいうと、それはイデオロギーという名の宗教をもったということになるのかも知れない。しかし、私自身には当時、そうした自覚も、理解もなかった。ただ必死に生き、歳をとって今になって、仏教に関心をもって少し勉強してみると、そう捉えられるというだけの話である。

佐々木閑は、仏教もイデオロギーも、神ではなく法則を信じる宗教という点では同類であるが、しかし、両者が目ざす方向はまったく違うと言っている。イデオロギーの場合は、ある種の理想（イデア）を認定し、努力してそれを手に入れようとする。それに対して仏教の場合は、自己の欲望を消滅させた先に安寧な世界が存在すると考える。向かう先がまったく逆であり、一見するとイデオロギーと仏教は激しく対立するかのように見えても、全然違う方向を向いているという。端的に言って、仏教側からイデオロギーを敵対視して攻撃するようなことはないという。釈迦自身、「社会を変えるのではなく、自分を変えなさい」と説いているという。そこには、釈迦の仏教には即効性はないが、しかし「智慧」というものがある。それは真理を知ること、現象の背後にある道理に気づくことが大事だということでもあろうか。実際、歴史的にみると、権力や国家が仏教を弾圧・攻撃したことはあるが、仏教は、ほかの宗教やイデオロギーに対しては干渉しない立場に立ってきたという。

思うに、キリスト教などの一神教の信徒たちには神のメッセージをすべて受け入れようとする傾向が見られ、その代わりに神を自分たちに惜しみない愛を注いでくれるものとし、天国に行けると信じがちである。いわゆる「信仰」の問題になるが、唯一絶対の神を受け入れれば、それだけ強く、幸福な人生を送れると信じる人たちは実際にはかなり多いはずである。そこには当然、正義や正統、選民意識、そして同時に他者蔑視・排除の問題が介在してくる。他宗教を信じている人はもちろん、さまざまなイデオロギーその他に依存しようとする人にたいして批判的、攻撃的になり、暴力で排除するという危険な方向に向かいがちとなる。韓国でも、「在日」でも、かつては「パルゲンイ」という言葉がよく使われた。「アカ」（共産主義者）を非難する言葉であるが、実際には自分と意見を異にする者に対して常用された。

今回この論稿を書くにあたっていろいろな本を読んだが、笠原芳光著の『宗教の森』（春秋社、一九九三年）がいちばん面白かった。吉本隆明、中村雄二郎、河合隼雄、鶴見俊輔、上野千鶴子との対談記録も含まれている。笠原はキリスト教の出身であるが、仏教その他にも造詣が深く、その後個別の宗教を超える宗教論を幅広く論じるようになる。本の「まえがき」で、「形態としての宗教よりも内実としての宗教性を重んじる立場」であり、「著者は有神論者でもなければ、無神論者でもない」、「およそ神とは客観的な存在ではなく関係的な存在である。いや存在ではなく、関係である。神は問題性であり、人間の究極の問題である」と書いている。およそ宗教の三大要素は教義と儀礼、組織だと言われるが、宗教は危険な思想であり、危険なまでに魅力的な思想である。そこには世界の終末、人間の死、来世についての不安そして救済をどう解決するのかという深刻な問題がある。ここで笠原は、宗教そのものより、じつは宗教的あるいは宗教性といわれるものがもっと大事だという。

既成宗教は開祖の歴史的事実だけでは信仰の対象として物足りないのか、のちの時代に必ず各種の神話や伝説がつけ加えられていった。その点、信仰するにしても、絶対的に信じ、頼るのではなく、疑いつづけることが不可欠なはずであり、疑うことによって信仰はかえって深まる。その意味で懐疑は信仰の母であると強調する。「死んで生きる」というのが本来、人の信仰であるはずであり、それは他人に強制するものではない。しかし歴史的には、宗教は教義や儀礼、組織を優先させて、文明の名で世界に進出していった。

笠原芳光は大正時代に活躍した山村暮鳥という詩人を紹介している。プロテスタントの牧師であったが、のちに牧師を辞めて独自の信仰を持ち続けたという。神に頼って報いを求める帰依随順を否定し、神を対象化した信仰ではなく、認識や体験、いわば気づくことによる根源的了解が救いであるという新しい考えを示していったという。宗教というのはもとよりないのだ、と断言したともいう。人間の「弱さ」に対する共感があったとも言えるが、その点、マルクス主義・社会主義は人間の「弱さ」に価値を認めない欠点をもったという。私には、文学と宗教がどう違うのかまだよく分からないが、作家の大江健三郎は「信仰を持たない者の祈り」という言葉を発し、確信よりも問いかけることがはるかに重要だとしつつ、特定の信仰をもっているわけではないが、宗教的なもの、あるいは信じられないから祈る、ということの大切さを論じている(『人生の習慣』岩波書店、一九九二年)。

信仰というものが往々にして、正義や正統、選民意識に囚われ、結果として他者蔑視・排除にも向きがちなのは、歴史的にも現実的にも否定しがたい事実であろう。もしかしたら一神教中心の西洋人とそうでない日本人(東洋人)のあり方は違うのかも知れないが。ユング心理学者の河合隼雄は、『ユング心理学と仏教』(岩波現代文庫、二〇一〇年)で次のように述べている。「他と区別し自立したものとして形成されている西洋人の自我は日本人にとって脅威であります。日本人は他との一体感的なつながりを前提とし、それを切ることなく自我を形成します。……非常に抽象的に言えば、西洋人の自我は「切断」する力が強く、何かにつけて明確に区別し分離してゆくのに対して、日本人の自我はできるだけ「切断」せず「包含」することに耐える強さをもつと言えるでしょう」。このことが最初に述べた、「信じる宗教」と「感じる宗教」の違いにつながることなのかどうかは難しい問題である。歴史を振り返るなら、ナチズムと大東亜共栄圏の思考を支えた人たちはどう違うのか、よくは分からない。

仏教には一神教的ではない「無常」の意識が漂っている。しかしまた山折哲雄は、「近代の日本人は、仏教を仏教の立場で考えずに、キリスト教のまなざしでそれを見つめつづけてきたのではないか……。仏教を仏教自体の文脈の中では考えずに、無意識のうちに西欧のキリスト教の文脈の中に移しかえ、その中で見つめてきた。とくにこの戦後五十年は、そのような近代日本人の仏教理解をさらに徹底させていく時代だったのではないかと思う」と言う（『宗教の話』朝日新聞社、一九九七年）。これはもしかしたら「釈迦の仏教」とそれから派生した中国・朝鮮・日本の大乗仏教との差異を示唆しているのかも知れない。大乗仏教は、阿弥陀如来とか観音菩薩、あるいは「空」の神秘力とか、キリスト教の神に通じる不思議なパワーをもっているとも言う（佐々木閑『出家的人生のすすめ』集英社新書、二〇一五年）。この問題は別の視点でいうと、ナショナリズムと宗教との関係は、ということにも拡がるであろうが、いまここでそれに触れる力はない。

宗教を信じるのか、あるいは感じるのか。超越的な存在を信じるのか、それとも人間を超えるものの気配を感じるのか。——問題の根本は、どうやら宗教にたいするそうした人間の態度、もしくは生活の感覚の差異の中に横たわっているようにも思える（『信ずる宗教、感ずる宗教』）。しかし「何かを信じて生きる」ことがすでに「立派な宗教」であるとするなら、いかに生きるかということ自体が、宗教ないしは宗教的なものであると理解してもおかしくはない。

そこで「在日」の話である。私の経験でいうなら、大学生のとき、カトリックから民族、祖国、統一の政治的イデオロギーに大きく転換していったとき、それは今から思うと宗教的な意味での転換でもあった。別にそれが悪かったというのではない。そうやって生きたということである。ちょうどその頃は、「在日」同胞の北朝鮮への帰国運動の絶頂期が過ぎたころである。一九五九年一二月から始まった帰国事業は、一九八四年にかけて九万三千人の「在日」同胞が北朝鮮に集団的な永住帰国をした。その中には日本人妻が一八三一人、含まれていたとされる。植民地時代から日本に暮らした朝鮮人が、生活苦から、あるいは人生の新たな出発を望んでほとんど何も知らない、情報のない北朝鮮に移住したということは、それこそ、人生をかけた決断であり、また北朝鮮あるいはそれを率いていた北の指導者に命をかけたということである。結果的にはそれは幻のパラダイスに憧れたということになるが、超越的な存在を信じたのか、それとも人間を超える何かの気配を感じたのか、とりまく個人の生活環境や政治状況がそうさせたのか、真実は闇の中にあると言ってもよさそうである。

大江健三郎はその最初の作品集『死者の奢り』（文藝春秋新社、一九五八年）を出した時、その頃の自分を捉えていたモチーフについて、「監禁されている状態、閉ざされた壁の中に生きる状態」と書いていたが、当時の「在日」、とくに在日二世のおかれていた情況にかなり通じるものではなかったかと思う。私自身その状態を突破するために、「在日」のあり方を考えていろいろと書いてきた。それは「在日を生きる」というイデオロギーの探究であったと言えよう。二〇〇一年に平凡社ライブラリーの一冊として出した『「在日」を考える』はその代表的な作品かも知れない。植民地期、多くの在日朝鮮人は〈内なる天皇制〉をもった。それは権威的秩序の内面化であった。自覚するかしないかは別にして、形態的には天皇を媒介にして日本人と同胞になり、必死に生きようとした。そして日本の敗戦／朝鮮の解放を契機に民族意識を爆発させた「在日」は、朝鮮人としての転生を民族組織の構築や朝鮮学校の建設に集中させていった。やがて南北朝鮮の分断が深まり、分断国家が成立する頃から、「在日」の多くは北朝鮮を支持し、朝鮮民主主義人民共和国を祖国としてその指導者を尊崇するようになった。唯一思想と絶対主義の信奉である。大部分が南朝鮮出身者であった「在日」は、北を祖国と考え、観念的ではあるが北の人民と同志・同胞となった。それは多分に一神教的であったし祖国至上主義の傾向を帯びたと言えるのではないか。そこには日本でのいわれのない差別と蔑視の不当性が切実であればあるほど、そこからの脱出に執念を燃やす屈折した回路があったと思えるが、それは自分たちを規定してきた内面との深刻な対決というよりは、北の祖国と指導者に寄りかかろうとする姿勢が顕著であった。イデオロギー的には正義とか正統を自認し、異なる意見を持つ者を蔑視し、排除する傾向を強く持った。そうしたイデオロギーはまさしく宗教そのものであったとも思え、超越者・絶対者を乗り超えたところにあるという宗教的ないしは宗教性なるものを求める思考ではなかった。

宗教と宗教的なものを論じてきて、「在日」のアイデンティティのあり方を考えようとするとき、こんなふうに単純に考えていいのか。たぶん一定の留保は必要かも知れないが、それでも日本、北・南の三つの国家の狭間で個々の内面や家庭そして民族集団の中で葛藤や矛盾を抱え続けた「在日」は、自己の自立、切断するという方向には向かえないまま、まとまりの意識を求める自我、イデオロギーを追い求め、それが「正義」とか「正統」、といったものに傾斜していくことになったのではないかとも思える。

もちろん「在日」のあり方は南北朝鮮の関係や国際情勢の変化とともに大きくかわっていった。とくに一九七〇年代、八〇年代の韓国民主化運動、そして韓国の経済成長・対外的な開放に大きく左右されていくことにもなった。それまでの「在日」同胞のあり方、まとまりの意識の様式を疑いつつ、自分を変えるために、言いようのない苦闘を重ねながら、より一層普遍的な価値を求めて奮闘していった。たいへん大雑把な言い方ではあるが、それでも「在日」のイデオロギー・思想の変化といったものを考えようとするとき、あるイデオロギーを信じることはそれ自体、宗教であるという観点を押さえておくことが重要ではないかと、思える。

日々の暮らしのなかで人と交わることが大事ではあるが、そこでは人間の素晴らしさと同時にその愚かしさ、あるいは弱さを実感するのではなかろうか。むしろそうした愚かしさ、弱さといったものにどう向き合い、日々克服していくことがいかに大事なことではないか痛感させられることがしばしばである。「強さ」というよろいをどう脱いでいくかということにもなろうが、これは「正義」とか「正統」あるいは「自信」といったことに対する警戒や疑念をつねに持ち続ける必要があるということにもなる。しかもこれは、他人の、抽象的、一般的な話ではなく、まさに自分自身がつねに問われ続けてきた問題なのだろうと思う。

先に述べた李泳禧は、国内外の政治情勢など、さまざまな問題を解説し、自らの所信を表明する人生を送ってきたが、七〇歳代後半に入ってか、死について多くのことを考え、人生をいかに終えるかについて熟考したように思える。東国大学校の『法報新聞』二〇〇四年八月一〇日号にこんな言葉を寄せている。「脳卒中で倒れてしまったけど、……いまや死は絶対的無に戻ることだと考える。……今は仏教書籍を中心に東洋学の書籍を読んでいる。文章を書くという欲も棄てた。いまはちょっとでも残っている執着心を棄てようと思っている。病に倒れてから一歩退いて自分を見詰めてみると、ようやく少し自分が誰なのか見えてくる。いい性格の人でないことは確かなようだ（笑い）」。李泳禧自身は晩年、自らの考えを守ること、ある意味で変節することにかなり警戒心をもったようである。情況の変化の中で多くの人が変節していったことへの自戒だったとみてよい。私にとって、このことは重要な教訓となっている。

（ユン・コォンチャ　思想史／本誌編集委員）

歴史エッセイ

多賀城碑と渡来人

辛 澄恵

はじめに

　わが家には二つの掛軸がある。一つは新羅最古の碑文といわれる黄草嶺碑《こうそうれいひ》（黄草嶺新羅真興王巡守碑）の拓本、もう一つは日本三古碑の多賀城碑である。黄草嶺碑は一九八〇年東北大学学者訪朝団の通訳として訪問した際、採拓してきたものである。当時研究生として通っていた井上秀雄研究室では金石文の字形研究が盛んに行われ、私にも黄草嶺碑の字形研究を言い渡された。私はまず古代朝鮮・中国・日本の金石文資料の収集に務めた。数年かかって研究した論文が『朝鮮学報』に掲載され、この一本で私の研究は終わった。

　それから二〇年が経ち、多賀城市の東北歴史博物館を訪れた時、売店で二分の一に縮小された多賀城碑の拓本を見つけた。眺めていると靺鞨《まっかつ》という文字が飛び込んできた。そして黄草嶺碑と同じ字形も見られた。八〇年代この金石文を見たことは無かった。なぜ日本三古碑と指定されるほどの碑が当時金石文の資料として無なかったのか。新しい石碑を発見したというニュースも耳にしてない。そしてまた二〇年ほどが過ぎた頃、多賀城市で二〇二四年『国府多賀城創建一三〇〇年祭』に向けて様々なイベントが行われ

古碑「多賀城碑」

ることを知った。しかも創建年を特定した根拠は多賀城碑に刻まれた年号であるとのことである。このニュースに接して、石碑はどのように発見されたのだろうか。研究に縁の無い生活から老後を迎えた今、時間ばかりは余るほどある。古代多賀城の歴史を調べてみたいと思うようになった。

四年あれば基本的な調査研究はできるはず。だが運の悪いことに世の中はコロナ禍で多くの機関が臨時休館となった。そんな時は多賀城の史跡巡りを楽しんだ。復元作業がまだ始まっていない丘の上の政庁跡に座り込んで持参した弁当を開きながら、古代多賀城で活躍した人々に思いを馳せるのは至福の喜びだ。こうして数か月に一度着々と進む多賀城跡の復元作業を見る楽しみができた。特に南門復元の着工が半分ほど進んだとき外観は工事中とあって覆われたままだが、たまたま中に入って復元の現場を見学するチャンスがあった。礎石の大きさに合わせて選んだ柱の太さや大きさ、使用される瓦の多さに驚いた。古代の建築方法で復元を進めていると聞き、九世紀にあった貞観《じょうがん》地震に思いが及んだ。強い地震と津波により崩壊した南門は、翌年新羅から瓦の工人たちが招かれて修復にあたらせたことが『日本三大実録』に記述されている。多賀城は国府であっただけに国からの援助はあるがそれでも足りず、南門だけでも多賀城市から八億円の助成を受けることになったとのこと、二〇二四年の復元完成が待たれる。

1 多賀城跡の発掘調査と漆紙文書《うるしかみもんじょ》の発見

発掘調査――

仙台から多賀城跡へのアクセスは鉄道が最も便利だ。JR東北本線国府多賀城駅から一分の所に東北歴史博物館があり、あやめ園を通り過ぎて政庁跡までは徒歩で一〇分程。多賀城跡は奈良の平城京跡《へいじょうきょうあと》、福岡の大宰府跡《だざいふあと》とともに日本三大史跡と呼ばれ、国の特別史跡に指定されている。多賀城は七二四年に創建し国府が置かれ、古代東北の政治・文化・軍事の中心地として十一世紀前半頃まで存続した。城の外郭は格式の高い二重門の南門を正面とし、東門・西門があり、外周一辺約九〇〇メートルの不整な方形をなしている。政庁周囲は土を固めながら積み上げて、上に屋根をかけた築地《ついじ》で区画された。築地は幅が三メートル、高さは四メートルを超えるとされ、その復元が今着々と進められている。

多賀城跡・国分寺跡の発掘調査は一九六〇年に始まり、六年後には特別史跡に指定されるほど発掘は成果を上げていた。古代多賀城の存続時代は八世紀前半から一〇世紀とされていたが、発掘調査が進むにつれ十一世紀前半にまで広がった。広々とした城内には一二〇〇人を超える人々が常駐していたとされ多くの建物跡があり、実務的な役所、工人の工房、警備をする兵士の宿舎などの建物の復元作業が始まっている。城内は伊治公呰麻呂《これはりのきみあざまろ》の反乱で焼き打ち（七八〇年）にされ、陸奥国《むつのくに》大地震（八六九年）の倒壊などがあり、三回の建て替えがあったことも判明した。

漆紙文書

多賀城跡から日本で初めて漆紙文書が発見された。当時「大発見」として地元の新聞やテレビなどでも大きなニュースであった。二〇一六年大学入試センター試験問題にも出題された。発見された漆紙文書は一〇〇点にものぼった。展示会があり、陸奥国の人々の達筆な文字に触れ感心させられた。

漆は長時間空気にさらすと硬くなる性質があり、保存するときには漆液が空気に触れないよう容器の表面に密着させた紙で蓋をする。古代において紙は貴重であったため多賀城の役所で使用済みとなった文書を漆液の蓋として再利用した。それが漆の成分により紙が腐食せずコーティングされ地下に残ったものが漆紙文書である。

東北歴史博物館で漆紙文書の展示会があり、その出土時の驚きと興奮した状況を記された平川南氏の著書『よみがえる古代文書――漆に封じ込められた日本社会』を片手に早速見学に行った。漆紙文書を発見した時の感動を引用すると、

「一九七三年発掘調査でのこと。現場から、調査員のひとりが青ざめた顔で、事務所に駆け込んできた。手にした土器（土師器《はじき》）のなかには、ちょうどサルノコシカケ状のものが付着している。「もっ、もじが書いてあるんですよ！」手渡された土器をのぞいて一瞬わが目を疑った。墨痕あざやかに、するどい筆跡で人名そして年齢が連記されているではないか。人名と年齢が連記されているとなれば、想起するのは戸籍（六年ごとに作成）か計帳（毎年作成する公民台帳）である。だが、それはごくわずかな例外を除き、正倉院文書のなかにしか現存していないと思われていたものだ。……行を読み進めてみると、「別項」の文字がとびこんできた。「別項」とは、各戸の末尾に戸口の移動を記入したもので、計帳（計帳歴名）の大きな特徴である。これはまさに計帳だ。二重のラッキーである」。

五－六文字の断片の展示品に「七八〇年の暦」と説明あり。暦である事を断定し年代まで割り出したその深い研究には驚くばかりだ。計帳・兵士の名簿・仮名文字など資料の豊富さ、それらを解読した研究者たちにも脱帽した。そして日本で初めて黄金を産出することに貢献し、聖武《しょうむ》天皇に九百両を献納した「済王敬」（百済王敬福《くだらのこにしききょうふく》）のことが記された文書の断片を目にしたときは古い身内にでも巡り会

ったようなうれしさがあり、新しいことを知る幸せを感じる一日であった。

2 多賀城碑の発見と字形の特徴

多賀城碑の発見――

多賀城碑は、南門から城内に入ってすぐのところに、三メートル四方の覆屋《おおいや》に納められ、西向きに立っている。碑の保存状態がよく、摩滅がほとんどないため覆屋の格子戸越しにも文字を読みとることができる。碑は高さ二四八センチメートル、幅一〇〇センチメートルであり、碑文は碑額に「西」の一文字があり、その下十一行一四〇字が彫られている。はじめの五行には、多賀城の位置として京、蝦夷《えみし》、常陸《ひたち》、下野《しもつけ》、靺鞨《まっかつ》までの距離が記され、此城以下の五行は七二四年に大野《おおの》朝臣《あそん》東人《あずまひと》によって多賀城が設置されたこと、続いて七六二年に藤原《ふじわらの》恵美《えみ》朝臣《あそん》朝獦《あさかり》が修復したことを記し、最後に建碑の日付が記されている。

碑文の二人について少し述べてみると。多賀城を創建した大野《おおの》東人《あずまひと》は奈良時代の武人で、初めて史書に名が記されるのは、七一四年新羅の外交使節を迎える騎兵隊一七〇騎を率いる副隊長としてである。それから一〇年経った七二四年に鎮守将軍《ちんじゅしょうぐん》として多賀城に赴任し、七三七年出羽《でわ》（秋田県）方面に対する大軍事行動を展開した。その後、都に戻った東人は参議（大臣）となる。

藤原朝獦《ふじわらあさかり》の家系をたどると藤原鎌足《かまたり》（朝鮮では古代も今も足をタリという）を始祖とし、鎌足の子不比等《ふひと》―三代目武智《むち》麻呂《まろ》―四代目仲麻呂―五代目が朝獦である。朝獦は七五七年に陸奥守《むつのかみ》（長官）として東北地方の全権を任され、七五九年桃生城《もものうじょう》（宮城県石巻市）・雄勝城《おがちじょう》（秋田県）を建てた。石碑には七六二年に朝獦が多賀城を修復した事が書かれているが、その二年後の七六四年朝獦の父藤原仲麻呂のクーデターが失敗に終わり一族三四人が処刑された。反逆者が建

多賀城碑覆屋

てた石碑ということなのであろうか、建立後、間もなく碑は土の中に倒された。

一一四四年藤原家にゆかりのある歌人西行法師は奥州を訪ねた帰り道、多賀城で次のような和歌を詠んだ。

〈陸奥の　おくゆかしくぞ　思ほゆる　つぼのいしぶみ
　外の浜風〉

西行の「つぼのいしぶみ」の和歌に碑の内容もその場所にもふれられていないが、古くから歌人の間では和歌の「歌枕」として馴染んでいくようになった。そして江戸時代松尾芭蕉の『奥の細道』に紹介され井原西鶴、新井白石、林《はやし》子平《しへい》など多くの文人たちの関心を集めた。多賀城碑は一六六〇年頃に土の中から掘り出されて、一六八九年芭蕉と曾良《そら》は和歌に詠みこまれた場所を巡る旅の途上、仙台から多賀城跡にある歌枕「壷《つぼ》の碑《いしぶみ》」を訪ねた。苔むした石碑を前に二人は「泪もおつるばかり」と感激しながら碑文を写し取ったようである。

水戸光圀《みとみつくに》は『大日本史』編纂に必要な資料収集のため家臣を諸国に派遣していたが、一六九一年多賀城碑を採拓させた。拓本を入手し、碑の苔むした様子の報告を受けた光圀は仙台藩四代藩主伊達綱村《だてつなむら》に書簡を送って碑を修復し、覆堂《おおいどう》を建て石碑を守ることを提案した。その後間もなく覆堂（覆屋）がたてられた。参考までに水戸光圀は水戸黄門として諸国を漫遊したイメージが強いが、実際の光圀は日光、鎌倉など現在の関東地方の範囲から出た記録はない。略歴を見ると一八歳の時に『史記』を読み学問に精を出すようになる。日本史を紀伝体で著述することを考え『大日本史』を編纂し、水戸学の基礎をつくった。光圀は四七歳の時、明が滅びた後の旧臣朱舜水《しゅしゅんすい》を招いて師事し、中国の歴史・文化を学んだ。

六九〇年に唐の則天武后《そくてんぶこう》は国名を周と号し、新しい文字を制定しこれを全国で使うようにと公布した。新しい文字の数ははっきりしてないが一七文字は確かめられている。このうち圀の字をあらためて圀にさせた。「圀」の字などは日本にも伝わって、光圀も五二歳の時に光国から光圀と改めた。博学な光圀は「那須国造碑《なすのくにのみやつこひ》」（七〇〇年）を直接調査させ保存しているだけに、多賀城碑の拓本から古代北魏《ほくぎ》の字形を見つけ多賀城碑の重要性を感じ、伊達綱村に書簡を送ったのではないかと私は思う。

多賀城碑は文化・文政（一八〇四－一八三〇）時代を中心に拓本の需要が多くなり、多賀城碑の破損を心配した仙台藩主は採拓を禁じたが、明治時代になっても著名な政治家・学者・文人たちの感心は高く、例えば一八七六年に来仙した大久保利通は県庁や仙台の主なところを巡り、多賀城碑をも見学している。その後、田中義成の偽作説があったが一八九三年に正岡子規・与謝野鉄幹、一九〇二年に石川啄木、一九三五年に斎藤實などが訪れた。多賀城碑は多くの人が見学し、拓本をとっているが、最も古いものとしては林子平が採拓したもので、その拓本は宮城県博物館に所蔵されている。

また掛軸ではなく屏風として表装した珍しいものがある。新島襄の旧邸の茶室に多賀城碑の拓本と李樹廷《イスジョン》（朝鮮人として日本で初めてプロテスタントの洗礼を受けた人物）の書とを並べて屏風にしたものである。二〇〇〇年十一月に新島襄の旧邸を初めて訪れた太田雅夫氏はこの屏風に驚いた。太田氏はなぜ多賀城碑の拓本がそこにあるのかを調査し同志社創立一二五周年記念で『多賀城碑の拓本と李樹廷の書――「新島旧邸」の屏風』というテーマで報告した。その報告書によると新島襄は仙台に設立された宮城英学校（のちの東華学校）の校長として開校式に八重夫人と参加し、松島見物をした後静養のため北海道へ向かった。その時に拓本を開校記念品として贈呈されたものであろうと。その珍重に値する品なのだろうか、屏風は東北歴史博物館にて二〇〇一年四月二日～六月一〇日の間、特別展「ふるきいしぶみ――多賀城碑と日本古代の碑」として展示された。

多賀城碑にみられる北魏の字形

ところで、多賀城碑は明治から大正にかけて一部の歴史学者や書家によって碑石は江戸時代に建てられ、碑文の内容が疑わしいと言った偽作説が出た。当時反論もあったが結論が出ないまま戦後を迎え、碑石への関心は薄れていった。一九六〇年代から多賀城跡の城郭、政庁、城内の発掘調査は多くの成果を上げる中で、老朽化した覆屋《おおいや》を解体し、基礎から修理することになった。土中に倒れていた碑の地下部分も調査され、その結果、碑は建てられて間もなく倒されたことが判明した。その後一九九八年六月三〇日にようやく国の重要文化財に指定された多賀城碑は、那須国造碑（七〇〇年）、田子碑《たごひ》（七一一年）と共に三古碑と呼ばれるようになる。

多賀城碑の文字には中国の北魏で使用されている字形が数文字みられるが、その特徴が良くわかる2文字のみ例にあげてみる。碑文9行目の「節」と「卿」の2文字であるが、「節」の字形の部首は「竹冠」を使用せず左の図に見る

ような字形で、「即」は省略した字形に近い。類似した字形の例を中国資料から3文字選んで比較してみた。「卿」も北魏の碑文に見られる字形である。新羅黄草嶺碑に「節」の文字が見られ、やはり北魏の字形と共通する字形である。

古代中国の文字の変遷のうち、二度の文字の統一が行われたことに留意したい。まず秦の始皇帝が戦乱状態から国を統一した時、色々な行政改革を行なったが、特に重要なことは文字の統一であった。やがて漢が滅び、隋が統一するまで四〇〇年ほどの間に文字は各国独自の字形がつくられ使用された。しかし隋の時代に科挙制度が創設されることによって、唐にかけて字形は少しずつ統一が行われた。例えば唐の時代「竹冠」や「草冠」、「しんにゅうへん」や「えんにょうへん」などの使い分けがはっきりすることで漢字の体系化が行われた。

3 渡来人の足跡

先の天皇(上皇)は二〇〇一年一二月二二日の会見で韓国について「私自身としましては、桓武《かんむ》天皇《てんのう》の生母が百済の武寧王《ぶねいおう》の子孫であると『続日本紀《しょくにほんぎ》』に記されていることに、韓国とのゆかりを感じています」と発言して大きな反響をよんだ。その後、二〇一〇年に行われた『平城京遷都一三〇〇年祭』の記念祝典では四七か国一〇〇〇人の国賓や大使を招き「百済をはじめ多くの国から渡来人が移住し文化や技術の発展に寄与してきました。平城京は父祖の地として深いゆかりを感じる」とも述べ、皇室と古代朝鮮半島との縁に言及された。歴史をひもとき、朝鮮半島との具体的縁をみる時、まずは百済王敬福を挙げなければならない。

百済王敬福《くだらのこにきしきょうふく》（六九七－七六六）

七四九年（天平《てんぴょう》二一年）二月二一日、陸奥国から日本で初めて黄金が発見されたという知らせが都に届いた。当時、東大寺の大仏が造立されていたが肝心の黄金がないものと思われていた。聖武天皇は「この倭国は天地の開闢《かいびゃく》より以来に黄金は人国《ひとくに》（他国）より献《たてまつ》ることはあれども、この地には無き物と念《おも》える……」と考えていたと『続日本紀《しょくにほんぎ》』に記されていた。このことについて当時、越中守《えっちゅうのかみ》であった万葉歌人大伴家持《おおとものやかもち》は「東なる陸奥山に黄金花咲く」と黄金発見を祝う歌を詠みこんでいる。因みに大伴家持は晩年陸奥守として赴任し多賀城で人生を終えている。

百済王敬福が黄金を発見した涌谷町《わくやちょう》は仙台から北に約六〇キロメートル。その涌谷町北部に黄金山《こがねやま》神社があり、この一帯が黄金山産金遺跡である。平成になり道路に面して神社と並んで天平《てんぴょう》ロマン館が建てられた。涌谷町は扶余と姉妹都市となりロマン館は百済の文化遺産も陳列した。

この度十数年ぶりに涌谷町を訪ねた。黄金山神社の前には何とまあ大きな黄金の鳥居がそびえて、その奥に神社の本殿、またその奥には広い敷地に金箔をあしらった「くがね庵黄金の茶室」があった。館内は黄金が発見されたときの様子が描かれて、砂金採りを体験できる施設となりすっかり様変わりしていた。

百済王敬福は百済最後の王であった義慈王の曾孫にあたる。六六〇年唐と新羅軍によって百済の公州と扶余が陥落し、義慈王をはじめ王族や貴族は唐に連れていかれた。当時、義慈王の子の長男豊璋と善光は渡来して倭国にいたが、百済から使者が来て国の滅亡を知らせ、豊璋王子を国王にするため帰国するよう要請された。豊璋はその要請にこたえて帰国したが、弟の善光はそのままとどまり持統朝に百済王という氏の名を与えられた。敬福の系譜は義慈王《ぎじおう》ー善光ー昌成ー郎虞《ろうぐ》ー敬福ー理伯ー俊哲ー聰哲と続く。平安時代が終わるとともに、「百済王」氏は消え、その子孫は三松氏となった。

七四三年百済王敬福は、多賀城を建立した大野東人の後任として陸奥守に赴任する。

七四九年敬福は九〇〇両（約一三キログラム）の黄金を献じて位が七階級も特進する。また涌谷町史によると、百済からの渡来人の技術者も大勢来ており、金を探し当てた朱牟須売《しゅむすばい》、金を治《とか》した戸浄山などがいたが百済のそれと地形が似ているところから容易に金を発見することにつながったようである。そして百済からの渡来人の技術者たちは産金の功によって官位が上がった。敬福の人柄について『続日本紀』の記録には「放縦にして拘わらず、すこぶる酒色を好む。時に士庶民あり来りて清貧なること告ぐれば、毎《つね》に他物を仮して望外に之を与う。外任を歴《ふ》れども家に余財なし。然して性分はよく、政事に量あり」と記してある。

川崎町　円福寺の塑像《そぞう》

川崎町は仙台から車では約三〇分で着く。役場で聞いた道を進むと新羅の渡来人が住んでいたといわれる「新羅の郷《さと》」についた。標識が立ててあり「前九年の役（一〇六二）に源義家《みなもとのよしいえ》が阿倍貞任《さだとう》を破り、源氏の武将新羅《しらぎ》三郎義光《さぶろうよしみつ》が新羅人一七人をここに住まわせ砂鉄を精錬、武器や農機具を作った。現在も鉄くずなどが見つかる」という。道なりに進むと沼の橇《そり》という名の森の中に、2基の「新羅人の供養碑」が建てられてあるが、摩滅がひどく文字は判読出来なかった。その道を戻り目的地の円福寺へ向かった。

円福寺は平安後期開創である。緩い坂道を上ると、古い歴史のあるお寺にふさわしく庭園には樹齢数百年の桜の木や百日紅がそびえていて、白檀の古木の根を広げ大きな孔雀の姿に彫刻された飾り物があった。庭をうろうろしてい

円福寺の塑像

ると円福寺の住職が屈んで石を積み重ねていた。突進して来るイノシシを転ばせるために石を積んでいるとのこと。塑像（粘土で作った像）を拝ませていただきたくて訪ねたと言うと、役場でも言われたが、やはり秘像だからそれは無理であると言われた。しかしお寺には他にも魅力的なものが多く、再訪の機会を願った。その思いを察してか住職から一言をいただいた。最初は眼光鋭い住職にひるんだが話してみると暖かさを感じ、いつか塑像も見せて頂きたく何度でも通うつもりであった。

　思いがけず「今が見頃ですよ！」と住職から電話があったのは夏を迎える頃。急いで足を運び空高く大きな花びらを付けた百日草を眺めていると、住職がカギを持ってくると仰って自宅の方へ行かれた。しばらく待っていると本堂を開け中へ入るようにと言われた。そして仏壇の扉が開かれ中から九〇センチメートルほどの穏やかな表情をした仏様が現れた。「この塑像はその昔新羅から新潟に着き、新潟から山形の峠を超えてここに運ばれた仏様で千年を超えます。東日本大震災の時は前住職の父と二人で外に運びだしたが、その時仏様の手足が壊れた。修理しなければね」。住職は静かにおっしゃった。後にこの塑像を新羅の仏であると鑑定したのは、東北大教授の亀田攷氏であることを知った。

船形山神社の秘仏

船形山神社は宮城県黒川郡大和町吉田にある。仙台から車で約二時間。同神社は一五〇〇年前に建てられた飛鳥時代の古い様式を伝える金銅製の観音を神体とする。仏像は高さ二二センチの小像で朝鮮半島由来のものである。この仏像は長年黒川一帯の神霊としてあがめられてきた。黒川一帯の町史を調べると七一五年関東で大地震があり、その後渡来系の人々千戸（二〜三万人）が陸奥国に移住して来たので、黒川を中心に一〇郡を設けて住まわせた。この地域の古墳群からは朝鮮半島系の土師器《はじき》・瓦・鉄製直刀・硯《すずり》・

須恵器などが出土している。

船形山神社では日頃は御神体を山中の秘密の場所に安置し、五月一日の祭りの当日神官が秘密のうちに仏像を薬師堂に奉安し、終わればまた秘密の場所に秘蔵する。

この山は、はじめは普通の傾斜であったが、途中急に険しくなり、斜面に沿って垂らしてある鎖に縋《すが》り付いて登らなければならない。この神社に私は十年に一度の割合で三度訪ねているが、雨の降った日は鎖を絶対に離せない。山のだらだら坂をかなり登ったところの尾根に小さな広場とそれに見合った拝殿が二棟建っていた。広場には祭りの準備をした村人たちが集まっている。しばらく待っていると一年間埋められていた御神体を白装束の別当が掘り出した箱を持ってあらわれた。この箱を拝殿の前に安置した。ふたを開いた中には、やさしく微笑んだ小金銅仏が木の小枝に飾られ立っていた。私は、遠い古代のロマンと先祖の魂を運んできた、このかわいらしい仏像に合掌し、山を下りてきた。

この四年ほど多賀城を中心に古代東北の歴史を紐解いてきた。コロナ禍であったが、久しぶりに専門書を手に、現地を訪ね歩くのは充実した日々であった。特に渡来人のもたらした先進的な技術・文化を尊び守る姿勢に感銘を受けた。

多賀城市では『多賀城創建一三〇〇年祭』に向けてカウントダウンが始まっていた。

二〇二四年はどんなイベントを計画しているのだろうか。多賀城碑が靺鞨《まっかつ》と刻んだその歴史的な関係をより深く知りたい。その時代渤海《ぼっかい》の使節が日本に三四回来航したうち、東北には六回到着している。その交流を調べること、また七〇九年から始まった奈良政権の侵攻に対する東北の人々の抵抗（まつろわぬ人々）を学びたいと思っている。

【参考文献】

『多賀城碑――その謎を解く』安部達雄・平川南、雄山閣、一九八九年
『よみがえる古代文書』平川南、岩波新書、一九九四年
『古代朝鮮佛と飛鳥佛』久野健、山川出版社、一九九六年
『新島襄とその周辺』太田雅夫、青山社、二〇〇七年
『古今往来』多賀城市教育委員会、二〇一三年
『渡来の古代史』上田正昭、角川選書、二〇一三年
『重要文化財多賀城碑』多賀城市教育委員会、二〇一八年
『多賀城歴史歳時記』藤原益栄、現代印刷出版、二〇一九年
『文字文化の広がり』平川南、吉川弘文館、二〇一九年
月刊『韓国文化』一九九一年三月号〜六月号、自由社
月刊『現代』二〇〇二年六月号、講談社

（シン・ジンヘ　歴史研究）

表紙のことば――

そうだ、楽しく飛び出そう

表紙の作品名＝「飛び出しトンム」（木材に水性塗料）
協賛：久田工芸（滋賀県）

ソン・ジュンナン

みなさま、はじめまして。神戸出身のソンと申します。地元の神戸・長田は、一九九五年の阪神淡路大震災で被害を受け、実家も半壊となり避難所生活を経験しました（当時は小学校低学年でした）。長田の主産業は製靴業で、二世の祖父の代から経営する靴の工場《こうば》のにおいは仕事のにおい、かっこいいにおいというイメージがありました。

芸術大学を卒業後、大阪の公立中学校で美術を教えていた時（二〇代の頃）にふと、「後悔しない生き方」を考え、「英語できないコンプレックス」を思い出しました。一度は海外で仕事をしてみようと。英語圏に絞ってインターネットで求職活動をした結果、フィリピンに行くことにしました。

フィリピンで仕事をしながら、自身も英語が理解できるようになると、中国そしてベトナムでも仕事をしました。二〇一四年から赴任し、二〇二〇年にコロナによるパンデミックの影響で帰国しましたが、その頃には日本語・韓国語に加えて、英語・中国語が分かるようになっていました。かつての英語への苦手意識は無くなっていました。

生まれ育った神戸でも、大学・社会人時代を過ごした大阪でも、赴任した海外でも、ユニークな人や興味深い活動をする大人が多く、あたたかい周囲の環境に支えられながら、三〇代の現在も活動しています。

表紙の作品、「飛び出しトンム」について。「飛び出し坊や」という名前で主に近畿地方でよく見られる（現在では全国各地で見られる）交通安全看板。滋賀県にルーツがあるようで、その看板にチマ・チョゴリを着せました。この作品の着想は、かつて小学生（朝鮮学校）の頃の記憶がもとになっています。下校ルートに「飛び出し坊や」がありましたが、描かれているモチーフは「児童」／「男の子」／「日本人（おそらく）」で、そこに自分は含まれているのだろう

■作品設置後、来館者のみなさんと自作と共に撮影（前列中央が著者）
（NPO法人 猪飼野セッパラム文庫のリニューアルオープンの日〔大阪市生野区にて。2023年 9月〕）

か、含まれていないのかもしれない、と思いながらその看板を見ていました。そして何より、その看板のデザインがかわいくて大好きでした。そんな「飛び出しトンム」は現在、いくつかの場所で見ることができます。神戸コリア教育文化センターや母校である西神戸朝鮮初級学校、NPO法人 猪飼野セッパラム文庫（大阪）などです。またアートの展覧会などでも発表しています。機会がありましたら、ぜひ現物を見にお立ち寄りください。

近日中に、アジア一周の旅に出ます。一年以上の時間を掛けて。「後悔しない生き方～三〇代編～」をします。その旅の様子を映像メディアでまとめられたらと考えています。旅とは別に、語学的には、スペイン語かベトナム語を習得したいです。

また死ぬまでに、ドキュメンタリー映像を作りたいです。

与えられた人生を文化・語学の方面から捉えていきたい。楽しく旅して、楽しく作って、楽しく学んでいきたい。人と繋がっていきたい。まだ子どもだった頃から現在まで、おもしろくてあたたかい大人と出会えたのだから。そして今度は私が大人になったのだから。

（ソン・ジュンナン　美術制作）

【グラビア】関東大震災100年

裵 昭

＊

強烈な太陽の日差しを全身に受けた今年。真夏の関東大震災朝鮮人虐殺を追悼するフィールドワークは、過酷を極めた。日中35度にも気温が上昇した日は、頭がボーっとしてしまった。まさに苦行だ。

フィールドは、東京、神奈川、千葉、埼玉、群馬へと広範囲に及ぶものとなった。この歴史的に解明されていない虐殺事件に長年にわたり取り組んできた元教師・歴史研究者たちを中心に、幾度も学習会が開かれ、虐殺が起きた現場を見て聞いて歩いた。次世代に語り継ぐものだ。

一般社団法人「ほうせんか」理事・西崎雅夫氏は、この10年間で内外の学生を含む市民たちを虐殺現場に案内して500回にもなるという。今年は韓国からの関心もひときわ高く、その熱量を感じたと話す。

各地にあるいずれの会の追悼の場でも、参加者は猛暑にも負けず、主催者のていねいな説明に聞き入り、熱心にメモをとっていた。本年は関東大震災発生から100年目にあたる。9月1日を迎える前夜、東京文京区のシビックホールには1800人もの市民が集まり、百周年に向けての会が盛大に催された。会場には韓国、中国からの犠牲者の遺族も参加して、すべての犠牲者に黙祷が捧げられた。

舞台では、韓国舞踊サルプリが舞い、中国の歌がうたわれ、虐殺された中国人社会運動家・王希天烈士へのメッセージが読み上げられた。

翌9月1日の朝、東京墨田区横網町公園にある、「関東大震災朝鮮人犠牲者追悼碑」の前では、日朝協会主催による追悼式が行われ、韓国人舞踊家の金順子さんがサルプリを舞った。

午後からは、在日本朝鮮人総聯合会による東京同胞追悼式が続いた。ところが反対側で様子をうかがっていたヘイト団体「そよ風」が東京都の許可を得たと、強引にフェンスで仕切られた場所から移動し始めた。するとそれに呼応するように反ヘイトのカウンター300人余りが碑の周りを埋め尽くし、ヘイト団体を追悼碑の前に立ち入らせず追い返した。

当時の日本国の犯した非人道的なジェノサイド・大量虐殺の歴史を検証し、事件への謝罪と被害者遺族への補償を行うことは、歴史に真摯に向き合うことであり、そのことを通して隣国との真の信頼関係を築くことができる。

百年を経たこの歴史に目をつむり、無関心でいることはできない。

（ペ・ソ／写真家）

《編・集・後・記》

●関東大震災から百年が経った今年、映画『福田村事件』、演劇『失われた歴史を探して』の二作品に出演した。映画では〝殺す側〟を、演劇では〝殺される側〟を演じたが、何とも複雑な心境である。両作品とも「史実に基づくフィクション」で、どこまで「作り込めるか」が苦心の仕所でもあり見せ所でもある。今号の角岡評は、その点を見事に論じている。

　政治と情勢に目を遣れば、フィクションかと見紛うほどの惨状だ。ロシアとウクライナの戦争、フクイチ放射能汚染水の海洋放出、イスラエルのガザ地区への空爆、辺野古新基地の工事強行、朝鮮半島の「緩和から緊張へ」、「増税メガネ」の無能無策……枚挙に暇はない。フィクションとフェイクの境目が無くなって、松野官房長官は「政府内で関係資料が見つからない」と百年前の大虐殺は無かったと仄めかす。百年後もこの国がまだ継続しているならば、政府は「原爆投下の資料が見つからない」と嘯くに違いない。二〇二三年は歴史にどう記述されるのだろうか。

（趙博）

●10号の区切りを終えて、11号を出すことになりました。編集委員三人に加えて、クレインの文弘樹さんも加えて、実質的には四人の編集委員で雑誌の編集作業をする体制です。

　二一世紀に入り、世界そして日本ではグローバリズムの勢いが強くまたそれを人びとは当然のように受け止めているようです。そこには市場主義・新自由主義のイデオロギーが組み込まれており、しかも各地・国でナショナリズムの潮流が強くなっていくばかりのようです。世界が混乱に陥っているなか、「在日」もビジョンをもちにくい情況が続いていくはずですが、『抗路』が模索すべきものが何か、いっそう熟慮と慎重さが求められていくことになります。

　今年はなぜか、近しい人が相次いでお亡くなりになりました。なかでも朝鮮史研究者の宮田節子さんが九月二七日にお亡くなりになったとの報を受け、予期していたとはいえ、やはり残念で、辛かったです。享年八八。戦後日本で近現代朝鮮史の研究を始めた生き証人であり、人生の最後まで、研究とくに資料整理の重要性を身をもって教えて下さいました。謹んでご冥福をお祈りいたします。

（尹健次）

在日総合誌

抗路

第11号

二〇二三年十二月一〇日　第一刷発行
編集委員／趙博　文京洙　尹健次
発行所　抗路舎
発行者　尹健次
〒五四四-〇〇三二
大阪市生野区中川西二-一五-九　コラボ玉造
E-mail : kyoto.korosha@gmail.com
発行元・発売所　クレイン
〒一八〇-〇〇〇四
東京都武蔵野市吉祥寺本町一-三二-九
TEL〇四二二-二八-七七八〇
FAX〇四二二-二八-七七八一
http://www.cranebook.net
印刷　創栄図書印刷

ISBN978-4-906681-65-5
協力　渡辺康弘　牛島のり子